L'EURO
POUR TOUS

DU MÊME AUTEUR

– *Le Trésor et la Politique financière* (en collaboration avec Daniel Lebègue), Paris, Éditions Montchrestien, 1988.
– *Écu, naissance d'une monnaie*, Paris, Éditions J.-C. Lattès, 1991.

Philippe JURGENSEN

L'EURO
POUR TOUS

EDITIONS
ODILE JACOB

Avant-propos

U ne grande idée, celle de l'union monétaire de l'Europe, est en train de passer dans les faits.

Le premier essai, encore timide, date d'il y a près de vingt ans : le 13 mars 1979 naissait l'écu. Étalon composite reflétant chacune des devises de l'Union, il n'avait pas encore tous les aspects d'une véritable monnaie. Pourtant, il a bien rempli sa fonction de pivot du Système monétaire européen, né avec lui pour stabiliser les changes entre les pays membres. Il s'est même largement développé sur les marchés financiers, où les emprunts libellés en écus ont occupé, vers 1990, le quatrième rang mondial.

En 1999, l'essai va être transformé : l'euro, succédant à l'écu, va devenir non seulement un instrument commun mais *la* monnaie unique. Il va donc supplanter définitivement le franc, le mark et les autres devises nationales des pays participants ; en moins de quatre ans, celles-ci vont purement et simplement disparaître. Demain, vous ne paierez plus vos courses en francs, mais avec un billet orange de 50 euros ; votre salaire vous sera viré dans la même monnaie que celle de votre collègue hollandais ou espagnol.

Pouvait-on faire autrement ? Probablement pas, si l'on voulait permettre au marché unique de fonctionner réellement, à l'Europe de progresser pour assurer prospérité et paix durable à ses peuples, et à notre influence d'exister sur la scène monétaire mondiale. Mais c'est une véritable révolution, dont on n'a pas fini de mesurer les conséquences.

En effet, l'unification monétaire de l'Europe pèsera — malgré l'abstention initiale prévisible de quatre pays — sur l'économie de tous ses membres ; elle changera aussi la donne politique, car elle sera un pas important, qu'on le veuille ou non, vers un rapprochement des nations de type fédéral. Surtout, la monnaie unique sera brusquement la préoccupation quotidienne de millions d'Européens : citoyens tentant d'évaluer leurs achats ou le solde de leur compte en banque, commerçants pour l'affichage de leurs prix, entreprises pour la tenue de leurs comptes, financiers pour le libellé de leurs opérations, tous devront l'utiliser. Ils prendront ainsi conscience de la construction européenne.

Pourtant, l'euro est encore pour l'essentiel inconnu. Cela peut conduire, lorsqu'il fera concrètement irruption dans notre vie, à des réactions de rejet, dont les conséquences pourraient être sérieuses : désaffection accrue à l'égard du politique, rejet de l'Europe elle-même...

Le but de ce livre est, sans trop entrer dans l'inévitable technique, de présenter les différents aspects de l'euro d'une manière pratique à chaque catégorie d'utilisateurs potentiels. Son objectif sera atteint s'il peut, ce faisant, faciliter leur vie dans l'Europe du XXIe siècle.

Le calendrier de l'euro

La première question qui se pose à chacun à propos de la future monnaie européenne est simple : quand l'euro deviendra-t-il autre chose qu'une notion abstraite ? Quand pourrons-nous voir des euros, les toucher, en avoir sur notre compte en banque, dans notre poche ? Le calendrier, longtemps flou, a désormais été clairement établi par le Conseil européen (voir glossaire). On peut distinguer quatre étapes, étalées sur les cinq prochaines années.

L'euro en quatre dates

– *Dès le 2 mai 1998*, la liste des pays participant au lancement de la monnaie unique et les futures parités de change seront établies.

– *Les premiers jours de 1999* verront la véritable naissance de l'euro, monnaie effective des opérations financières des participants.

– *À partir du 1ᵉʳ janvier 2002*, les simples particuliers pourront manipuler concrètement des pièces et billets en euros en dehors de leur vie professionnelle.

– *Avant le 30 juin 2002*, ces nouvelles espèces se substitueront définitivement au franc.

PREMIÈRE ÉTAPE (mai 1998)
Le choix des pays participants et des parités de change

Deux décisions de principe essentielles doivent être prises avant même l'introduction de la nouvelle monnaie unique européenne, dont le célèbre traité de Maastricht a dès 1992 fixé la date irrévocable au 1er janvier 1999.

• *Il s'agit d'abord d'établir la liste des pays éligibles et candidats à l'opération.* Les deux catégories ne coïncident pas, car certains pays peuvent satisfaire les critères et donc être éligibles à l'euro sans pour autant souhaiter en faire partie, tandis que d'autres, comme l'Italie, souhaitent ardemment participer à la « première vague » mais courent encore un certain risque de ne pas y parvenir.

• *Il s'agit ensuite de déterminer à quel cours seront fixées les parités des monnaies vouées à se fondre au sein de l'euro.* En effet, les taux de change des devises participant au Système monétaire européen (celles des quinze pays de l'Union européenne sauf la Grande-Bretagne, la Suède et la Grèce) varient encore quotidiennement sur les marchés, même si c'est à l'intérieur de marges de fluctuation plus ou moins étroites. Il faut donc décider quel sera le cours de conversion définitif, et désormais invariable, de ces monnaies.

Cette double décision, sur laquelle ont pesé des incertitudes qui ont fait les gros titres des journaux, a un grand intérêt politique mais aussi économique : elle aura des répercussions sur toutes nos activités.

Il importe, par exemple, à nos entreprises de savoir si les variations « sauvages » de la valeur de la lire italienne, de la peseta ou de la livre sterling, qui les ont beaucoup gênées depuis la crise monétaire européenne de 1992, pourront se poursuivre ou non ; c'est d'ailleurs pourquoi elles sont favorables à ce que la liste des participants soit d'emblée la plus large possible.

Elles veulent aussi être assurées que les cours d'entrée des monnaies participantes dans l'euro correspondront bien aux cours d'équilibre : une monnaie dont la parité d'entrée serait trop basse donnerait un avantage compétitif indû à ses entreprises.

De même, les commerçants ont besoin de savoir au plus tôt si leurs achats en Belgique ou en Autriche seront, dès le début 1999, à l'abri de tout risque de fluctuation de cours ou s'ils resteront à la merci des variations imprévisibles des marchés des devises.

Cela concerne aussi dans leur vie quotidienne tous les touristes, qui auront encore des opérations de change à faire dans les pays non participants, alors que leur vie sera bien simplifiée au sein de la nouvelle zone euro.

Quels seront les pays qualifiés pour la « première vague » de l'euro ?

Le traité sur l'Union européenne signé à Maastricht le 7 février 1992 prévoyait en son article 109 J que le Conseil européen déterminerait à la majorité qualifiée des deux tiers[1] avant le 1er juillet 1998, « quels sont les États membres qui remplissent les conditions nécessaires pour l'adoption d'une monnaie unique ». Notons que les pays qui n'entendent pas participer au lancement de l'euro prennent tout de même part à ce vote. Il fallait accélérer ce choix décisif, précédé de multiples avis et recommandations couronnées par celle du Conseil des ministres[2], pour éviter de laisser trop longtemps l'opinion publique et les marchés dans l'incertitude. Les gouvernements ont finalement décidé, tenant compte à la fois des délais de consultation inévitables et du calendrier électoral[3], de l'avancer de deux mois seulement.

_____

1. La majorité qualifiée est exactement de 62 voix sur 87, soit 71 % (article 148 du traité de l'UE) ; les grands pays (France, Allemagne, Royaume-Uni, Italie) ont 10 voix chacun ; le plus petit (Luxembourg) en a 2 ; en outre, il faut que la majorité comprenne au moins 10 États membres sur quinze.

2. Il faut d'abord un rapport de la Commission de Bruxelles et de l'Institut monétaire européen au Conseil des ministres, puis une recommandation de ce Conseil, statuant lui-même à la majorité qualifiée sur recommandation de la Commission, au Conseil européen. Le Parlement européen transmet également un avis au Conseil européen avant sa décision. Ce processus ne peut commencer que lorsque les chiffres quasi définitifs de l'année 1997 seront connus, c'est-à-dire fin février 1998. Tous les travaux devront donc être concentrés sur les mois de mars et avril 1998, exploit difficile mais pas impossible à réaliser.

3. Les élections législatives devaient se tenir en mars ou avril en France ; ce calendrier a pesé dans la décision de dissolution anticipée de l'Assemblée prise par le président Chirac. Les élections allemandes doivent toujours se tenir en septembre 1998.

La liste sera arrêtée au cours du week-end du 1ᵉʳ au 3 mai 1998, à Bruxelles. Le vendredi 1ᵉʳ mai, le Conseil des ministres formulera sa proposition et la transmettra au Parlement et aux chefs d'État et de gouvernement ; le Parlement européen, réuni en session plénière spéciale, donnera son avis ; le Conseil européen prendra sa décision le samedi 2 ; et un nouveau Conseil Eco/Fin examinera les modalités de mise en œuvre le 3.

Les conditions d'éligibilité

Le traité de Maastricht sur l'Union européenne a prévu que la liste des pays éligibles pour le lancement initial de l'euro tiendrait compte des cinq critères présentés dans l'encadré ci-dessous.

Les cinq critères de Maastricht

– *La stabilité des prix* : le taux d'inflation ne doit pas dépasser de plus de 1,5 point celui des trois meilleurs États membres ; pour 1997, cela donnerait une hausse des prix maximale de 2,8 %.

– *La situation des finances publiques* : le déficit public incluant, selon les normes européennes, le budget de l'État, mais aussi les résultats de la Sécurité sociale, de l'assurance-chômage et des collectivités locales est considéré comme « excessif » s'il est supérieur à 3 % du produit intérieur brut (PIB). Cependant le traité (art. 104C) prévoit expressément la possibilité d'admettre un dépassement si « le rapport a diminué de manière substantielle et constante et atteint un niveau proche de la valeur de référence » ; c'est ce qu'on appelle familièrement l'interprétation « en tendance » du critère. Un dépassement « exceptionnel et temporaire » peut aussi être admis s'il reste de montant raisonnable.

– *Le niveau de la dette publique* : il ne doit normalement pas dépasser 60 % du PIB de l'État concerné. Là encore, une interprétation en tendance est possible, d'autant qu'il ne s'agit ici en fait que d'un sous-critère du « déficit public excessif » régi par l'article 104C. Il suffit donc que ce rapport « diminue suffisamment et s'approche de la valeur de référence à un rythme satisfaisant ».

> – *La stabilité des cours de change* : les marges normales de fluctuation du Système monétaire européen (élargies à 15 % depuis 1993, mais en fait on demande une bande de fluctuation plus étroite) doivent avoir été respectées, sans dévaluation, pendant deux ans au moins.
>
> – *Les taux d'intérêt* à long terme : ils ne doivent pas dépasser de plus de 2 points la moyenne des pays les moins inflationnistes. Pour 1997 cela donnerait un taux-plafond de 7,6 %.

L'attention s'est focalisée sur le deuxième et le troisième critères (déficit et dette) parce qu'ils sont simples à décrire, mais difficiles à tenir, d'autant qu'il s'agit de les respecter non seulement à un moment donné mais d'une manière *permanente*. Les Allemands, notamment, y veillent. Pourtant, la multiplicité de ces critères, auxquels le Traité ajoute d'autres éléments comme l'indépendance de la Banque centrale, la situation de la balance des paiements ou plus largement le degré de rapprochement du pays avec l'économie de ses partenaires, laisse de toute façon une grande marge d'interprétation. Qu'on le veuille ou non, la décision finale sera largement politique.

Quels seront les pays retenus ?

En attendant cette décision, on peut risquer une liste prévisionnelle, sous la seule responsabilité de l'auteur. Ces prévisions sont au demeurant largement ratifiées par les marchés financiers internationaux, qui cotent les différentes devises et leurs taux d'intérêt en fonction de leurs anticipations.

SEPT PAYS SONT PRATIQUEMENT SÛRS D'ÊTRE DE LA PREMIÈRE VAGUE : l'Allemagne et la France, parce que le consensus est que l'euro ne sera pas lancé sans le tandem franco-allemand ; les trois pays du Benelux, parce qu'ils sont étroitement liés entre eux et à la « zone mark » de fait ; l'Autriche et l'Irlande, parce qu'ils satisfont aux principaux critères. Ces pays forment de fait le « noyau dur » de l'Union économique et monétaire.

TROIS PAYS, NAGUÈRE DISCUTÉS, SONT AUJOURD'HUI DE TRÈS PROBABLES PARTICIPANTS : l'Espagne et le Portugal, où les progrès sont indiscutables, et la Finlande.

UN PAYS RESTE PROBABLE À 75 OU 80 % SEULEMENT : l'Italie. Ses progrès dans le sens de la rigueur sont considérables, mais certains, en Allemagne ou ailleurs, doutent encore de leur pérennité.

QUATRE PAYS SERONT PROBABLEMENT NON PARTICIPANTS, AU MOINS AU DÉPART : la Grande-Bretagne, le Danemark et la Suède, pour des raisons surtout politiques ; et, enfin, la Grèce, dont les performances restent trop différentes de la moyenne européenne.

Voyons ces appréciations plus en détail.

La situation en France et en Allemagne

La bonne entente entre la France et l'Allemagne, et les initiatives communes de ces deux pays, sont le moteur de la construction européenne. Que cet axe franco-allemand fonctionne, et l'Europe progresse, même si ce leadership indispose parfois les petits pays. Qu'il semble en panne, comme les commentateurs ont pu le craindre (à tort) en 1995 ou en 1997, et l'avenir semble menacé.

Or les épisodes agités n'ont pas manqué, entre les remises en cause politiques périodiques, des deux côtés du Rhin, et le feuilleton des difficultés budgétaires des deux États. On a mis en doute alternativement la capacité de la France et celle de l'Allemagne (pourtant le plus farouche défenseur d'une lecture stricte des critères) à respecter le plafond de 3 % des déficits publics. Il est vrai que, des deux côtés, la partie est difficile, car le niveau élevé du chômage accroît les charges et ralentit les recettes, tandis que les économies sur les dépenses courantes se font difficilement.

Cependant, la reprise économique, enfin amorcée en 1997, facilitera l'obtention des résultats voulus. La Commission de Bruxelles, dans ses prévisions d'octobre 1997, donne des chiffres très voisins pour la croissance des deux pays, ce qui montre que leurs économies sont désormais bien en phase : 2,3 % en 1997 et 3,1 % en 1998 pour la France, ce qui est nettement meilleur que les 1,3 % de 1996 et permet un début d'amélioration de l'emploi ; 2,5 % en 1997 et 3,2 % en 1998 pour l'Allemagne.

Ces prévisions, très proches de celles de l'OCDE, du FMI et des observatoires privés, sont confortées par la reprise de la demande intérieure et l'effet favorable pour notre compétitivité de la forte hausse du dollar (et de la livre sterling) en 1997, qui compense l'effet négatif de la dépréciation des devises asiatiques fin 1997.

En outre, l'engagement des autorités politiques des deux pays en faveur du lancement de l'euro à la bonne date est total, et c'est ce qui fait que les marchés y croient.

Du côté français, des efforts considérables de rigueur budgétaire ont été consentis depuis 1995 par les gouvernements Juppé et Jospin : bloquées en francs courants en 1997, les dépenses publiques n'augmenteront que de 1,4 % en 1998, tandis que de multiples taxes et recettes nouvelles ont été dégagées. Cela devrait permettre de limiter le déficit à 3,0 ou 3,1 % (comme le prévoit la Commission européenne) du produit national en 1997 [1], et de respecter la norme de 3 % en 1998. Or l'on partait de bien plus haut (5,6 % du PIB en 1994, 4,8 % en 1995 et 4,2 % en 1996), et les premières évaluations faisaient craindre des chiffres spontanés de 3,7 % en 1997 et 4 % en 1998.

Il était certes de toute façon indispensable de redresser les comptes publics pour éviter de lancer une spirale infernale d'endettement alourdissant les déficits à venir. Quoi qu'il en soit, cet effort assure la participation française au lancement de l'euro, puisque notre pays respecte déjà mieux que les Allemands eux-mêmes les quatre autres critères du Traité. Il est, par exemple, médaille d'or de la modération des prix en Europe, avec une inflation de 1,3 % seulement en 1997, qui n'augmenterait que marginalement (à 1,5 %) en 1998 selon les prévisions de Bruxelles.

Au total, un ou deux dixièmes de points de dépassement du critère de déficit public sur la seule année 1997 n'empêcheront certainement pas (s'ils existent) la participation de la France. Même en cas de nouveau dérapage des finances publiques en 1998, on peut considérer que les mesures nécessaires pour préserver nos ambitions européennes seront prises.

Certes, les socialistes avaient, dans l'opposition, défendu des thèses un peu différentes, mais sans jamais remettre en cause la nécessité de réaliser l'union monétaire dans les délais. L'existence d'une opposition

---

1. Au prix, il est vrai, d'un arrangement comptable, admis par Bruxelles, qui inclut dans les recettes publiques de 1997 les 37,5 milliards versés à l'État par France-Télécom pour couvrir les retraites futures de ses agents.

interne n'infirme pas décisivement ce jugement. À gauche, le parti communiste réclame un nouveau référendum ; Jean-Pierre Chevènement, pour sa part, a déclaré : « On n'abandonne pas comme ça le franc, sans que le peuple français n'ait son mot à dire ! » À droite, Philippe Séguin, qui avait animé la campagne pour le non au référendum sur Maastricht en septembre 1992, semble aujourd'hui moins opposé ; d'autres discours sur le thème du « bradage de la souveraineté nationale » ne suffisent pas à faire une politique de rechange.

Une difficulté demeure cependant : il s'agit de la condition initialement posée par les socialistes français quant à une large participation des pays du Sud de l'Europe, incluant l'Italie. Que se passerait-il si, malgré les probabilités actuelles, ce point faisait blocage ? Nous sommes là au cœur de la négociation politique qui aura lieu en mai 1998.

Du côté allemand, le chancelier Kohl, Européen convaincu, est décidé, après avoir réussi la réunification de son pays, à attacher son nom à une deuxième percée historique : l'unification européenne. On peut penser qu'il fera tout pour éviter un report du lancement de la monnaie unique, qui serait un grave échec pour l'Europe. La plupart des dirigeants d'entreprises sont favorables à l'euro, car ils craignent la surévaluation du mark ; les banques soulignent de leur côté que les travaux préparatoires sont maintenant trop avancés pour permettre de renoncer.

Cependant, le gouvernement fédéral doit tenir compte d'une opinion publique majoritairement réticente, voire hostile[1], à l'abandon d'un deutschemark sacralisé, car il symbolise pour elle les succès économiques de l'après-guerre et contraste avec l'expérience traumatisante de l'hyperinflation des années 1920. Il est donc indispensable pour tout homme politique allemand de la rassurer en la convaincant que l'euro sera aussi solide que le mark ; tâche d'autant plus difficile que la monnaie européenne actuelle, l'écu, n'a cessé de se déprécier

---

1. L'Allemagne n'est d'ailleurs pas seule dans ce cas. On sait que 48 % des électeurs français, et la majorité des électeurs danois, ont voté contre la ratification du traité de Maastricht. Aux Pays-Bas, par exemple, des sondages publiés en mars 1997 montraient, pour la première fois, une majorité relative d'opposants à l'euro ; les représentants du parti « vert-gauche » demandaient dans le même temps « une pause avant le passage à l'acte ». Personne ne doute pour autant de la participation des Pays-Bas à l'expérience.

par rapport à lui et que les Allemands craignent les tendances au dérapage inflationniste des pays du Sud.

C'est dans cette perspective qu'il faut lire les déclarations, rivalisant d'orthodoxie, des responsables. « 3 % de plafond de déficit budgétaire, c'est 3,0 % », répète à qui veut l'entendre le ministre des Finances Theo Waigel, parfois relayé par le chancelier Kohl lui-même. Certes, mais le même ministre déclarait, début avril 1997, « je ne me suis jamais cloué sur la croix des 3 % », expliquant que la réunification a entraîné des dépenses qu'il faudrait compter à part...

Le gouvernement allemand a bien fait adopter par son parlement des budgets pour 1997 et 1998 respectant le plafond des 3 % ; mais il a dû ajouter à un freinage sévère des dépenses des artifices comptables, puisqu'il inclut dans ses recettes le produit des privatisations (notamment de Deutsche Telekom), ce qui paraît discutable eu égard aux règles de la comptabilité européenne. En outre, même si elle parvient, pour « montrer le bon exemple », à respecter la limite budgétaire, l'Allemagne devra obtenir une dérogation pour le plafond d'endettement[1] (60 % du produit national). Comment refuser aux autres des assouplissements qu'on demande pour soi ?

Les élections d'octobre 1998 pourraient-elles, si elles conduisent à un changement de majorité, amener l'Allemagne à remettre en cause le principe ou le calendrier de l'unification monétaire ? Plusieurs déclarations de Gerhard Schröder, porte-parole économique du SPD (sociaux-démocrates) et favori des sondages, le laissaient entendre début 1997 : redoutant que l'euro ne soit plus faible que le mark, il préconisait, comme beaucoup d'adversaires plus ou moins déclarés de la monnaie européenne, un report. Mais ces positions populistes, atténuées depuis, n'ont été suivies ni par les verts ni par l'ensemble du SPD et son président, Oskar Lafontaine, pourtant ancien adversaire de l'euro lui aussi. À son congrès de Hanovre, le 3 décembre 1997, le parti social-démocrate a choisi l'Europe comme son « projet crucial » et l'euro comme l'instrument d'une politique orientée vers l'emploi ; la monnaie unique ne devrait plus être fondamentalement remise en cause.

---

1. L'endettement global de l'Allemagne atteignait 2 135 milliards de marks fin 1996, dépassant légèrement le plafond de Maastricht, avec 60,5 % du PIB ; il tend à s'accroître (61,8 % fin 1997), ce qui, pris au pied de la lettre, ne favorise pas un jugement favorable « en tendance ». Mais beaucoup de pays généralement jugés éligibles, comme la Belgique, font bien pire — alors que la France, elle, respecte ce critère...

Les débats de la coalition gouvernementale à Bonn tiennent aussi beaucoup à la lutte de pouvoir interne des partis. MM. Stoiber et Biedenkopf, ministres-présidents chrétiens-démocrates de Bavière et de Saxe, tablent sur les inquiétudes de nombreux compatriotes pour se poser en défenseurs intransigeants du mark. Leur position, bien que non reprise par les autres leaders du parti, a pu contribuer à accélérer l'annonce par le chancelier Kohl, dès avril 1997, de sa candidature aux élections de 1998 ; celle-ci bloque les perspectives des opposants internes.

Le Conseil des ministres a d'ailleurs adopté et déposé en septembre 1997 un projet de loi ambitieux sur l'introduction de la monnaie unique en Allemagne. Celui-ci doit cependant encore être voté par le parlement, qui aura aussi à se prononcer après la grande décision de mai 1998.

Il y a au demeurant divergence complète de vues entre ceux qui en France contestent les contraintes de Maastricht pour pouvoir favoriser la reprise, et ceux qui en Allemagne contestent l'euro — non pas au nom de la croissance, mais au nom du mark fort ! Par exemple, la gauche allemande (syndicats inclus), à l'inverse de la gauche française, préférerait encore retarder l'euro plutôt qu'assouplir les critères de Maastricht, et elle n'est pas favorable au « gouvernement économique » de l'Europe préconisé en France par tout l'éventail politique. « L'Allemagne ne pourra jamais accepter la monnaie unique si la Banque centrale européenne est soumise à des directives politiques », déclarait sans ambages G. Schröder.

Quid de la Bundesbank, dont on connaît l'indépendance ? Certes, elle ne se résigne pas de gaieté de cœur à l'abandon du mark et au partage de sa souveraineté monétaire. Aussi insiste-t-elle sur le respect « strict et durable » des critères ; son président Hans Tietmeyer entretient savamment l'incertitude sur le sort des pays candidats, voire sur un report du lancement de l'euro. Cette attitude est en fait surtout une position de négociation ; tout en restant vigilante, la Banque centrale allemande semble aujourd'hui convaincue que l'euro démarrera à bonne date et sur une base assez large.

Quelles sont les chances des pays du Sud ?

On a longtemps pensé que l'ensemble des pays du Sud de l'Europe — rassemblés par certains dans l'expression un peu méprisante de

« Club Med » — auraient les plus grandes difficultés pour se qualifier pour la première vague de l'euro. En effet, l'Espagne et surtout la Grèce et le Portugal sont nettement plus pauvres que les autres pays de l'Union européenne. Le revenu par tête du Portugal, par exemple, est inférieur au quart de celui des pays les plus avancés, et le chômage est nettement plus élevé en Espagne qu'ailleurs : 21 % contre 10,7 % en moyenne pour l'Union européenne en 1997. Surtout, l'expérience d'inflation relativement élevée des pays du Sud dans un passé récent[1] inspirait les plus grandes craintes aux partisans d'une monnaie européenne forte et stable, reposant sur la convergence des performances économiques et sur des prix « sages ».

Le rapprochement des situations économiques grâce aux progrès plus rapides des pays du Sud (tandis que ceux du Nord souffrent de la crise) et leurs politiques très volontaristes d'assainissement budgétaire et monétaire ont aujourd'hui changé les perspectives. Si la Grèce semble encore hors normes avec, entre autres, un déficit public prévisionnel représentant 4,2 % de son produit national en 1997 (son gouvernement compte se qualifier en 2001), on peut aujourd'hui parier, comme le font les marchés, sur la participation de l'Espagne et du Portugal. Le sort de l'Italie reste plus incertain, mais la balance penche aujourd'hui vers sa participation dès le début.

L'ESPAGNE est en passe de gagner la bataille contre l'inflation, qui a culminé à 28 % annuels il y a une décennie et était encore de 4,3 % en 1995 ; elle est désormais à peine supérieure à 2 % par an. Prolongeant le « plan de convergence » du socialiste F. Gonzalès, le gouvernement conservateur de J.-M. Aznar a présenté à ses collègues européens un « plan de stabilité », qui vise à maintenir les déficits publics à 2 % du produit national d'ici l'an 2000, au prix d'un gros effort de compression des dépenses, car ces déficits s'élevaient encore à 4,4 % du PIB en 1996, après 6,5 % en 1995. Ce programme a été approuvé tant par la Commission de Bruxelles (dès février 1997, elle avait classé l'Espagne, à la différence de l'Italie, parmi les pays pré-éligibles) que par le Conseil des ministres européens de l'Économie et

---

1. Selon les statistiques officielles d'« Eurostat », l'indice général des prix a, par exemple, augmenté de 85 % en Grèce, 51 % au Portugal, 28 % en Espagne et 24 % en Italie sur la période 1985-1989, contre 16,4 % pour la moyenne de l'Europe des Douze de l'époque.

des Finances, en juillet 1997. On voit donc mal comment, sauf crise inattendue, l'Espagne ne serait pas incluse dans la première vague de l'euro. Cela comblera nos entrepreneurs.

LE PORTUGAL devrait suivre la même voie, après des angoisses qui avaient conduit son Premier ministre, A. Guterres, à fustiger le « terrorisme statistique » de la Commission. Avec 7 % seulement de chômeurs, une croissance supérieure à 3 % et des déficits publics respectant le plafond de Maastricht, il le peut, malgré son bas niveau de vie (et, partant, ses coûts salariaux très compétitifs...).

LE CAS DE L'ITALIE est plus difficile. Cela peut paraître paradoxal, car son niveau de vie égal à celui de la Grande-Bretagne, sa compétitivité industrielle et ses progrès en matière de lutte contre l'inflation (ramenée à moins de 2 % en 1997) devraient lui ouvrir les portes. Elle souffre de son instabilité politique, qui a entravé les réformes nécessaires du système fiscal, du régime des retraites ou de la Sécurité sociale. La dette accumulée par le pays représente, à elle seule, 46 % du total de celle de l'Europe des Quinze.

Des hommes comme L. Dini et C. Ciampi, venus tous deux de la Banque d'Italie, ont dirigé des gouvernements de « technocrates » pour redresser la barre. En mai 1996, le gouvernement de coalition de gauche de Romano Prodi entrait en fonction, avec les deux mêmes hommes aux postes stratégiques des Finances et des Affaires étrangères. Leur objectif est de mettre l'Italie — qui ressentirait comme une humiliation le fait d'être « moins bien traitée » que les pays ibériques — en condition pour faire partie de la première vague de l'euro. La France soutient cette approche, comme nous l'avons vu.

Cet objectif semble aujourd'hui en passe d'être atteint. Les progrès faits par les finances publiques italiennes sont en effet spectaculaires : les déficits publics approchaient encore 7 % du produit national en 1996, après avoir dépassé 10 % naguère ; au prix d'une « eurotaxe », d'une compression des dépenses de 100 000 milliards de lires et d'une crise gouvernementale avortée en octobre 1997, ils ont pu être ramenés sous les 3 % fatidiques. La Commission européenne, qui avait exclu l'Italie — à la grande fureur de ses dirigeants — de la liste des participants probables fin avril 1997, a révisé son jugement ; elle a même la coquetterie, dans ses prévisions d'automne 1997, de situer son déficit exactement à 3,0 % en 1997, mais avec un risque de rechute à 3,7 % en 1998 si l'austérité n'était pas poursuivie (voir tableau ci-après).

Le Conseil des ministres européen du 10 juillet 1997 a, dans cette perspective, approuvé le programme de convergence présenté par Rome, qui promet de poursuivre durablement la réduction des déficits, les ramenant à 2,7 % en 1999 et 1,8 % en 2000. La question reste de savoir si cette conversion à la sagesse sera réellement durable, compte tenu de la difficulté des réformes de structure et de l'opposition à certaines d'entre elles de « Refondation communiste », qui soutient le gouvernement Prodi. Pourtant, les députés ont bien voté, fin décembre 1997, un budget rigoureux ramenant les déficits à 2,8 % du PIB en 1998 et réformant partiellement le système des retraites. Le jugement des marchés est donc optimiste jusqu'à présent, pour l'Italie comme pour les autres pays du Sud ; cela y a facilité la baisse des taux d'intérêt et la stabilité des changes, qui sont aussi des critères pour décider de leur participation. Mais une crise de confiance pourrait brutalement renverser cette situation et donner à l'Italie de mauvais indicateurs « objectifs ».

C'est pourquoi certains ont voulu ouvrir la porte à une entrée décalée de la lire dans l'euro, avec une clause de rendez-vous au Sommet européen de décembre 1998, permettant de s'assurer de la pérennité des progrès réalisés. L'Italie aurait alors un an de plus pour se qualifier avant la limite du 1er janvier 1999 ; mais ce délai risquerait de compromettre sa préparation technique à la monnaie unique. Ces inconnues justifient notre classement de ce pays parmi les participants initiaux probables mais non certains.

Les pays réticents resteront-ils durablement à l'écart ?

La Grande-Bretagne pourrait facilement se qualifier pour la monnaie unique (sauf pour le critère de stabilité des changes). Elle ne le fera sans doute pas au départ, pour des raisons essentiellement psychologiques et politiques. Nous y reviendrons plus loin (p. 249-254).

Parmi les pays scandinaves, le Danemark avait, à l'instar du Royaume-Uni, expressément réservé son droit de ne pas participer à la monnaie unique lors de la signature du traité de Maastricht. Son opinion publique ne semble pas avoir évolué favorablement depuis. La

Suède, qui paraissait plus ouverte, a indiqué mi-1997 qu'elle ne se joindrait pas à la monnaie européenne en 1999. Seule la Finlande, plus consciente de l'intérêt d'un ancrage à l'Ouest du fait de son histoire mouvementée avec son grand voisin russe, souhaite véritablement participer à l'euro. Ses bonnes performances devraient lui permettre d'être de la « première vague » ; peut-être son exemple inspirera-t-il par la suite ses voisins.

Si ce lancement est couronné de succès, on peut penser en effet que la Grande-Bretagne et les Scandinaves choisiront de « monter dans le train en marche » ; la totalité des quinze pays actuellement membres de l'Union européenne seraient alors dans la zone euro.

L'appréciation finale de la Commission européenne sur les pays candidats

La Commission de Bruxelles publiera, le 25 mars 1998, son rapport sur la situation et présentera ses propositions au Conseil des ministres et au Conseil européen en ce qui concerne le choix final des pays participants.

Voici le dernier état de l'évaluation technique qu'elle a présentée des quinze pays de l'Union par rapport aux deux principaux critères de Maastricht — c'est-à-dire des déficits publics au plus égaux à 3 % du produit intérieur brut et un stock de dette publique ne dépassant pas 60 % de ce PIB. Il s'agit dans les deux cas d'une prévision, en pourcentage du PIB du pays pour l'année considérée.

	Déficit public		Dette publique brute	
	1997	1998	1997	1998
Allemagne	3,0	2,6	61,8	61,7
France	3,1	3,0	57,3	58,2
Royaume-Uni	2,0	0,6	52,9	51,5
Italie	3,0	3,7	123,3	121,9
Espagne	2,9	2,4	68,1	66,5
Portugal	2,7	2,4	62,5	60,8
Grèce	4,2	3,0	109,3	106,4

Pays-Bas	2,1	1,9	73,4	71,5
Belgique	2,6	2,3	124,7	121,3
Luxembourg	+1,6	+1,0 (surplus)	6,7	6,9
Autriche	2,8	2,6	66,1	65,6
Irlande	+0,6	+1,2 (surplus)	65,8	59,2
Danemark	+1,3	+1,9 (surplus)	67,0	62,2
Suède	1,9	0,2	77,4	75,3
Finlande	1,4	0,2	59,0	57,3

On remarque facilement que treize pays sur quinze seraient qualifiés au titre du déficit budgétaire, seules la France (à 0,1 % près) et la Grèce ne remplissant pas ce critère. Les prévisions publiées par l'OCDE en juillet 1997 étaient analogues, mais situaient le déficit français et les déficits allemand et italien à 3,2 %.

En revanche, un bien plus grand nombre de pays (tous sauf quatre, dont la France) dépasseraient le plafond d'endettement maastrichtien de 60 %. La moyenne de ce ratio pour les quinze pays de la Communauté atteindrait d'ailleurs allègrement 72 % en 1997 et à peine moins en 1998.

Cela semble ne soucier personne outre mesure, ce qui montre bien que la marge de souplesse dans l'interprétation existe... On s'appuiera sûrement sur le fait que les dépassements sont peu importants pour certains, et surtout sur leur évolution tendancielle favorable, puisqu'ils baissent de 1997 à 1998, pour juger éligibles les pays concernés.

Ce panorama mi-politique, mi-technique, à l'image des décisions qui devront être prises en mai 1998, confirme la prévision que nous avons avancée : les deux tiers des pays membres de l'Union européenne, soit dix sur quinze — sans doute onze avec l'Italie —, devraient faire partie de l'euro dès son lancement début 1999.

Quelles seront les nouvelles parités ?

Il était initialement prévu que les parités de rattachement des monnaies à l'euro seraient fixées juste à temps pour l'introduction de celui-ci dans les opérations financières, au 1er janvier 1999.

Le délai de huit mois qui aurait ainsi existé entre la date de sélection des devises participant à la première vague de la monnaie unique et la fixation définitive de leur taux de change laissait subsister une incertitude ; cela aurait pu encourager la spéculation. C'est pourquoi le Conseil des ministres européen a pris la décision de fixer dès mai 1998, en même temps que la liste des pays participants, les futures parités au sein de la zone euro.

Cela signifie que dès cette date les parités bilatérales, c'est-à-dire les taux de change des monnaies européennes entre elles, seront définitivement arrêtées. On saura que le mark, qui a tant monté contre le franc dans le passé, et la peseta, qui a tant baissé, vaudront toujours la même chose, au centime près, avant de se fondre tous au sein de l'euro.

C'est une décision d'une grande portée, car elle signifie que la monnaie unique sera, de fait, une réalité dès mai 1998. Plus exactement, un aspect essentiel de l'union monétaire — la fixité des parités et donc la disparition totale du risque de change — sera déjà en voie de réalisation. Nous disons bien « en voie de », car deux difficultés techniques subsistent.

• *Les parités ainsi arrêtées ne s'appliqueront qu'au 1er janvier 1999.* Dans l'intervalle, les marchés des changes seront dans la situation étrange de connaître très précisément le cours à terme de chaque devise, mais d'ignorer le cours du jour, qui pourra encore fluctuer. En fait, les cours au comptant, qui ne varient déjà que dans des marges étroites pour les pays du « noyau dur » du Système monétaire européen, devraient s'aligner spontanément sur les cours à terme. Il n'en irait autrement qu'en cas de crise financière ou politique grave, qui ferait douter de la mise en œuvre effective au 1er janvier 1999 des engagements pris.

• *Les parités futures seront définitivement arrêtées entre les monnaies participantes, mais non avec l'euro lui-même.* Ceci tient au fait qu'on a voulu, bien légitimement, assurer la continuité entre l'écu et l'euro. Au 1er janvier 1999, l'euro se substituera à l'écu, au taux de un pour un, dans tous les engagements en cours. Mais l'écu est un panier de monnaies qui varie comme la somme de ses composantes, y compris des devises hors zone euro comme la livre sterling ; on ne peut donc savoir à l'avance quelle sera sa valeur le 1er janvier 1999. C'est seulement sa disparition à cette date qui permettra de fixer définitivement non seulement la valeur en francs d'un mark ou d'un escudo, mais aussi celle de l'euro.

• *Quant aux parités bilatérales*, on peut, sans hardiesse excessive, supposer qu'elles seront déterminées en retenant tout simplement les cours-pivots bilatéraux en vigueur au sein du SME.

D'autres méthodes ont certes été envisagées : par exemple retenir le cours de marché de la devise à une date donnée, ou son cours moyen sur la période (de quelques mois à deux ans) précédant la décision. Mais ces méthodes peuvent prêter à discussion ; surtout, elles donnent une dose plus grande d'incertitude au dispositif, puisque les cours finaux dépendraient de l'évolution imprévisible des marchés d'ici à mai 1998. Il est donc hautement probable que gouvernements et banquiers centraux préféreront retenir les cours-pivots actuels.

Il semble d'ailleurs que les marchés, sans doute « pilotés » par de discrètes interventions des Instituts d'émission, aillent dans ce sens ; par exemple, le franc a rejoint, fin 1997, son cours central contre le mark, qu'il n'avait plus revu depuis quatre ans. Une seule réserve s'impose : celle de la livre irlandaise (le punt) qui, influencée par la hausse du sterling, caracole à 6 à 8 % au-dessus de son cours-pivot sur les marchés des changes et pourrait donc être réévaluée au moment d'entrer dans la grille des futures parités fixes[1].

Voici donc cette grille par rapport au franc. Les taux centraux donnés ici sont ceux des dix devises participantes probables aux côtés du franc, étant entendu que le taux indiqué pour le franc belge vaut aussi pour le franc luxembourgeois, qui est déjà en union monétaire

---

1. Le cours à terme de la punt pour l'échéance du 1er janvier 1999 est supérieur de 8 % à son cours-pivot. Quelques opérateurs pensent qu'outre l'Irlande, l'Espagne et le Portugal, voire l'Italie, dont les taux d'intérêt directeurs sont encore supérieurs aux taux franco-allemands, pourraient souhaiter accompagner la baisse des taux qui leur reste à accomplir par une légère revalorisation de leur monnaie. Nous en doutons.

avec lui. Le cours-pivot de la couronne danoise (87,9257 F pour 100 couronnes) ne figure pas, puisqu'elle ne devrait pas participer à la première vague de l'euro. Le cours central de l'écu en francs (6,45863 F) ne figure pas non plus, puisque l'écu intègre dans son panier, à hauteur de 15 % environ du total, trois monnaies dont les parités continueront à fluctuer : la livre sterling, la couronne danoise et la drachme grecque.

Les futures parités au sein de la zone euro (exprimées par rapport au Franc)
1 mark allemand = 3,35386 F
1 florin hollandais = 2,97661 F
100 francs belges = 16,2608 F
1 000 lires italiennes = 3,38773 F
100 pesetas espagnoles = 3,94237 F
100 escudos portugais = 3,27188 F
100 schillings autrichiens = 47,6706 F
1 markka finlandais = 1,10324 F
1 punt irlandais = 8,08631 F (taux susceptible d'être ajusté)

DEUXIÈME ÉTAPE (janvier 1999)
L'introduction de l'euro dans les opérations financières

L'avant-dernière année de notre millénaire débutera avec une innovation de taille : la substitution de l'euro aux monnaies nationales des dix ou onze pays qui, comme nous venons de le voir, participeront à la « première vague ». L'euro ne sera pas seulement une monnaie de référence : dès ce moment, il sera la seule véritable monnaie des participants ; le franc, le mark, ne seront plus que des subdivisions non décimales de l'euro. Autrement dit, le franc n'aura pas de valeur propre ni d'évolution autonome sur le marché des changes : il sera une fraction de monnaie européenne — un peu moins d'un sixième d'euro.

À quel moment exact se fera ce grand chambardement ? Le 1er janvier 1999 tombant un vendredi, ce n'est en réalité que le 4 janvier que les marchés financiers européens « basculeront » d'un seul coup en euros.

Quelles sont les opérations concernées ?

Le paradoxe est que cette authentique révolution ne sera guère, dans l'immédiat, perceptible pour chacun d'entre nous. En effet, les délais de fabrication des milliards de pièces et de billets nécessaires pour mettre la nouvelle monnaie entre les mains de tous sont tels qu'il a fallu différer de trois années sa mise en circulation effective.

Pendant cette période de transition, l'euro sera donc une monnaie à part entière, mais n'existera que sous forme « scripturale », c'est-à-dire dans les écritures des banques, et non en espèces sonnantes et trébuchantes. Le principe est qu'en attendant 2002, seules les opérations financières seront effectuées en euros.

Les particuliers et les entreprises (sauf celles qui auront décidé de passer leur comptabilité à l'euro avant la date-limite) resteront donc essentiellement en contact, dans leur vie courante, avec le franc.

Les actions et obligations détenues en portefeuille seront, en revanche, cotées en euros dès 1999. Autrement dit, votre banque versera en francs sur votre compte, après l'avoir converti, le coupon d'un emprunt qui sera, lui, libellé dans la nouvelle monnaie unique européenne.

Les conséquences juridiques

L'ÉCU, LA MONNAIE COMMUNE EUROPÉENNE ACTUELLE, DISPARAÎT. Il est entièrement remplacé par l'euro, dont c'est le véritable acte de naissance. L'écu, défini comme l'addition d'une certaine quantité de francs, de marks, de lires, de florins, et d'autres devises, avait l'inconvénient d'être une monnaie composite. On aurait cependant pu le conserver en le détachant de son « panier de monnaies » initial, puisqu'il était la base de nombreux contrats financiers. Les gouvernements ont préféré changer de nom pour rompre avec l'image de monnaie insuffisamment forte qu'avait l'écu dans certains pays et marquer un nouveau départ.

Cependant, il est bien entendu qu'un euro vaut exactement... un écu. Tous les contrats signés antérieurement en écus seront donc, immédiatement et sans frais, transposés en euros[1].

UNE LÉGISLATION EUROPÉENNE PARTICULIÈRE a été mise en place pour garantir ce passage sans heurts. Un premier règlement (n° 1103/97) du Conseil des ministres européen en date du 17 juin 1997, directement applicable dans tout État membre, précise (art. 6 du préambule) que « l'euro sera une monnaie à part entière » ; l'article 2 de ce texte dispose que « toute référence à l'écu... figurant dans un instrument juridique est remplacée par une référence à l'euro au taux d'un euro pour un écu ». D'autres articles établissent la continuité des contrats que nous commenterons plus loin (voir « L'euro et le commerce »).

Un second règlement relatif au cadre juridique de l'introduction de l'euro a été approuvé en projet par le Conseil le 7 juillet 1997. Il sera définitivement adopté, conformément à l'article 109L du Traité, « dès que la décision relative aux États membres adoptant l'euro aura été prise » ; mais son texte a, comme l'avait souhaité le Conseil européen d'Amsterdam (juin 1997) par souci de transparence, été publié au Journal officiel des Communautés européennes dès le 2 août 1997.

L'EURO DEVIENT LA MONNAIE OFFICIELLE des pays participant à la monnaie unique. Le second règlement précité est formel, en ses articles 2 et 6 : « À compter du 1er janvier 1999, la monnaie des États membres participants est l'euro... Un euro est divisé en cent cents... Il est aussi divisé en unités monétaires nationales en appliquant les taux de conversion. »

---

1. Le règlement européen du 17 juin 1997 prévoit cependant que « cette présomption pourra être écartée en prenant en considération la volonté des parties ». Des contrats signés antérieurement sur la base de l'écu privé et non de l'écu officiel pourraient ainsi conserver leur référence à l'ancien « panier » de l'écu, et donc voir sa valeur diverger de celle de l'euro tant que toutes les devises le composant (notamment la livre sterling) n'auront pas rejoint l'euro.

Possible/Pas possible

– La monnaie européenne aura donc, dès janvier 1999, pouvoir libératoire, c'est-à-dire que l'on pourra se libérer d'une dette en euros, mais elle n'aura pas encore cours légal, puisque celui-ci n'est attribué en France qu'à la seule monnaie fiduciaire, pièces et billets.

– On ne pourra donc pas imposer à son partenaire commercial un règlement (par virement) en euros s'il ne le souhaite pas, le principe étant celui de la « non-obligation, non-interdiction » de chacune des deux monnaies, franc et euro. C'est ce qu'on appelle familièrement la règle du « ni-ni ».

– Les contrats spécifiés en francs continueront naturellement de s'appliquer, et chacun pourra utiliser le franc jusqu'en 2002. Les entreprises qui le souhaitent pourront néanmoins publier leurs comptes en euros.

– Il sera également possible de payer ses impôts et d'établir ses déclarations (du moins pour les entreprises) en monnaie européenne.

– En fait, bien que le principe soit une période de transition de trois ans, on peut penser qu'entreprises et particuliers utiliseront progressivement l'euro pour certaines de leurs opérations non financières bien avant la date fixée. C'est ce qu'on appelle la « porosité ».

Les modalités financières

LE TAUX DE CONVERSION DE L'EURO EN FRANCS sera irrévocablement fixé, à une valeur sans doute proche du cours de marché actuel (environ 6,50 F). Pour faciliter les conversions, le règlement européen précité du 17 juin 1997 a précisé les méthodes de calcul (6 chiffres significatifs) et d'arrondi, qui seront examinées plus loin (p. 109-111).

LES TAUX DE CHANGE BILATÉRAUX (franc/mark, florin/peseta, franc belge/schilling) seront désormais eux-mêmes immuables, chaque monnaie participante ayant fixé par avance, dès mai 1998, sa parité future. Plus de dévaluations, plus de spéculation fébrile ou de mise à l'abri des fonds les veilles de week-end, plus de fluctuations compromettant le bénéfice espéré d'une vente dans un pays voisin !

Certes, les cours étaient déjà relativement stables depuis plusieurs années entre les monnaies du « noyau dur » européen. Mais une probabilité de stabilité est tout autre chose qu'une certitude de fixité ; chacun se souvient de la violence de la crise monétaire de 1992-1993, ainsi que des conséquences fâcheuses pour nos entreprises des dévaluations de la livre, de la lire et de la peseta qui en ont résulté. Notons que pour la conversion d'une monnaie à l'autre, il faudra désormais passer par l'euro, avec une précision de trois décimales.

LES ÉTATS n'émettront plus, à partir de 1999, que des emprunts en monnaie unique, les marchés financiers (actions et obligations) basculant entièrement en euros. Ils s'y préparent dès à présent, en constituant des emprunts-souches qui seront, le jour venu, automatiquement convertis en euros. En outre, ils ont la faculté de convertir en euros le stock existant de leur dette publique. La plupart des pays procéderont à cette opération dès janvier 1999 (p. 222-224).

AU-DELÀ DES MARCHÉS FINANCIERS, l'euro deviendra dès cette date l'instrument exclusif des opérations entre banques. Les virements, prêts et emprunts interbancaires, par exemple les opérations de courte durée sur le marché monétaire, se feront en monnaie unique. L'euro sera aussi l'instrument exclusif des opérations des Banques centrales entre elles et avec les banques commerciales : prises en pension d'effets à court terme, dépôt éventuel de réserves obligatoires, interventions de toute nature.

Pour passer de l'euro, seul utilisé entre banques, au franc, utilisé avec entreprises et particuliers, il faudra un « convertisseur », c'est-à-dire un système informatique interne de traduction des sommes du franc à l'euro et vice versa. Si vous encaissez par exemple un dividende, un loyer ou le règlement d'une facture en euros, la banque convertira le montant et l'inscrira en francs à votre compte.

LA BANQUE CENTRALE EUROPÉENNE (BCE) entrera pleinement en fonction. Son précurseur, l'Institut monétaire européen (IME), prépare déjà activement ce nouveau rôle. Les gouvernements ont décidé, là aussi, d'accélérer le calendrier initialement prévu en nommant le Directoire de la BCE au printemps 1998, dans la foulée du choix des pays participants. Elle disposera ainsi d'un semestre complet pour achever ses préparatifs avant le lancement effectif de l'euro.

C'est la BCE qui, en accord avec les Banques centrales participantes et indépendamment des gouvernements, définira et appliquera à partir de janvier 1999 la politique monétaire de la nouvelle zone unifiée (voir « L'euro et le citoyen »). En conséquence, les taux d'intérêt, c'est-à-dire le prix de l'argent, à court terme comme à long terme, seront désormais les mêmes d'un bout à l'autre de la zone euro, de Berlin à Lisbonne et d'Amsterdam à Vienne. Seule la qualité intrinsèque de la signature de l'emprunteur importera, qu'il soit une entreprise ou un État.

TROISIÈME ÉTAPE (1er janvier 2002)
L'introduction des espèces en euros

Comment les nouvelles espèces seront-elles mises en circulation ?

Trois ans après son entrée en vigueur, la monnaie unique européenne deviendra enfin palpable. À partir du 1er janvier 2002 au plus tard, les nouveaux billets et les nouvelles pièces euro seront en effet mis en circulation, simultanément dans tous les pays participant à la monnaie unique.

Une opération sans précédent
Si le délai de trois ans qui a été retenu pour la période de transition paraît excessivement long, il ne faut pas seulement en accuser la pusillanimité des gouvernements (qui veulent « préparer les esprits ») ou des banquiers centraux (qui veulent être sûrs qu'il ne manquera pas un bouton de guêtre...). C'est qu'une opération d'échange monétaire de cette ampleur n'a jamais été réalisée dans

l'histoire, même si l'on peut citer au cours du dernier demi-siècle nombre d'échanges qui ont été des réussites, y compris en Europe, mais à l'échelle d'un seul pays (en 1960 en France, en 1948 et 1990 en Allemagne, en 1971 au Royaume-Uni).

L'opération portera en effet, pour onze pays, sur environ 13 milliards de billets et 70 milliards de pièces — soit 300 000 tonnes de pièces, l'équivalent de 10 000 camions gros-porteurs, et des billets qui, mis bout à bout, couvriraient quatre fois la distance de la Terre à la Lune !

Certains agents économiques avaient souhaité que la date retenue pour cette étape essentielle puisse être avancée, en aménageant les délais techniques annoncés par les Banques centrales pour l'impression des billets. Cela aurait permis d'abréger quelque peu les trois ans de la période de transition, mais aussi de répondre aux inquiétudes des commerçants (voir p. 100) et de certains entrepreneurs, gênés par la coïncidence de cette étape avec les dates d'inventaire et les soldes de fin d'année. Après étude — et compte tenu de la préférence de la majorité des entreprises et des banques pour un arrêté en fin d'année —, cette possibilité a été écartée par le Conseil de l'IME et les gouvernements des Quinze en novembre 1997.

‖ C'est le 1er janvier 2002 que les nouvelles espèces seront introduites.

CES NOUVEAUX MOYENS DE PAIEMENT vont être mis en circulation par la BCE et les Banques centrales des États participants, comme le prévoit l'article 10 du Projet de règlement européen concernant l'introduction de l'euro (voir ci-dessus). Elles seront relayées par les guichets des banques, qui remplaceront au fur et à mesure par des euros les billets et pièces nationaux voués au retrait.

Il faut savoir qu'un billet change souvent de détenteur et passe en moyenne une fois par an entre les mains de la Banque de France, qui opère un tri, élimine les billets usagés et les remplace par des neufs. Il sera donc relativement aisé de retirer progressivement de la circulation les billets en francs pour leur substituer des euros. Mais, afin que chacun comprenne bien la portée et l'ampleur de l'opération, un volume important de pièces et billets en euro sera émis dès les premiers jours. Les nouvelles espèces seront ainsi très vite présentes dans la circulation courante.

Un autre mode de diffusion important sera l'usage des distributeurs automatiques de billets. À partir du 1er janvier 2002, ces appareils automatiques ne distribueront normalement plus que des billets en euros. Les préparatifs commenceront bien avant : dès 1999, les gestionnaires recevront les informations techniques et les échantillons de billets nécessaires pour adapter leurs appareils. Les autres appareils utilisant des espèces, comme les distributeurs de boisson ou les parcmètres, seront progressivement adaptés dans le courant du premier semestre 2002 au plus tard.

Combien de temps le franc et l'euro circuleront-ils en parallèle ?

Pendant une période de six mois au plus, l'euro et le franc circuleront ainsi en parallèle. On espère qu'ils cohabiteront harmonieusement, l'un remplaçant progressivement l'autre.

Cette période de coexistence relativement longue a été retenue pour des raisons techniques, car l'on craignait de manquer de temps pour la mise au point de tous les appareils et pour la diffusion d'une aussi grande quantité d'espèces.

Il est certain que cela compliquera quelque peu la vie quotidienne, puisque l'on aura deux types de billets différents dans son portefeuille ; il faudra une certaine agilité mentale pour rendre la monnaie en euros sur un paiement en francs, et réciproquement. C'est pourquoi les professionnels comme les usagers expriment le souhait très vif que cette période de cohabitation des deux systèmes soit raccourcie, à quelques semaines seulement si possible. L'Institut monétaire européen et les gouvernements étudient effectivement la possibilité d'une telle réduction, qui sera très probablement décidée.

Tout en euros ? Tout en francs ?

– *Comment réagiront les utilisateurs face à cette double circulation monétaire ?* Bien entendu, ceux qui préfèrent retarder l'échéance pourront encore, pour peu de temps, vivre « tout en francs ». À l'inverse, ceux qui le souhaitent pourront changer leurs francs dès le départ et vivre « tout en euros » : il suffira pour cela de s'adresser à sa banque, à un bureau de poste ou de Caisse d'épargne ou à un comptable public.

– *Attention cependant :* au-dessus d'un montant de 50 000 francs, le banquier est tenu par les lois de 1990 et 1993 à une « obligation de vigilance » qui l'oblige à bien identifier le déposant et — seulement en cas de suspicion légitime — à déclarer ces sommes ; ces règles, qui s'appliquent aux versements en liquide et à l'ouverture de comptes, mais non à leur conversion vers l'euro, seront peut-être assouplies à l'occasion de l'Union monétaire.

Les conséquences de la mise en circulation de l'euro

Cette troisième étape du passage à l'euro marque en même temps la fin du processus de basculement vers la monnaie unique pour toutes les opérations, quels que soient les acteurs concernés.

Le mot euro sera substitué purement et simplement au mot franc dans tous les textes où il apparaît, sans besoin du vote d'une nouvelle loi nationale.

• *D'un point de vue pratique,* l'État établira son budget (en fait, dès 2001 pour 2002), vous réclamera vos impôts et établira tous les documents administratifs en monnaie européenne ; les feuilles de paye seront dressées et les salaires ou pensions versés en monnaie européenne ; les prix devraient être affichés principalement en euros dans les magasins (la « traduction » en francs sera cependant conservée certainement pendant assez longtemps, pour permettre à tous les consommateurs de s'habituer) ; les factures, les loyers seront établis en euros, etc.

• *D'un point de vue juridique,* l'euro aura cours légal au même titre que le franc, c'est-à-dire que (contrairement à ce qui se passait pendant la deuxième phase, où il s'agissait d'une faculté et non d'une obligation) les détaillants, l'administration, les créanciers de toute nature seront *tenus* d'accepter vos euros en paiement. De même, tous les contrats libellés en francs seront automatiquement « traduits » en monnaie européenne.

Le projet de règlement européen concernant l'introduction de l'euro est explicite à cet égard. S'appuyant sur le traité de Maastricht (article 105A), il dispose, en son article 10, que « les billets libellés en euros sont les seuls à avoir cours légal dans tous les États membres (de la zone euro) ». Le maintien du cours légal en parallèle aux espèces nationales ne sera qu'une tolérance provisoire de courte durée.

QUATRIÈME ÉTAPE (avant le 30 juin 2002)
Le retrait des monnaies nationales

Au terme de ce processus, qui aura duré environ quatre ans à partir du choix initial des pays participants, les monnaies nationales devront être retirées de la circulation.

L'article 15 du Projet de règlement européen précise en effet que les billets et pièces nationaux « cessent d'avoir cours légal au plus tard six mois après l'expiration de la période transitoire ». C'est l'acte de décès du franc, la fin de sept cents ans d'histoire. Une fin qui n'est pas triste, puisqu'il s'agit en même temps d'une étape majeure de la construction monétaire européenne et que l'euro est l'héritier direct et légitime du franc.

> Cette opération finale interviendra à une date qui n'est pas encore tout à fait précise : il a simplement été convenu (en 1995, au Conseil de Madrid) qu'elle s'achèverait le 1er juillet 2002 au plus tard.

L'article précité du Projet de règlement demande aux États membres de « prendre toute mesure nécessaire pour faciliter (ce) retrait » et suggère que le délai maximal de six mois « peut être abrégé par le législateur national ». Comme chacun est conscient des inconvénients de la circulation en parallèle pendant plusieurs mois de l'euro et des monnaies nationales, on peut penser que tous les efforts seront faits pour accélérer le retrait des espèces en francs. La décision en ce sens est pratiquement acquise, mais la durée exacte du retrait reste à fixer. Peut-être pourra-t-il être achevé dès février ou mars 2002 ?

Comme pour la mise en circulation des nouvelles espèces en euros, c'est la Banque de France qui retirera de la circulation les anciens billets et pièces. Pour se préparer à toutes ces évolutions, elle a mis en place une structure de projet interne correspondant aux six grands thèmes fédérateurs de ses activités.

QUE SIGNIFIE, CONCRÈTEMENT, CE RETRAIT DU FRANC ? Ce sera désormais l'euro, et non plus le franc, qui aura *seul* cours légal dans notre pays. Cela veut dire que non seulement on pourra, mais on devra faire tous ses paiements en euros.

Cette obligation prévaudra, qu'il s'agisse d'acheter un croissant ou une maison, de régler une vieille facture ou de payer une contravention. À partir de cette date, non seulement nul ne pourra plus refuser en paiement votre beau billet rouge de dix euros flambant neuf (c'était déjà acquis depuis la troisième étape), mais le billet de cent francs oublié dans votre portefeuille ne pourra plus vous servir à rien dans la vie courante.

RASSUREZ-VOUS. Les distraits ou les négligents ne seront pas victimes de cette situation. Ils conserveront pendant plusieurs années la possibilité d'échanger les anciens billets et pièces restés dans leur bas de laine contre des espèces en euros. L'échange, toujours gratuit, pourra s'effectuer pendant quelques mois aux guichets des banques ; puis il restera possible, pendant dix ans, aux seuls guichets de la Banque de France, qui compte tout de même 211 succursales, dont 207 en province[1]. Après cette limite, le franc ne sera plus qu'un objet de collection.

---

1. Cette procédure n'a rien de surprenant et est bien rodée ; c'est tout simplement celle qui s'applique aujourd'hui quand la Banque de France met un nouveau billet en circulation (ou les Monnaies et Médailles une nouvelle pièce) ; voyez les exemples du nouveau billet de 200 F, à partir de 1996, ou de la nouvelle pièce de 10 F : l'ancienne a été retirée de la circulation en septembre 1991.

Récapitulation des grandes étapes

1. Choix des pays et des parités

- Fin février 1998 : rassemblement des chiffres budgétaires et des performances économiques et financières des pays membres en 1997, et actualisation des prévisions pour 1998.
- Fin mars 1998 : rapports de la Commission de Bruxelles et de l'Institut monétaire européen de Francfort aux gouvernements membres et au Parlement de Strasbourg.
- Avril 1998 : examen du dossier par le Parlement européen et par certains Parlements nationaux.
- Fin avril ou 1er mai 1998 : débat par un Conseil spécial des ministres de l'Économie et des Finances, qui formule (à la majorité qualifiée) une recommandation sur la liste des pays éligibles.
- 2 et 3 mai 1998 : après avis du Parlement, décisions du Conseil européen (chefs d'État et de gouvernement) et du Conseil des ministres établissant la liste des pays qui participeront au lancement de l'euro. Détermination simultanée des futures parités bilatérales au sein de la zone euro.
- Mai/juin 1998 : transformation de l'Institut monétaire européen en Banque centrale européenne et nomination du Directoire de celle-ci. Adoption définitive du règlement sur l'introduction de l'euro.

2. Introduction de l'euro pour les opérations financières

- Deuxième semestre 1998 : début de la fabrication et du stockage des billets et pièces en euros. Préparation finale de la BCE et du Système européen de Banques centrales à la phase opérationnelle.
- 1er janvier 1999 : l'euro devient la monnaie officielle des participants, seule utilisée pour les opérations financières. Les devises nationales sont des subdivisions de l'euro et ont une parité fixe irrévocable entre elles comme par rapport à lui.
- 4 janvier 1999 : la Bourse et toutes les opérations sur titres « basculent » en euros, de même que le marché monétaire, le marché des changes et les opérations interbancaires ; la dette publique est convertie en euros.
- Début 1999 : entrée en vigueur de la législation relative à l'euro : statut juridique, continuité des contrats, arrondis.

– Début 1999 : les producteurs de distributeurs automatiques de billets et autres automates reçoivent échantillons et instructions techniques pour préparer la conversion de leurs machines.

– De 1999 à 2001 (phase transitoire) : entreprises et particuliers ont la faculté d'utiliser progressivement l'euro : ouvertures de comptes, facturations, publication de leurs résultats... Les administrations acceptent les paiements de tous et les déclarations des entreprises en euros.

3. Introduction des espèces en euros

– 1er janvier 2002 : mise en circulation des nouveaux billets et pièces en euros dans les banques commerciales, institutions financières et distributeurs automatiques.

– 1er janvier 2002 : passage à l'euro de toutes les opérations de et avec les administrations (certaines déclarations sociales concernant 2001 restent toutefois en francs).

– 1er janvier 2002 : l'euro a cours légal en même temps que le franc ; basculement en euros de toutes les opérations commerciales privées et de tous les contrats.

– Courant du premier semestre 2002 : retrait progressif des espèces en francs. Fin du remplacement ou de la modification des équipements automatiques (distributeurs, parcmètres..) pour les adapter à l'euro.

4. Retrait des espèces nationales

– Avant le 30 juin 2002 (au plus tard) : retrait définitif du franc, l'euro conservant seul cours légal. Seules les transactions en euros sont autorisées.

– Pendant dix ans après le 30 juin 2002 : possibilité d'échanger les espèces en francs, désormais démonétisées, contre euros aux guichets de la Banque de France.

L'euro et les particuliers

En dehors de ses activités professionnelles, chacun d'entre nous est aussi un citoyen, un consommateur et un usager des services publics. Dans tous ces aspects de notre vie quotidienne, nous serons touchés par le changement qui va intervenir.

Des questions pratiques se posent : comment se présenteront les nouveaux signes monétaires ? À combien s'établira la valeur de l'euro ? Quels seront les usages de la monnaie unique dans la vie courante ? Comment évolueront les rapports entre citoyens et administrations ?

À QUOI RESSEMBLERA UN EURO ?

Pour les particuliers, l'euro ne se matérialisera vraiment que lorsqu'ils pourront le manipuler. Certes, à l'heure des chèques et cartes de crédit, la circulation fiduciaire (236 milliards de francs en billets et 18 milliards de francs en pièces, pour notre pays) ne représente plus qu'une faible partie du total : les dépôts à vue dans les banques s'élèvent à eux seuls à près de 1 500 milliards, soit six fois plus. Mais elle conserve une importance psychologique essentielle. Il faut dès lors que le passage aux nouvelles espèces en euros soit techniquement réussi et qu'il soit bien compris par les utilisateurs. Cela est vrai pour les billets comme pour les pièces.

Les nouveaux billets

Soucieux de raccourcir les délais de préparation, les gouvernements et les Banques centrales réunies au sein du conseil de l'IME se sont mis d'accord à l'avance (à Dublin en décembre 1996, puis à Amsterdam en juin 1997) sur les caractéristiques suivantes[1] :

IL Y AURA SEPT COUPURES (voir cahier hors-texte), d'apparence comparable à la dernière série de nos billets français et d'une valeur s'échelonnant de 5 euros à 500 euros.

CHAQUE COUPURE SERA DE FORMAT DIFFÉRENT, à la demande des associations de non-voyants (ce qui est certainement préférable au système américain où les billets ne se distinguent que par les chiffres et par un portrait). Les billets de 100, 200 et 500 euros seront toutefois de même hauteur, mais de longueurs différentes.

LA VALEUR DE CHAQUE BILLET sera indiquée en huit endroits (au recto, ce chiffre sera en très gros caractères et en relief).

LE NOM « EURO » (au singulier) apparaîtra au recto et au verso, en caractères romains et en caractères grecs, pour laisser toutes ses chances à une participation ultérieure des Hellènes.

LES DÉNOMINATIONS ET LES COULEURS seront :

5 euro : gris	100 euro : vert
10 euro : rouge	200 euro : jaune
20 euro : bleu	500 euro : violet
50 euro : orange	

---

1. Ce choix a été précédé d'un concours organisé par l'Institut monétaire européen, que l'article 109F3 du traité de Maastricht charge de superviser la préparation technique des billets. 44 projets ont été soumis en septembre 1996 à un jury d'experts renommés ; l'IME a arrêté sa proposition finale après un sondage auprès de 1 900 citoyens européens sur dix maquettes présélectionnées.

Recto verso
– *Au recto*, figureront la signature du président de la Banque centrale européenne ainsi que les initiales de cette BCE, sous cinq formes différentes correspondant aux douze langues parlées dans l'Union. Un motif architectural typique de l'un des sept « âges » de la civilisation européenne sera également représenté — ce sera une fenêtre ou un portail, pour symboliser l'ouverture. Cette formule a été préférée à celle du portrait d'un grand homme afin de ménager les susceptibilités nationales. Encore a-t-on veillé à ce que le motif représenté ne puisse être attribué à aucun monument particulier... Les douze étoiles de l'Union européenne sont également reproduites sur cette face.
– *Au verso* figureront le drapeau de l'Union européenne[1], une carte de l'Europe et des départements d'outre-mer français et un pont — de style allant du pont romain au pont suspendu — pour symboliser les liens entre les peuples.

Les billets seront de haute qualité technique, pour les protéger des contrefaçons : filigrane, fil traversant le papier, encres spéciales, zone métallisée réfléchissante, impression en taille-douce.

Comment les nouveaux billets seront-ils fabriqués ?

Dès le deuxième semestre 1998, les Banques centrales dont la participation à la « première vague » de la monnaie unique aura été décidée par le Sommet de mai lanceront la fabrication des nouveaux billets européens.

Un seul Institut d'émission, si performant soit-il, n'aurait pu suffire à une opération d'aussi grande envergure. Il fallait, au demeurant, ménager les susceptibilités nationales et assurer le plan de charge des différents ateliers d'impression (ce qui explique qu'on ait écarté les

_____

1. Il avait été envisagé de laisser cet espace disponible pour un signe national distinctif (qui n'aurait pas empêché les billets d'être admis partout dans la zone euro). Le Conseil de l'IME poursuit en fait ses travaux sur la base de billets purement européens ; ce choix a été confirmé par les ministres — avec toutefois une réserve de la Grande-Bretagne, qui gardera la possibilité d'insérer un signe national distinctif sur les billets émis sur son territoire après une éventuelle adhésion à l'Union monétaire.

propositions, parfois avantageuses au moins en termes de délais, de fabricants privés). Il a donc été décidé que le travail serait partagé entre les pays membres.

La Banque centrale européenne, « seule habilitée à autoriser l'émission de billets de banque » selon l'article 105A1 du traité de Maastricht, devra arrêter les modalités de la fabrication et en assurer la coordination.

Soit chaque pays fabriquera les billets nécessaires pour ses propres besoins à l'origine. Soit tous les billets d'une même valeur faciale seront imprimés pour compte commun par le même atelier [1].

Cette solution consensuelle explique en partie la longueur des délais retenus : près de quatre années s'écouleront entre le lancement de la fabrication, à l'été 1998, et la mise en circulation complète de l'euro. C'est à partir du 1er janvier 2002 que les espèces en euros seront mises en circulation et que nous aurons donc les nouveaux billets entre les mains.

Combien de billets faudra-t-il imprimer ?

Cela dépendra du nombre de participants à la « première vague » de l'euro. C'est bien pourquoi les décisions définitives sur la fabrication des nouveaux billets ont été reportées (selon le scénario de passage à l'euro adopté par le Sommet de Madrid en décembre 1995) à l'été 1998, après le choix des pays éligibles et la création de la BCE.

Si tous les pays de l'Union européenne participaient à la monnaie unique, cela représenterait quelque 17 milliards de billets, compte tenu des stocks de fonctionnement et de précautions nécessaires.

Le chiffre retenu pour une zone euro à onze pays est de 13 milliards de billets, à comparer à un nombre total effectif de 10 milliards de billets en circulation fin 1996 (dont 3 milliards pour l'Allemagne, où

---

1. Le problème est compliqué par la grande diversité des situations : huit pays membres ont une imprimerie de billets intégrée à leur Banque centrale ; quatre la confient à une entreprise publique, un (les Pays-Bas) à une entreprise privée, et les Allemands font les deux à la fois ! Enfin, deux pays, le Portugal et le Luxembourg, achètent leurs billets à des imprimeurs privés à l'étranger.

cartes de crédit et chèques sont peu usités), soit en moyenne 45 par habitant.

En France, le nombre de billets à fournir sera inférieur à la moyenne européenne. Le Français, grand amateur de cartes de crédit, n'a besoin que de 24 billets par an, là où l'Italien ou l'Autrichien en consomment près de 50. Ainsi n'avions-nous fin 1996 que 1 344 millions de billets de banque en circulation.

Ce stock « tourne » en moyenne près d'une fois par an, puisque la Banque de France imprime 1,1 milliard de billets chaque année. Celle-ci pourrait donc sans mal fournir en trois ans dans son imprimerie de Chamalières les quelque 2 à 2,5 milliards de coupures en euros qui seront nécessaires pour couvrir les besoins nationaux et les stocks de précaution, tout en poursuivant au ralenti le renouvellement des actuels billets français (le dernier de la série est le billet de 100 F à l'effigie de Cézanne émis en décembre 1997, dont la durée de vie sera courte d'ici à son retrait en 2002).

Les billets ainsi fabriqués à l'avance seront stockés, probablement dans des bases militaires, pour assurer leur sécurité. Avant fin 2001, ils seront diffusés dans les guichets bancaires pour constituer un stock de démarrage suffisant.

Reste le problème du prix de fabrication : le coût d'un billet est en moyenne de 50 à 70 centimes en Europe, ce qui conduit à évaluer la charge totale de la fabrication des nouveaux billets à environ 8 milliards de francs pour une zone euro à onze. Avec un coût unitaire de près d'un franc, la Banque de France est encore loin de cette norme, mais elle a mis en place un plan de rationalisation pour ramener son coût à 70 centimes d'ici l'an 2000.

Que deviendront les vieux billets ?

– À partir de la date de mise en circulation des nouvelles espèces, les guichets bancaires ne distribueront plus que des billets en euros. Ils reprendront les billets en francs pendant toute la période de retrait, jusqu'à ce qu'ils perdent définitivement leur cours légal, et pendant quelques mois au-delà. Attention, toutefois, certaines banques souhaiteraient réserver ce service à leurs seuls clients.

– Les billets démonétisés seront, comme de coutume, brûlés par la Banque de France dans l'usine de Vic-le-Comte, ou broyés. Rappelons que les anciens billets qui n'auraient pas encore été échangés contre des euros continueront pendant dix ans à être échangeables à tout moment aux guichets de notre Banque centrale.

Les nouvelles pièces

Les quelque 70 milliards de pièces de monnaie (dont 11 milliards pour la France) qui devront être frappées pour l'avènement de l'euro auront une face commune à tous les pays de l'Union et une face nationale.

LA FACE EUROPÉENNE, identique pour tous, a été choisie par le Conseil européen en juin 1997. Elle comportera une carte de l'Europe sur fond étoilé et un simple chiffre.

LA FACE NATIONALE — dont le principe est contesté par le Parlement européen — portera l'emblème du pays concerné (en France, ce sera une Marianne pour les petites pièces, une semeuse pour les pièces de 10 à 50 cents et un arbre stylisé pour les plus grosses, avec le sigle « RF »), entouré par les étoiles européennes, et la date d'émission : 2002.

IL EXISTERA HUIT PIÈCES, DE TROIS TYPES DIFFÉRENTS :
— pièces orangées (en cuivre) de 1, 2, et 5 cent(imes)
— pièces blanches (en nickel) de 10, 20 et 50 cent(imes)
— pièces bicolores (et bimétalliques, plus difficiles à falsifier, à l'image de nos pièces de 10 et 20 F) de 1 et 2 euros : le « 1 euro » aura un centre argenté et une couronne dorée ; le « 2 euro » aura un centre doré et une couronne argentée.
On trouvera plus loin le fac-similé de ces pièces ; les gouvernements les ont voulues de bonne qualité, sûres et bien reconnaissables pour être plus facilement acceptées par les consommateurs (voir cahier hors-texte).

Qui frappera les nouvelles pièces ?

La frappe des pièces métalliques est, traditionnellement, un privilège « régalien » réservé aux États. Ceux-ci l'ont conquis de haute lutte sur les seigneurs qui, autrefois, battaient monnaie chacun dans son fief. C'est pourquoi, aujourd'hui encore, la frappe est assurée (sauf aux Pays-Bas et en Autriche, où elle est privatisée) non pas par les Banques centrales, mais directement par l'État, qui conserve le bénéfice résultant de l'écart entre la valeur faciale de la pièce et son coût de production[1].

> Il a donc été décidé que chaque pays conserverait l'entière responsabilité de la frappe des nouvelles pièces. En France, cette tâche revient à l'Administration des Monnaies et Médailles, qui est encore, juridiquement, une direction du ministère des Finances.

Combien de pièces faudra-t-il produire ?

L'énormité du travail à assurer a conduit à reconvertir dès le début de 1997 le processus industriel de fabrication. En effet, les Monnaies et Médailles devront frapper dans leur usine ultramoderne de Pessac, près de Bordeaux (qui, du coup, embauche pour la première fois depuis vingt ans), 7,6 milliards de pièces en euros avant fin 2001. Ceci permettra de dépasser légèrement l'objectif fixé à Bruxelles, qui est de fabriquer dans chaque pays, avant l'échéance, 65 % du volume des nouvelles pièces à mettre en circulation.

Pour s'y préparer, leur rythme de production a doublé dès 1997 : il s'agit d'accumuler des pièces françaises pour se consacrer, dès 1998, à la frappe prioritaire de la monnaie unique, qui représentera les deux tiers des 2,5 milliards de pièces frappées dans l'année (soit 7 millions de pièces par jour contre 2 en temps normal). En 2002 et 2003, il faudra poursuivre le programme pour arriver au total de 10 à 11 mil-

---

1. Écart parfois négatif, car le coût de revient moyen d'une pièce est de plus de 50 centimes ; chacune des petites pièces actuellement en circulation est donc émise à perte.

liards de pièces à mettre en circulation[1]. De telles contraintes techniques ont contribué au long délai retenu pour la période de transition.

Les nouvelles pièces seront stockées, dans des lieux évidemment tenus secrets, jusqu'à leur apparition au grand jour le 1er janvier 2002. Le stock nécessaire à la mise en service initiale de l'euro en France pèsera plus de quatre fois le poids de la tour Eiffel.

Avis aux collectionneurs

Les anciennes pièces nationales démonétisées seront fondues après leur retrait. Elles fourniront la moitié du métal nécessaire à la frappe des nouveaux euros. Cela compensera en partie le coût pour le Trésor public de la fabrication et de l'immobilisation des nouvelles pièces, qui est estimé à six milliards de francs. On pense néanmoins qu'une bonne part des anciennes pièces seront en fait conservées par des collectionneurs, ce qui réduira le coût global de l'opération.

Le logo de l'euro

L'euro, pour les opérateurs, aura un symbole, un logo. Il s'agit d'un « e » stylisé (l'epsilon de l'alphabet grec) jaune sur fond bleu, traversé en son milieu d'une double barre horizontale qui rappelle celle du yen — le sigle du dollar étant, lui, traversé d'une double barre verticale (voir cahier hors-texte).

Il reste à introduire ce logo dans les mémoires de nos ordinateurs, car il ne figure pas encore parmi les polices de caractères habituellement proposées. Cette omission mérite d'être rapidement réparée, car elle compliquera le travail des utilisateurs.

Pour les marchés des changes, le code de l'euro est EUR.

---

1. La circulation actuelle en France est en fait de 12,5 milliards de pièces ; mais elle comprend encore 2,3 milliards de pièces de 5 et même de 1 centime, dont l'usage se perd.

Un euro, des euros...

Le mot « euro » et sa subdivision le « cent » devaient en principe être invariables. L'usage courant, qui tendait à consacrer l'inverse, a été confirmé par l'Académie française elle-même, en mai 1997. « Euro » et « cent » s'écrivent donc avec un « s » au pluriel, sauf sur les billets et pièces (qui doivent avoir exactement la même graphie d'un pays à l'autre). L'Académie a aussi décidé qu'en France, pour éviter des confusions, on dirait « centime » au lieu de « cent ». Le préambule du projet de règlement européen sur l'introduction de l'euro permet d'ailleurs « l'utilisation de variantes de cette appellation dans la vie courante dans les États membres ».

Le porte-monnaie électronique

Il existera un cas particulier d'euros beaucoup moins encombrants que les pièces et servant pourtant à de petits règlements au comptant dans la vie courante. Il s'agit de ceux qui seront contenus, sous forme d'écriture magnétique, dans les « porte-monnaie électroniques ».

En Belgique, la carte « Proton » a déjà un million et demi de porteurs. En France, la plupart des grandes banques viennent de s'associer avec la Poste et les Caisses d'Épargne pour créer la « Société financière du porte-monnaie électronique ». Le groupement espère disposer d'un projet de porte-monnaie en euros d'ici l'an 2000.

Ces porte-monnaie ressembleront à des cartes de crédit, mais sans code d'accès secret, ni signature ni appel à la banque. Ayant été chargés à l'avance d'une certaine somme (200 euros par exemple), ils pourront remplacer l'argent liquide et servir pour acheter le journal ou régler une course en taxi sans vérification auprès de la banque. Ils pourront être rechargés dans les distributeurs automatiques de billets ou même, comme aux Pays-Bas, dans les cabines téléphoniques.

COMBIEN VAUDRA UN EURO ?

Par rapport au franc, on ne peut encore donner, malheureusement, qu'un ordre de grandeur : environ 6,50 F.

Pourquoi la parité franc/euro ne peut-elle être exactement connue dès à présent ?

Les auteurs du traité de Maastricht avaient fixé une date-limite unique pour le début de la troisième et dernière phase de l'union monétaire : le 1er janvier 1999 au plus tard.

On pensait alors que la détermination des nouvelles parités fixes entre devises nationales et avec l'écu, le passage à la monnaie unique des marchés financiers et l'introduction des nouveaux billets dans le public se feraient simultanément (système dit du « big bang »). Depuis, le schéma s'est précisé et compliqué.

Les gouvernements ont en effet décidé que le futur cours de conversion des monnaies participantes entre elles serait définitivement fixé dès mai 1998. En revanche, les parités par rapport à l'euro ne pourront être déterminées qu'au moment du passage effectif à la monnaie unique — qui lui-même ne concernera dans un premier temps que les opérations financières —, c'est-à-dire le 1er janvier 1999.

L'annonce anticipée des futures parités bilatérales permettra d'« éclairer le jeu » pour les utilisateurs, qui apprécieront d'être fixés le plus tôt possible. Son inconvénient potentiel sera de permettre aux marchés de démentir éventuellement ces choix, avant qu'ils ne soient définitivement figés par le lancement de l'euro, en « testant » les monnaies jugées les plus faibles. Mais les Banques centrales veilleront à calmer d'éventuels emballements, qui ne prendraient de la consistance qu'en cas de crise financière ou politique profonde : les marchés ne font pas de politique, mais ils sont très sensibles aux anticipations, parfois fausses d'ailleurs.

Nous avons vu que les parités retenues devraient, sauf peut-être pour l'Irlande, coïncider avec les cours-pivots actuels au sein du Système monétaire européen (voir en page 257, le tableau complet de ces cours centraux, qui sont restés inchangés entre les pays du « noyau dur » du SME comme la France et l'Allemagne depuis dix ans, date de la dernière dévaluation du franc [1]).

Pourquoi la monnaie unique ne sera-t-elle pas égale à son cours-pivot en francs au sein du SME ?

Parce qu'un euro vaudra exactement un écu, lorsqu'on passera d'une dénomination à l'autre le 1er janvier 1999. Cette continuité était indispensable notamment pour les marchés financiers, où de nombreux emprunts ont déjà été émis en monnaie européenne. Or l'écu voit son cours de marché varier en fonction des monnaies qui le composent. Trois d'entre elles — la livre anglaise, la couronne danoise et la drachme grecque — ne feront pas partie de la première vague de la monnaie unique. Certes, elles ne représentent, réunies, que 15 % environ du « panier » composant l'écu, mais elles l'entraînent à dure concurrence dans toutes leurs fluctuations de cours : si par exemple le sterling (dont le poids dans le panier est de 11 %) monte de 10 % par rapport à notre monnaie, le cours de l'écu en francs s'élève de 1,1 %.

Au 1er janvier 1999, l'écu disparaîtra, au moins pour les transactions officielles, et son panier avec lui. L'euro existera par lui-même, sans dépendre de monnaies tierces ni des devises participant à l'union monétaire, qui n'en seront que des subdivisions non décimales. En attendant, il faudra continuer à vivre avec une monnaie européenne dont le cours par rapport au franc varie — en vérité faiblement, mais quotidiennement.

Le cours-pivot officiel de l'écu, qui a lui-même changé puisqu'il était

---

1. Les deux grandes crises monétaires de l'automne 1992 et du printemps 1993 ont conduit successivement à laisser sortir la Grande-Bretagne et l'Italie du SME, puis à élargir les marges de fluctuation au sein de celui-ci de 2,25 à... 15 %. Mais les cours-pivots bilatéraux des monnaies demeurant au sein du SME n'ont pas changé : elles ont simplement été autorisées à varier plus largement autour d'un cours central immuable. En pratique, les fluctuations entre le franc et le mark sont beaucoup plus limitées : 1 % d'amplitude environ, au cours des deux dernières années.

de 6,895 F avant la sortie « en catastrophe » de la lire (rentrée depuis) et de la livre sterling du mécanisme de change européen à l'automne 1992, avant de s'établir à 6,45863 F, ne peut donc être la seule référence. Si l'on tient également compte du cours de marché de l'écu au cours des trois dernières années, on peut admettre notre chiffre de 6,50 F comme approximation simplifiée de la valeur d'un euro, lorsque celui-ci succédera officiellement à l'écu [1].

Quelle sera la valeur réelle de l'euro, c'est-à-dire son pouvoir d'achat ?

Le pouvoir d'achat effectif de l'euro peut se mesurer, comme pour toute monnaie, de deux manières.

IL PEUT ÊTRE ÉVALUÉ EN TERMES « RÉELS », par la quantité de biens que l'euro permettra d'obtenir. De ce côté-là, pas d'inquiétudes pour le moment : l'inflation, qui pourrait ronger la valeur réelle de l'euro, est au plus bas en Europe : 2,2 % seulement en 1996, 1,7 % en 1997 et 2,2 % prévus en 1998, selon les derniers chiffres de la Commission européenne. De plus, toutes les précautions ont été prises — au grand dam de certains — pour faire de la lutte contre la hausse des prix la priorité permanente de la future Banque centrale européenne.

IL PEUT ÊTRE APPRÉCIÉ EN TERMES DE VALEUR de l'euro par rapport aux grandes devises internationales. C'est, par exemple, la parité euro/yen qui déterminera le coût d'achat d'un composant électronique au Japon, et la parité euro/dollar qui régira le prix de vente de nos Airbus ou les dépenses d'un touriste américain à Paris.

Les prévisions ne sont guère aisées en cette matière, tant l'instabilité des marchés internationaux qui déterminent le cours des devises est grande (voir « L'euro et le monde »). En effet, depuis 1973 les monnaies flottent librement les unes par rapport aux autres sur le marché

---

1. Par rapport au franc, les variations quotidiennes de l'écu sont faibles, car la composition diversifiée du « panier « (qui comprend aussi 20 % de F) joue le rôle d'amortisseur. Il a cependant varié d'un peu plus de 6,55 F à moins de 6,32 F en 1995 et 1996, avant de s'établir un peu plus haut courant 1997 (entre 6,55 et 6,65 F sur les dix premiers mois).

des changes, avec des interventions correctrices sporadiques des Banques centrales. Le dollar a pu ainsi valoir moins de 4 F (3,80 F) en 1979 et plus de 10 F (10,75 F) en 1985 ; en 1996, il valait moins de 5 F, avant de dépasser de nouveau 6 F courant 1997 puis de retomber...

On peut simplement supposer que l'euro sera relativement fort (un peu moins s'il inclut la lire, encore que certains soutiennent l'inverse) parce qu'il reflétera la première puissance commerciale mondiale, que la volonté anti-inflationniste de la BCE inspirera confiance et qu'enfin il attirera les placements internationaux.

‖ Cela laisserait logiquement prévoir un euro valant un peu plus d'un dollar — 1,1 à 1,2 $ par exemple — mais les marchés sont imprévisibles !

Le cours de la monnaie japonaise étant principalement influencé par sa relation tumultueuse avec le dollar, il est donc encore plus difficile de le prévoir. Courant 1997, un écu valait 125 yens. Toutefois, la crise financière fin 1997 sur toutes les places d'Asie situerait le cours probable d'un euro à 150 yens environ. La livre sterling aura, de même, un sort essentiellement lié au dollar, tant qu'elle ne rejoindra pas l'euro. En 1997, elle montait avec lui, pour le plus grand plaisir de nos exportateurs : tombée aux environs de 7,50 francs après sa sortie du SME en 1992, soit une dévaluation de plus de 25 %, elle a entièrement regagné le terrain perdu et s'est même retrouvée un moment, en 1997, au-dessus de son cours-pivot initial ! Aux cours actuels, un euro vaudrait à peu près 0,7 livre.

COMMENT UTILISER L'EURO DANS LA VIE PRATIQUE ?

Pendant la période de transition 1999-2001

Les pouvoirs publics ont pensé qu'une longue période de transition (trois ans, pendant lesquels l'euro n'existe que sous forme scripturale) préparerait mieux les esprits au maniement quotidien de la monnaie unique. Mais, même si les espèces en euros ne seront entre les mains des particuliers qu'en 2002, notre vie quotidienne sera influencée par la nouvelle monnaie dès sa création.

Les comptes et les placements des particuliers

Dès 1999, la plupart des placements financiers se feront en euros.

• Les emprunts d'État seront libellés et cotés en monnaie européenne. Leurs coupons seront calculés et réglés en euros et le capital remboursé à l'échéance de même, au taux de conversion officiel. Ainsi, une obligation de 5 000 F à 6,50 %, qui rapportait 325 F annuels, aura désormais un coupon de 50 euros. Les actions seront cotées et les dividendes le plus souvent versés en monnaie européenne.

• L'argent de vos livrets ou de vos comptes d'épargne-logement sera également placé en euros par votre banque ou votre caisse d'épargne. Même si on le convertit en francs pour vous le verser, ce revenu financier sera bien établi en monnaie européenne.

• Les comptes en écus seront automatiquement convertis en euros. Le franc et l'euro étant de toute façon interchangeables (c'est-à-dire qu'on pourra passer de l'un à l'autre à tout moment, sans frais et à cours fixe), le client sera débité ou crédité dans la devise de son compte courant, indépendamment de la monnaie dans laquelle l'achat ou la vente a été libellé.

La concurrence aidant, il est probable que les banques multiplieront leurs offres de prestations en euros dès le début de la période transitoire, même si leur position officielle est opposée à toute anticipation de ce genre. Ces offres pourraient porter sur des comptes, donc des chéquiers, en euros, ou des produits d'épargne libellés directement en monnaie européenne. La commodité le disputant à l'effet de curiosité et de mode, on peut supposer que ces offres connaîtront un certain succès.

Tout particulier peut d'ailleurs légalement, dès à présent, ouvrir un compte en écus auprès de sa banque et en conséquence tirer des chèques sur ce compte, si commerçants ou restaurateurs les acceptent en paiement. Mais il faut une opération de change, complexe et coûteuse, pour passer de ce compte en écus à un compte en francs.

Une fois effectif, le passage à l'euro comme monnaie financière devrait conduire à des taux d'intérêt bas, et donc à une réduction du coût des emprunts. Il facilitera beaucoup les opérations transfrontalières[1], puisqu'elles passeront toutes par la monnaie unique, avec des commissions réduites — alors que les frais de virement d'un pays à l'autre, pour faire une réservation d'hôtel ou régler les dépenses de séjour d'un étudiant par exemple, sont encore élevés aujourd'hui (au moins 50 à 150 F). Autant d'avantages pour les particuliers...

À quoi ressembleront les chèques et les cartes bancaires en euros ?

LES CHÉQUIERS des deux types seront distincts, pour éviter toute confusion entre sommes en francs et en euros. Il ne sera pas admis de rayer l'indication d'une monnaie pour la remplacer par l'autre. Les nouveaux chèques en euros se différencieront des chèques ordinaires principalement par deux éléments :

— la mention du montant à payer au milieu de la partie droite du document, et non en haut comme le veut l'habitude actuelle ;

— le sigle €, logo de l'euro placé, en gros caractères, au-dessus de ce montant. On espère ainsi éviter les confusions.

LE PAIEMENT EN EUROS PAR CARTE BANCAIRE ne devrait pas poser de problèmes majeurs. Il ne sera pas du tout nécessaire de changer nos 27 millions de cartes, qui ne sont pas liées à une monnaie déterminée : les logiciels des terminaux bancaires se chargeront de dialoguer avec elles dans la bonne devise.

En revanche, la modification des quelque 550 000 « terminaux points de vente » (les petites machines qui lisent nos cartes) chez les commerçants implique un investissement lourd. Ces terminaux devront en effet assurer les conversions nécessaires pour dialoguer avec les banques, notamment pour obtenir les autorisations pour les gros montants ; mais ils devront aussi afficher le montant de l'opération et la monnaie utilisée (F ou euro) et éditer ces indications sur leurs tickets.

---

1. Rappelons cependant que les transferts d'espèces de plus de 50 000 F doivent être déclarés aux douanes, et que la banque doit garder trace de tout virement supérieur à 100 000 F, pour que le fisc puisse y avoir accès en cas de contrôle. Par ailleurs, il est légal d'ouvrir un compte bancaire à l'étranger, mais il doit être signalé sur la déclaration de revenus — tous les revenus de placement hors de France étant imposables dans le pays de résidence.

On estime aujourd'hui que 15 % d'entre eux n'ont pas une mémoire suffisante pour les nouveaux logiciels et devront être changés. Une fois modifiés, ils accepteront pendant toute la période de transition (ou à une date de démarrage qui pourra être téléchargée) des transactions en francs aussi bien qu'en euros.

On trouvera plus loin des précisions complémentaires sur les chèques, les virements, les avis de prélèvement et le TIP en euros (voir « L'euro et les banques » et cahier hors-texte).

Comment faire pour les contrats ?

Sur le plan juridique, le traité de Maastricht (art. 109L4) prévoit que l'euro devient une monnaie à part entière dès le 1er janvier 1999. Il a été précisé depuis que pendant la période transitoire 1999-2002, les opérateurs économiques auront la faculté d'utiliser l'euro, mais ne devraient pas pour autant y être contraints.

POUR UN CONTRAT COMMERCIAL NOUVEAU, les parties engagées pourront choisir librement de s'engager en euros ou en francs.

POUR LES CONTRATS EN COURS, le principe fondamental de la continuité des contrats commerciaux ou financiers a été clairement posé par les autorités européennes. Le passage à l'euro ne risque donc pas de compromettre leur bonne application. Pas question, dans ces conditions, de dénoncer son loyer parce qu'il est établi en francs, de modifier sa police d'assurance ou de remettre en cause des dispositions testamentaires rédigées dans l'ancienne monnaie !

Le dispositif juridique de la continuité des contrats

– Article 7 du préambule du règlement n° 1103/97 du Conseil en date du 17 juin 1997 (JOCE du 19 juin) fixant certaines dispositions relatives à l'introduction de l'euro : « Selon un principe général du droit, la continuité des contrats et autres instruments juridiques n'est pas affectée par l'introduction d'une nouvelle monnaie » [ce principe] « s'applique entre les anciennes monnaies nationales et l'euro et entre l'écu [...] et l'euro ».

– Article 8 du même préambule : « La reconnaissance de la loi monétaire d'un État est un principe universellement reconnu [ce qui]

---

doit entraîner la reconnaissance de la continuité des contrats [...] dans l'ordre juridique des pays tiers. »

– Article 2 du dispositif du règlement précité : « Toute référence à l'écu [...] est remplacée par une référence à l'euro au taux d'un euro pour un écu. »

– Article 3 du même texte : « L'introduction de l'euro n'a pas pour effet de modifier les termes d'un instrument juridique ou de libérer ou de dispenser de son exécution, et elle ne donne pas à une partie le droit de modifier un tel instrument ou d'y mettre fin unilatéralement. »

– Article 7 du projet de second règlement du Conseil concernant l'introduction de l'euro, approuvé par le Conseil des ministres européen le 7 juillet 1997 et publié au JOCE du 2 août 1997 (ce projet sera définitivement adopté, sur la base de l'article 109L4 du traité de Maastricht, dès que la décision relative aux États membres adoptant l'euro aura été prise ; il deviendra alors juridiquement contraignant) : « Le remplacement de la monnaie de chaque État membre participant par l'euro n'a pas en soi pour effet de modifier le libellé des instruments juridiques existant à la date du remplacement. »

Nota : Ces deux règlements seront, comme le prévoit l'article 189 du Traité européen, « obligatoires dans tous leurs éléments et directement applicables dans tout État membre », sans avoir besoin d'être transposés par une loi interne.

Au 1er janvier 1999, les contrats en cours libellés en écus seront automatiquement convertis en euros. S'ils sont libellés en francs, ils passeront à l'euro au 1er janvier 2002, sauf décision conjointe des parties d'anticiper la date. Les textes communautaires prévoient aussi la possibilité inverse, c'est-à-dire le maintien d'un dispositif ancien comme le panier de l'écu, à condition que cela soit convenu entre les parties ou fasse l'objet d'une disposition expresse du contrat ; à défaut, le droit commun prévaut.

Y aura-t-il des conséquences pour les salaires ?

La réponse est non. Les salariés ne subiront aucune conséquence du changement, si ce n'est que leur feuille de paye, lorsqu'elle sera traduite en euros, paraîtra — paraîtra seulement ! — six fois plus légère. Un salaire mensuel de 11 000 F net (moyenne nationale) vaudra 1 700 euros. Le SMIC, récemment relevé par le gouvernement de M. Jospin, sera à peu près exactement de mille euros. En contrepartie, tous les prix d'achat seront aussi divisés par 6,5 ! Un loyer mensuel de 3 000 F se rétrécira à 460 euros et le prix d'un litre d'essence ne sera que d'environ 1 euro...

La réduction des valeurs apparentes sera plus impressionnante pour un Italien, dont le salaire nominal passera par exemple de 3 millions de lires à 1 500 euros, mais qui achètera son essence 1 euro au lieu de 2 000 lires le litre...

> Sauf accord de tous les salariés de l'entreprise, les bulletins de paye resteront d'ailleurs établis en francs jusqu'en 2002 (voir « L'euro et les PME », avec le problème des cotisations sociales).

Après la mise en circulation des espèces en euros (à partir de 2002)

À l'issue de la période de transition se posera le problème du passage aux nouvelles espèces en euros.

L'adaptation des appareils automatiques

Tous les appareils utilisant des pièces ou des billets devront être adaptés : caisses de parking, machines à café ou autres distributeurs, pompes à essence, parcmètres, automates bancaires ou même machines à sous des casinos... On estime le nombre total de ces appareils à plus de 6 millions en Europe.

En France, il faudra par exemple remplacer (probablement par des appareils à cartes) les 45 000 cabines téléphoniques à pièces que

France-Télécom conserve encore et reprogrammer tous les postes de péage des autoroutes. Les 25 000 distributeurs automatiques de billets de banque devront évidemment aussi tous être recalibrés (mais non remplacés), avant le 1er janvier 2002. Après cette date, ils mettront exclusivement en circulation les nouvelles espèces ; les banques envisagent de leur faire délivrer des billets de 20 et de 50 euros.

L'opération sera soigneusement préparée à l'avance. Les nouvelles normes d'utilisation des appareils doivent être en place dès le début de 1999. C'est déjà fait en ce qui concerne les logiciels (ils intégreront en même temps le passage à l'an 2000) et les spécifications techniques des « terminaux points de vente » pour l'euro, qui ont été adressées aux fabricants et aux banques par le groupement Cartes Bancaires en 1997.

Cependant, il en résultera inévitablement une certaine gêne si une préparation imparfaite rend certains appareils temporairement indisponibles, ou simplement du fait de la coexistence, pendant le premier semestre 2002, de distributeurs nouveau modèle opérant en euros et d'autres continuant à fonctionner en francs. Le progrès des techniques permet heureusement d'espérer que la plupart des appareils pourront accepter simultanément pièces et billets des deux types.

Les prix : étiquetage et conversion

Le système des codes-barres largement utilisé aujourd'hui présente assez de souplesse pour éviter des bouleversements majeurs. En revanche, les caisses enregistreuses des supermarchés devront être substantiellement modifiées.

Les grandes chaînes de distribution, les détaillants, les prestataires de services devront réfléchir à l'opportunité d'introduire progressivement, au cours de la période de transition 1999-2002, un double affichage de leurs prix ou tarifs en francs et en euros.

Les consommateurs devront veiller, pour leur part, à ce que les nouveaux prix en euros soient correctement calculés et à ce que les arrondis ne se fassent pas systématiquement à leur détriment. La vivacité de la concurrence et la possibilité de faire des comparaisons de prix instantanées, d'un bout à l'autre du marché européen, les y aideront. Pour contrôler les nouveaux prix, il leur faudra faire des conversions.

**Comment convertir des francs en euros
et des euros en francs ?**

Pour passer d'une somme en euros à une somme en francs, il faut la multiplier par 6,50. Exemple : une bicyclette proposée pour 250 euros vaudra donc 1 625 F et un billet bleu de 20 euros vaudra 130 F.

Plus difficile, car tous les Français ne sont pas des champions de calcul mental : pour passer d'une somme en francs à une somme en euros, il faudra la diviser par 6,5. Une bonne approximation consiste à prendre 15 % du montant en francs. Ainsi, 100 F équivaudront à peu près à 15 euros (en fait 15,38) ; de même, la valeur approchée d'un paquet de cigarettes à 18 F sera de 2,7 euros et celle d'une baguette à 4 F de 60 centimes d'euro...

Cette difficulté doit-elle faire craindre une incompréhension totale du public ? Certains invoquent le fait que nombre de Français pensent ou s'expriment encore en anciens francs, près de quarante ans après la réforme monétaire de 1960, qui n'obligeait cependant qu'à une simple division par 100 de toutes les sommes.

On comprend que, comme l'avait souhaité le président Chirac, de nombreux inventeurs aient déjà mis au point des dispositifs pour fournir aux consommateurs une aide simple, efficace, et bon marché pour leurs conversions. L'imagination s'est donné libre cours : mini-calculettes munies de touches spécialisées pour la conversion F/euro et sa réciproque (l'entreprise Fimor, du Mans, en fabrique pour 10 F), bracelets vocaux, réglettes, cartes, disquettes...

Ces instruments sont d'excellents supports publicitaires. Les chambres de commerce et d'industrie peuvent par exemple se procurer, pour 5 F, un porte-clefs à molette qui indique les cours de conversion pour une quarantaine de valeurs significatives du franc et de l'euro.

À l'inverse, on peut faire valoir que bien des populations sont habiles à jongler entre plusieurs devises différentes (bien souvent, le dollar en plus de leur monnaie nationale). Les Brésiliens, pour leur part, se sont fort bien tirés, en juillet 1994, d'un passage du cruzeiro au real qui les obligeait à diviser leur ancienne monnaie par... 2 750 ! Autre exemple, plus proche : les Britanniques sont passés sans heurts en 1971 d'un système complexe (20 shillings dans une livre, 12 pence dans un shilling) au système décimal, avec 100 pence dans une livre. Un nouveau penny vaut donc 2,4 anciens pence. Exercice de calcul mental : combien de nouveaux pence pour un petit pain de six anciens pence ?

D'autres modifications touchant à notre vie quotidienne seront encore nécessaires. Par exemple, les exercices de calcul des manuels scolaires de nos enfants, qui les faisaient opérer sur des francs, devront désormais choisir leurs exemples en euros...

Le maniement des nouvelles espèces

Il ne devrait pas en lui-même poser de problèmes majeurs, si ce n'est le handicap d'avoir à détenir simultanément en poche, pendant les quelques premiers mois de 2002, pièces et billets en francs et en euros. Et il facilitera beaucoup les voyages à l'étranger.

Les avantages concrets de la monnaie unique

Avec l'euro, finies les attentes pour se procurer les devises nécessaires à un voyage en Europe, les queues à l'unique bureau de change ouvert le dimanche dans une ville étrangère, l'angoisse de rester « coincé » avec ses francs.

Disparues (au grand regret des banques, pour qui c'est une recette), les commissions de change qui rongeaient votre avoir au passage de quelque 5 % à chaque opération : on connaît l'apologue du voyageur qui fait le tour des quinze pays de l'Union en changeant son argent à chaque frontière ; il se retrouve en fin de circuit avec un avoir réduit de plus de moitié !

L'automobiliste qui va de Paris à Hanovre ou de Toulouse à Porto doit aujourd'hui utiliser trois devises différentes. Il sera tout de même bien commode de pouvoir, demain, traverser la frontière et boire un café ou prendre de l'essence sans se préoccuper de vérifier si l'on détient la bonne sorte de pièces ou de billets.

L'article 52 du traité de Maastricht oblige les Banques centrales à échanger au pair (c'est-à-dire au cours officiel, sans commission de change) les billets de tous les pays de la zone euro. Si les banques résistent pour le moment à la demande que leur fait la Banque de France de répercuter cette gratuité sur leurs clients dès 1999, elles devront en tout cas le faire au plus tard le 1er janvier 2002.

Les billets en euros et même les pièces, avec leur avers entièrement national[1], seront acceptés à égalité dans tous les pays participant à la monnaie unique, sans avoir à être remis à leur pays d'origine. Ils pourront sans doute même être utilisés ailleurs, car la monnaie européenne devrait, comme le dollar, être acceptée en pratique bien au-delà de sa propre zone d'émission.

COMMENT ÉVOLUERONT LES RAPPORTS ENTRE LES CITOYENS ET L'ADMINISTRATION ?

Les avantages que nous venons de rappeler n'ont pas encore, il faut le reconnaître, entièrement convaincu les Français. Les sondages d'opinion les montrent inquiets de l'avenir et mal informés sur beaucoup de points : 68 % d'inquiets et 66 % de mal informés dans le sondage réalisé par la SOFRES en octobre 1997 (voir détails page 74).

Que font les pouvoirs publics pour se préparer à l'euro et informer le public ?

Après avoir longtemps négligé cet aspect, les pouvoirs publics se préoccupent aujourd'hui activement de former le public à la monnaie unique et de le convaincre de l'intérêt pratique de l'opération. Un Observatoire de l'euro a d'ailleurs été mis en place fin 1996 pour, tous les six mois, prendre le pouls de l'opinion. Mais ils doivent d'abord

---

1. Des auteurs craignent toutefois une réaction initiale de rejet par certains commerçants des pièces à face non nationale. En fait, il sera facile, pour ceux qui le souhaitent, de les échanger à la banque. L'expérience du passé (celle de l'« Union latine » au xixe siècle par exemple) montre que les monnaies métalliques frappées dans des pays différents, chacune à l'effigie de son propre souverain, mais de valeur identique, circulaient fort bien d'un pays à l'autre.

préparer leur administration à affronter elle-même un changement qui nécessite la remise en cause de bien des procédures.

Le cadre administratif de la préparation

À l'issue du Conseil européen de Madrid qui, en décembre 1995, a confirmé le scénario de passage à la monnaie unique, un dispositif, progressivement enrichi, a été mis en place.

UNE MISSION INTERMINISTÉRIELLE de préparation des administrations à l'euro, présidée par Philippe Marchat, ancien directeur financier de la Banque européenne d'investissements, coordonne les travaux.

DANS CHAQUE MINISTÈRE, un correspondant spécial et un groupe permanent appelé « Mission euro » coiffent des groupes de travail spécialisés. Il existe aussi un certain nombre de groupes *ad hoc* interministériels, sur des sujets comme les accords ou contrats internationaux, les problèmes d'arrondis ou de seuil, etc.

UN COMITÉ DES USAGERS, présidé par Benoît Jolivet, concourt à la sensibilisation des agents économiques pour les aider à se préparer au passage à l'euro et recenser les points faisant difficulté.

DANS CHAQUE DÉPARTEMENT, la coordination décentralisée est confiée au trésorier-payeur général, qui animera un comité de suivi technique des administrations, et au préfet. Celui-ci préside un comité de pilotage chargé notamment de l'information des opérateurs publics et privés et de l'écoute de leurs difficultés, pour les faire remonter à la Mission interministérielle.

UN COMITÉ NATIONAL DE L'EURO, instance de concertation faisant une large place aux « forces vives du pays » (entreprises financières, industrielles et de services, PME, artisans, commerçants, professions libérales, secteur associatif, agriculteurs...) a été constitué le 30 décembre 1996. Il fait, sur le rapport du directeur du Trésor et sous la présidence du ministre des Finances, la synthèse de tous ces travaux. Son rôle est notamment de recenser et de préparer les modifications de textes qui devront être menées à bien avant la date fatidique. Ce recensement est déjà achevé pour les lois et les règlements.

La préparation du public

Pour convaincre l'opinion d'adopter l'euro, les pouvoirs publics ont mis en place un plan de communication d'ensemble. Celui-ci vise à bien organiser l'information du public, mais aussi à former les agents de l'État pour que la transition se fasse sans heurts. Cette formation a déjà commencé et un livret de questions-réponses a été diffusé aux agents en contact avec le public.

Le plan de communication en trois temps

– *Phases de sensibilisation et de préparation (jusqu'à fin 1998)* : fournir une information concrète et pédagogique sur l'euro ; montrer les bénéfices économiques et sociaux du passage à la monnaie unique. Cette première étape a pris toute son ampleur avec le lancement d'une grande campagne d'opinion par le ministre des Finances, Dominique Strauss-Kahn, fin novembre 1997.

– *Phase de mise en œuvre (1999-2002)* : familiariser les Français avec l'euro et favoriser l'apprentissage d'un nouveau système de valeurs.

– *Phase d'accompagnement (premier semestre 2002)* : aider les Français à s'adapter au remplacement complet du franc par l'euro.

Ce plan de communication, doté de 30 millions de francs en 1997, est géré par le Comité national de l'euro. La campagne de novembre 1997 comporte la diffusion à 23 millions d'exemplaires (un par foyer) d'un dépliant d'information pour le grand public baptisé *L'euro et moi* (qui a été encarté dans certains titres de la presse télévisuelle), accompagné de brochures plus spécialisées — notamment un guide pour les élus locaux et un document sur le passage à l'euro des administrations et des banques. La documentation — également disponible en braille et en cassettes audio — est diffusée dans les mairies, les bureaux de poste, les préfectures, les chambres de commerce ; elle est relayée par des annonces dans 63 titres de la presse quotidienne, à la télévision et à la radio.

Des colloques nationaux et régionaux seront aussi organisés et des opérations pédagogiques conduites dans les lycées et collèges, où un enseignement spécialisé sera donné à tous les élèves avant 2002 : nos enfants apprendront à manier l'euro aussi vite qu'ils ont appris à manier l'informatique. Une attention particulière sera portée aux éléments de la population considérés comme fragiles — personnes âgées notamment. Un groupe de travail euro a ainsi été institué au sein du Conseil national de la consommation ; ses sous-groupes se penchent sur les problèmes d'affichage des prix, de concurrence, de coût et de facilité de maniement de l'euro pour le « consommateur de base ».

Les efforts de préparation et de prise en compte des préoccupations des citoyens sont donc importants. S'ils sont encore peu perçus, c'est que la campagne destinée au grand public vient juste de commencer. Elle devrait contribuer à faire évoluer positivement les esprits.

Les efforts de communication des pays sont complétés par ceux de la Commission européenne. Elle a aussi un « M. Euro », un programme de communication et de préparation de l'opinion au passage à la monnaie unique (lancé dès avril 1996), et un budget de promotion de 18 millions d'écus par an. Celui-ci lui permet notamment de diffuser à 200 000 exemplaires une lettre d'information périodique sur l'euro et d'entretenir une base de données sur Internet — voir l'annexe « Adresses utiles ».

Ce programme prévoit aussi une action décentralisée pour tenir compte des différentes sensibilités nationales. Par exemple, l'euro, note la Commission, est trop souvent associé à l'idée de rigueur budgétaire en France, tandis qu'en Allemagne il suscite des craintes de dévalorisation de l'épargne. Bruxelles établit donc des partenariats avec les États et avec des réseaux locaux d'information et de conseil. La Commission finance la moitié du plan de communication français (19 millions de F sur 39) ; en Allemagne, elle dépensera en 1997 presque autant que le gouvernement fédéral, qui a démarré une campagne active pour promouvoir la monnaie unique : 8 et 10 millions de marks respectivement.

Qu'y aura-t-il de modifié dans les relations entre les usagers et les services publics ?

Les particuliers sont les usagers quotidiens des administrations et de nombreux services publics. Leurs relations devront s'adapter à la nouvelle donne de la monnaie unique. L'importance de l'enjeu est claire quand on sait que les flux liés à des opérations avec le secteur public représentent 50 % du nombre total des transactions monétaires en France.

L'État

La campagne des pouvoirs publics s'appuiera sur le plan de passage à l'euro des administrations et de révision des textes législatifs et réglementaires pour les adapter à la monnaie unique, également lancé fin novembre 1997 par le gouvernement (neuf autres pays de l'Union ont aussi adopté un tel plan).

Le « plan de passage à l'euro » des administrations

– Les comptes publics et le fonctionnement des administrations demeureront en francs jusqu'à fin 2001, afin de disposer d'un bon délai de préparation et de se conformer au souhait des professionnels, notamment les banques commerciales. Le basculement de la comptabilité publique aura lieu en une seule fois au 1er janvier 2002, mais le projet de budget pour 2002 (établi au printemps et voté par le Parlement à l'automne 2001) sera rédigé en euros[1].

– Toutes les administrations, malgré ce délai, accepteront de recevoir des paiements en euros, même venant des particuliers, dès le début de 1999 ; elles seront prêtes à régler en euros ceux de leurs fournisseurs qui le souhaiteront. Les marchés publics pourront prévoir un règlement en euros.

---

1. Le projet de budget pour 2001 (établi en 2000) restera construit et exécuté en francs, mais sera accompagné d'une présentation en euros.

- Dès le 1er janvier 1999, les bulletins de salaire des fonctionnaires et les pensions comporteront l'indication de la contre-valeur en euros de leur montant total.
- En matière fiscale, les déclarations d'impôt des particuliers resteront en francs jusqu'à la déclaration de revenus de 2002. En revanche, les entreprises et les professionnels indépendants ayant fait passer leur comptabilité à l'euro pourront, dès 1999, opter, à titre irréversible, pour l'établissement de toutes leurs déclarations (IS, BIC, TVA, taxe professionnelle, etc.) en monnaie européenne.
- La révision des textes législatifs et réglementaires pour les adapter tous à l'euro d'ici à 2002 est lancée dès à présent ; elle commencera, dans les prochains mois, par la modification du Code de commerce.

Un point qui préoccupe plus ou moins ouvertement certains est la question d'éventuels contrôles fiscaux au moment de la conversion d'avoirs en liquide non déclarés. Lors de l'échange qui accompagna le passage au « nouveau franc » en 1960, nombre de particuliers ou d'entreprises avaient été mis à l'amende. Certains pays envisageraient une amnistie fiscale. La question est délicate, car il ne faut ni effrayer les citoyens par la perspective d'une pluie de redressements, ni favoriser indirectement les trafics et le blanchiment des capitaux.

La Sécurité sociale

Des principes analogues prévaudront pour les cotisations et prestations sociales, sauf sur un point : toutes les déclarations, même celles des entreprises, devront être faites en francs jusqu'en 2001.

Votre médecin continuera donc pendant toute la période de transition à remplir vos feuilles de maladie en monnaie nationale ; mais vous pourrez choisir de verser vos cotisations aux URSSAF en euros.

Les collectivités locales

Elles sont encore très peu mobilisées. Un sondage d'IPSOS et de Dexia publié en octobre 1997 montre que 55 % des maires de villes de plus de 30 000 habitants se disent eux-mêmes « mal préparés » à la monnaie unique et que 78 % n'ont pas organisé d'opération de sensibilisation pour leurs administrés.

Quelques collectivités ont organisé des campagnes de promotion commerciale (voir « L'euro et le commerce ») ou diffusé une version en euros de leur budget ; mais 16 % seulement des maires interrogés avaient constitué un groupe de pilotage interne et 22 % désigné un « Monsieur Euro ».

Il est vrai que les activités de ces collectivités sont avant tout domestiques. Cependant, elles empruntent 70 milliards de francs par an sur les marchés de capitaux, qui passeront à la monnaie européenne dès janvier 1999. En outre, le « plan de passage à l'euro » des pouvoirs publics les conduit à adapter leur informatique pour pouvoir accepter des paiements en euros par chèque ou carte de crédit pour cantines et transports scolaires, piscines, services culturels, etc. dès 1999 ; et elles vont devoir se préparer à modifier leurs tarifs et leurs appareils (parcmètres notamment) pour 2002[1]. Le retard pris sur nos voisins d'outre-Rhin, où la plupart des grandes villes ont déjà adopté leur plan de basculement, devra être rattrapé ; le guide de l'élu local diffusé par le gouvernement en novembre 1997 en 150 000 exemplaires, notamment dans toutes les mairies, y contribuera.

Les grands services publics

Les grands services en contact avec une nombreuse clientèle d'usagers ont réfléchi en commun à leur stratégie de « grands facturiers » — d'ailleurs très proche de celle des compagnies privées de distribution des eaux par exemple. Ses principes sont les suivants :

• ne basculer l'ensemble de la comptabilité en euros qu'au 1er janvier d'une année civile. Les dates envisagées sont le 1er janvier 2000 pour France-Télécom, 2001 pour la SNCF et Air France, 2002 pour EDF et GDF (vos abonnements et la plupart des prestations resteront donc calculés en francs jusque-là) ;

• afficher dès 1999 sur les factures, pour information, la contrevaleur en euros du montant total (et non de chaque élément, afin d'éviter les problèmes d'arrondis) ;

---

1. En outre, les collectivités locales qui le souhaitent pourront établir leur budget en monnaie européenne dès 1999.

• accepter pour certains fournisseurs une facturation en euros, cette option devant alors être irréversible ;

• accepter dès que possible des règlements de la clientèle en euros par tous moyens de paiement habituels ;

• lancer une campagne d'information auprès du public ;

• commencer la formation de leurs salariés dès 1998 ; le coût d'ensemble de l'opération est estimé à 0,3 % du chiffre d'affaires pour EDF et GDF, mais près de 1 % pour la SNCF ou Air France.

L'euro et les grands services d'usagers

– *EDF et Gaz de France* feront figurer dès 1999 sur leurs 150 millions de factures annuelles (libellées en francs) une contre-valeur en euros. Les règlements se feront en monnaie nationale, mais il sera possible de payer en euros par un chèque ou grâce à l'un de ces « titres interbancaires de paiement » (TIP) qui ont facilité notre vie depuis quelques années, puisqu'il suffit de les dater et de les signer pour régler sa facture. EDF pourra en outre régler ses fournisseurs indistinctement en euros ou en francs dès 1999. EDF et GDF projettent aussi d'afficher le montant net en euros de leurs bulletins de paye à cette date.

– *La SNCF* aura une politique active dès le 1er janvier 1999 : affichage des tarifs grandes lignes en euros dans toutes les gares, ainsi que des tarifs fret et SERNAM, des cartes orange et abonnements du travail ; règlement en euros de ceux des fournisseurs qui le souhaiteront ; acceptation des paiements en euros de la clientèle par tous moyens (cartes bancaires, chèques, virements, prélèvements), avec peut-être un décalage dans la mise en place pour certains.

– *La RATP* affichera également ses tarifs en euros dès le 1er janvier 1999 ; mais le paiement des billets en monnaie européenne par chèque ou carte de crédit sera accepté au début seulement dans les stations les plus fréquentées, avec un élargissement progressif. En outre, la Régie compte diffuser à ses agents un double complet de leur bulletin de paye, établi en euros.

– *Air France* acceptera les paiements en euros et pourra régler ses fournisseurs de même dès 1999, mais ne pratiquera pas le double affichage de ses tarifs.

– *La Poste* proposera sans doute certains services et produits financiers en euros à sa clientèle. Des timbres en monnaie européenne ou à double valeur faciale pourraient aussi être émis, comme cela a déjà été fait précédemment avec le timbre de 0,31 écu ; un timbre à 3 francs vaudrait 46 cents. Mais comme on sait les timbres standard n'ont plus de valeur imprimée, ce qui facilitera leur usage.

– *France-Télécom* envisage de passer à une comptabilité en monnaie unique dès 2000. Prête à s'adapter aux demandes de la clientèle, elle n'a toutefois pas encore décidé la mise en service de télécartes en euros. Elle ferait figurer un montant indicatif en euros sur les factures dès 1999.

On voit que l'administration et les grands services publics n'étaient pas encore tout à fait à la pointe du mouvement pour s'adapter à l'euro. La forte impulsion qui vient d'être donnée par le lancement simultané, fin 1997, de la campagne d'information du public et du plan de mise à jour des textes et de l'administration devrait permettre que chacun de nous puisse finalement être bien préparé à son nouveau rôle d'usager en euros.

L'euro et le citoyen

N ous ne sommes pas seulement des consommateurs et des usagers, nous sommes aussi des électeurs. La monnaie unique, étape décisive dans la construction de l'Europe, ne doit pas, comme beaucoup le craignent, être une construction technocratique. Au contraire, elle doit puiser ses racines dans notre système démocratique et répondre aux aspirations au mieux-être économique des peuples d'Europe.

Nous aborderons donc les questions suivantes : Maastricht et ses suites respectent-ils les règles de la démocratie ? Corrélativement, comment concilier les pouvoirs monétaires d'une BCE indépendante et le contrôle des élus ? Quel est le contenu du « Pacte de stabilité et de croissance », tant disputé ? Enfin, l'euro sera-t-il un facteur de chômage ou la source d'un renouveau de croissance et d'emploi ?

L'UNION ÉCONOMIQUE ET MONÉTAIRE RESPECTE-T-ELLE LES RÈGLES DE LA DÉMOCRATIE ?

L'édification de l'Union économique et monétaire (UEM), nom officiel de la zone euro, a souvent été décriée comme étant le parangon de la technocratie : l'Europe monétaire serait une idée abstraite, bâtie sans la participation des peuples et donc vouée à être rejetée par eux.

Cela pose le problème du contrôle démocratique par les électeurs ; puis celui de la portée réelle de la querelle sur la souveraineté nationale ; enfin celui de l'état de l'opinion publique.

Le contrôle du processus par les électeurs est-il bien exercé ?

La question se pose vraiment, si l'on considère que le traité de Maastricht a été adopté par référendum à une courte majorité, après un vif débat, en France, rejeté (dans un premier temps) au Danemark et adopté sans vote populaire dans d'autres pays.

Cependant, c'est oublier que la règle de la démocratie représentative demande l'intervention des Parlements élus, et non le recours systématique au vote direct des lois par les citoyens.

Le contrôle des Parlements nationaux

Dans notre Constitution, c'est l'Assemblée nationale et le Sénat, élus par les Français, qui doivent trancher, et non les citoyens par voie référendaire — sauf rare exception prévue à l'article 11 de la Constitution lorsqu'il s'agit de dispositions touchant à l'organisation des pouvoirs publics ou à l'indépendance de la Nation.

Le référendum de 1992 en France n'était donc pas strictement indispensable (pas plus que celui auquel le gouvernement britannique de Tony Blair s'est engagé devant ses électeurs). Il n'est donc en tout cas pas nécessaire d'en prévoir un second sur la même question : « Le peuple a déjà tranché », comme l'a déclaré Lionel Jospin.

En revanche, il est clair que les Parlements des pays concernés par l'union monétaire seront amenés à se prononcer de nouveau au moment du passage à la monnaie unique. Le gouvernement Jospin s'y est engagé pour la France, le chancelier Kohl pour l'Allemagne[1], M. Prodi pour l'Italie, la plupart des autres gouvernements également. Au demeurant, lorsque ces Parlements votent des programmes de rigueur budgétaire, de toute façon nécessaires mais visant explicitement à atteindre le critère de limitation des déficits publics à 3 % du PIB, n'adhèrent-ils pas déjà, ce faisant, à la monnaie unique ?

---

1. En outre, une consultation de la Cour constitutionnelle de Karlsruhe, qui a été saisie d'un recours, sera nécessaire.

Éditions Odile Jacob
15, rue Soufflot
75005 Paris

Vos appréciations, vos suggestions

Votre avis nous intéresse. Pouvez-vous remplir ce questionnaire et le renvoyer à : Éditions Odile Jacob, 15, rue Soufflot, 75005 Paris.

Titre :

Pourquoi avez-vous choisi cet ouvrage ?
❏ Il vous a été recommandé
❏ Vous en avez entendu parler par :
       ❏ la presse   ❏ la radio   ❏ la télévision
❏ Vous connaissiez les auteurs
❏ Vous êtes particulièrement intéressé par le sujet
❏ Vous avez feuilleté ce livre et il vous a plu

Votre opinion sur :	Très bien	Bien	Moyen	Faible
- la couverture	❏	❏	❏	❏
- la présentation intérieure	❏	❏	❏	❏
- le rapport qualité/prix	❏	❏	❏	❏

Vos remarques et vos suggestions :

Activité professionnelle :
❏ Étudiant ❏ Cadre ❏ Employé ❏ Retraité ❏ Autre

Votre âge :
❏ -25 ans   ❏ 25/35 ans   ❏ 35/55 ans   ❏ +55 ans

Souhaitez-vous :
❏ recevoir notre catalogue annuel
❏ être tenu régulièrement au courant de nos publications

Nom :   Prénom :

Adresse :

Code postal :   Ville :

e-mail :

Le contrôle du Parlement européen

Une autre instance élue de contrôle démocratique existe au niveau européen : il s'agit du Parlement de Strasbourg.

Élu au suffrage universel (sur scrutin de liste régional), le Parlement européen n'a certes encore que des pouvoirs incomplets. On peut d'ailleurs regretter que la Conférence intergouvernementale (CIG), qui devait compléter Maastricht sur le plan des institutions ainsi que de la politique extérieure et de sécurité commune, ait obtenu peu de résultats [1].

Le traité d'Amsterdam, conclu en juin 1997 à la suite de cette CIG, n'accroît en effet que modestement les domaines et les pouvoirs d'intervention du Parlement de Strasbourg : il doit désormais approuver la désignation du président de la Commission européenne ; son pouvoir de codécision est élargi en matière de marché intérieur ; et son droit d'information sur la politique extérieure est étendu.

Cependant, tel qu'il est, et malgré son émiettement en de trop nombreux groupes et ses problèmes d'absentéisme (le cumul des mandats sévit là encore plus qu'ailleurs !), ce Parlement fait en sorte d'intervenir de plus en plus dans les affaires, quitte à mettre en cause la responsabilité de la Commission européenne comme on l'a vu dans l'affaire de la « vache folle ».

Plusieurs articles du traité de Maastricht, qui a refondu le traité de Rome, « constitution » de la CEE devenue Union européenne, lui ont conféré certains pouvoirs ou un droit de regard, ce qui lui permettra de demander des comptes aux responsables sur la politique et la gestion de l'euro.

Les pouvoirs du Parlement européen dans l'UEM

– Il lui est fait rapport sur les résultats de la « surveillance multilatérale » des politiques économiques des États (art. 103-4).
– Il doit être consulté sur le protocole réglant la procédure applicable en cas de « déficit excessif » d'un État ; le président du Conseil doit

---

1. Au point qu'une résolution commune de la France, l'Italie et la Belgique subordonne l'élargissement de l'Europe des Quinze à des résultats plus substantiels dans ce domaine (voir « L'euro et le monde »).

l'informer des sanctions qui seraient prises, le cas échéant, à l'égard d'un État défaillant (art. 104C11 et C14).

– Il doit être consulté sur la nomination du Directoire de la Banque centrale européenne (art. 109A2 - voir p. 80).

– Il reçoit le rapport annuel du président de la BCE afin de pouvoir tenir un débat général sur cette base ; les commissions compétentes du Parlement européen peuvent en outre « entendre » à leur demande (c'est-à-dire convoquer) le président et les autres membres du Directoire de la BCE (art. 109B3).

– Il « est consulté et il transmet son avis au Conseil réuni au niveau des chefs d'État ou de gouvernement » (le Conseil européen) sur la liste des États éligibles à la monnaie unique — ce qu'il fera, selon le calendrier prévu, en avril 1998 (art. 109J2). Par la suite, il est de nouveau consulté en cas d'entrée d'un nouveau pays dans la zone euro (art. 109K2).

La souveraineté des États est-elle mise en cause ?

La question de la « perte de souveraineté » que constituerait la monnaie unique est souvent évoquée. Il est certain que le droit de battre monnaie a été, dans l'histoire, un privilège régalien ; les États se le sont peu à peu approprié et il a constitué un élément de leur souveraineté.

Cependant, l'évolution économique a, qu'on le veuille ou non, transformé cette situation : dès la fin du XIXe siècle, les économistes ont montré que le véritable pouvoir de création monétaire passait dans les banques, dont les prêts « créent les dépôts » (et donc la monnaie scripturale), l'Institut d'émission n'ayant plus qu'un rôle régulateur.

Depuis, l'ouverture des frontières et l'abolition des règlementations des changes, phénomènes difficilement réversibles, ont fait passer des éléments essentiels de ce qui constituait la « souveraineté monétaire » aux mains des marchés financiers internationaux.

• *Ce sont les marchés internationaux financiers, et non les gouvernements, qui fixent la valeur extérieure des monnaies* (par exemple, le cours quotidien F/$), dès que l'on quitte la zone privilégiée de changes stables du SME.

• *Ce sont, pour l'essentiel, les mouvements de capitaux à court et à long terme qui déterminent le niveau des taux d'intérêt,* et non des décisions étatiques.

> Dès lors, il s'agit plutôt, si l'on ose dire, d'abandonner un souvenir qu'une souveraineté réelle... Il est même probable que le regroupement des forces par l'union monétaire est le bon moyen de retrouver un peu de poids par rapport à la toute-puissance des marchés (voir « L'euro et le monde »).

Au demeurant, la construction européenne a nécessité des abandons de souveraineté dans bien d'autres domaines, comme la politique agricole, le commerce extérieur ou la règlementation des produits. Ceux qui veulent garder les monnaies nationales sont souvent aussi, en réalité, ceux qui sont opposés à la construction européenne dans son ensemble, car elle comporte inévitablement des aspects fédéralistes.

Quel est l'état de l'opinion publique ?

Une autre préoccupation existe cependant : c'est l'incompréhension et l'inquiétude de l'opinion publique, ou même chez certains le rejet, qui s'expriment dans les sondages. Les sondages ne sont pas nécessairement représentatifs, bien des surprises électorales le montrent ; on ne peut se laisser gouverner par eux. En outre, ils datent d'avant le début de grandes campagnes d'explication, en France comme dans les pays voisins. Néanmoins, ils traduisent des tendances et des préoccupations auxquelles les constructeurs de l'Europe monétaire se doivent de répondre.

En France

Après avoir ratifié de justesse le traité de Maastricht en 1993, nos concitoyens restent favorables à la monnaie unique, dans des proportions fluctuantes mais désormais croissantes.

Les chiffres ont d'abord baissé : 49 % d'opinions favorables à la monnaie unique contre 57 % un an plus tôt, selon un sondage réalisé par la SOFRES et le ministère des Finances en avril 1997 ; 56 % d'europhiles en juin 1997 contre 61 % en janvier 1996, selon les études d'opinion de la Commission européenne.

Cette tendance s'est renversée récemment : l'édition d'octobre 1997 du sondage semestriel SOFRES/gouvernement montre une nette progression des opinions favorables à l'euro, revenues à 57 % (avec 36 % de contre, soit un solde favorable de 21 points) ; une enquête IPSOS de septembre 1997 donnait aussi 67 % de Français favorables à l'euro contre 52 % seulement en juin ; à la même date, un sondage du Centre de recherche sur l'épargne donnait 54 % d'opinions favorables contre 42 % d'opposants.

L'adhésion est plus forte chez les cadres et moins chez les ouvriers et employés ; les hommes sont nettement plus favorables que les femmes (avec dix à quinze points d'écart). La notoriété de l'euro est bonne : 82 % des personnes interrogées par la SOFRES en octobre 1997 connaissent son nom ; cette proportion a doublé en dix-huit mois (les personnes âgées sont plus au courant et moins favorables que les jeunes). Mais 68 % se disent inquiets des répercussions sur le pouvoir d'achat, les retraites, l'épargne ; ce chiffre, qui croissait à mesure que l'échéance se précisait, est cependant en baisse pour la première fois[1].

Et ailleurs ?

L'opinion varie fortement selon la géographie chez nos partenaires comme le montre l'« Eurobaromètre » semestriel de la Commission européenne (édition d'octobre 1997)[2].

Si l'euro emporte, malgré ses contraintes, un soutien global au sein de l'union avec un solde positif (les pour moins les contre) de 7 % et une large adhésion des personnes interrogées dans les pays du Sud, l'Irlande et le Benelux (avec un net refroidissement aux Pays-Bas), il n'en est pas de même au Nord. Une majorité des sondés anglais, autrichiens et scan-

---

1. L'enquête du Centre de recherche sur l'épargne donne des indications analogues : les trois préoccupations les plus citées sont le chômage, le pouvoir d'achat et la difficulté d'évaluer les nouveaux prix en euros.

2. Ces résultats, les plus récents disponibles actuellement, correspondent à une enquête de terrain réalisée au printemps 1997 ; ils n'intègrent donc pas la récente amélioration des attitudes à l'égard de l'euro constatée au moins en France (cf. ci-dessus) et en Allemagne.

dinaves sont hostiles à l'union monétaire ; les opinions hostiles l'emportent de 35 points sur les favorables en Grande-Bretagne.

Ce qui est plus grave, étant donné le rôle moteur de ce pays dans la construction de l'Europe, une majorité d'Allemands se prononcent aussi actuellement — à 54 % contre 32 %, soit un écart négatif de 22 points — contre le remplacement de leur devise par l'euro. Un sondage Gallup publié en janvier 1997 indiquait déjà que 44 % des Allemands et 56 % des Britanniques voteraient contre la monnaie unique en cas de référendum, alors que 71 % des Italiens et 61 % des Français plébisciteraient l'euro. Le sondage IPSOS précité, plus récent, fait apparaître un solde négatif des opinions un peu moindre (15 %) en Allemagne où, selon certaines indications, l'adhésion à l'euro se renforcerait quelque peu actuellement. Un effort important d'information est donc nécessaire pour redresser cette situation incertaine.

QUI DIRIGERA L'UNION ÉCONOMIQUE ET MONÉTAIRE ?

Au centre du débat sur la démocratie se trouve la question de savoir qui, une fois l'Union économique et monétaire installée, en assurera la direction effective. C'est tout le problème du « gouvernement économique » de l'Europe, selon l'expression lancée naguère par Pierre Bérégovoy et reprise par ses sucesseurs pour illustrer la thèse française de la nécessité d'un cadrage politique.

Si cette direction doit revenir exclusivement à la Banque centrale européenne instituée par le traité de Maastricht, le spectre de la technocratie apparaît rapidement. La gestion d'affaires importantes pour la vie de chacun peut-elle être confiée à des fonctionnaires internationaux désincarnés, n'ayant pas été légitimés par les électeurs, et que d'aucuns accusent d'être coupés des réalités ?

Si, à l'inverse, le pilotage doit revenir aux « politiques », d'autres voix s'élèvent pour dénoncer les risques de mauvaise gestion économique et de dérapages conduisant soit à l'inflation en cas de politique monétaire trop laxiste, soit à un éclatement à terme de l'Union au cas où on laisserait de trop grands écarts se creuser entre les politiques budgétaires.

La répartition des pouvoirs au sein de l'UEM

C'est bien pourquoi le traité de Maastricht et les décisions des Conseils européens ultérieurs (composés, on le reconnaîtra, de politiques !) ont réalisé un compromis entre les deux approches.

Ils distinguent, d'une part, le cadre de la politique économique et la relation de l'euro avec l'extérieur et, d'autre part, sa mise en œuvre par les moyens de la politique monétaire.

POUR LA COORDINATION DES POLITIQUES ÉCONOMIQUES, le Conseil des ministres de l'Union, organe politique, reste au premier plan. Il adopte, chaque année, les objectifs communs pour l'inflation et les finances publiques. C'est lui qui établira pour décision finale du Conseil européen la liste des pays éligibles à la monnaie unique. Il adressera des recommandations aux pays participant à la monnaie unique et pourra même prendre des sanctions à l'égard d'un pays présentant un « déficit excessif ».

LA POLITIQUE MONÉTAIRE sera définie par la Banque centrale européenne (BCE), qui remplacera au 1er janvier 1999 l'Institut monétaire européen[1]. Elle agira dans une perpective de stabilité des prix. Ce point est expressément prévu par le traité de Maastricht : l'article 3A fait de prix stables une règle de base de l'UEM et l'article 105 précise : « L'objectif *principal* du SEBC est de maintenir la stabilité des prix » ; ce n'est que « sans préjudice de cet objectif » qu'il « apporte son soutien aux politiques économiques générales » dans l'Union. La BCE devra, avec les Banques centrales des pays membres, « définir et mettre en œuvre la politique monétaire unique de l'Union », c'est-à-dire réguler (en leur indiquant la tendance, sans pouvoir leur imposer ses décisions) les marchés de l'argent et des taux d'intérêt.

---

1. L'Institut monétaire européen est déjà lui-même une création du traité de Maastricht. Lancé en 1994 (ce qui marquait à l'époque le passage à la deuxième des trois phases prévues par le traité), situé comme la BCE à Francfort et présidé successivement par A. Lamfalussy et par W. Duisenberg, l'IME a eu pour tâche essentielle de préparer techniquement le passage à la monnaie unique.

L'ÉMISSION DE L'EURO sera également organisée par la BCE, comme l'a prévu l'article 105A du traité : « La BCE est seule habilitée à autoriser l'émission de billets de banque dans la Communauté. » Là encore, sa liberté d'action n'est pas totale. Elle déterminera, certes, exactement la quantité de monnaie *fiduciaire* (billets et pièces en euro) à émettre ; mais elle n'est pas entièrement maîtresse de la création de monnaie *scripturale* (inscriptions en compte) par les banques ; elle peut seulement l'influencer fortement par ses interventions sur le marché monétaire.

LA POLITIQUE DE CHANGE, c'est-à-dire le pilotage de la valeur de l'euro en dollars, en yens, etc., est un domaine partagé. Son orientation demeurera la responsabilité des gouvernements, qui devraient par conséquent décider si l'on cherche à promouvoir un euro fort ou faible, mais c'est la BCE qui mettra en œuvre cette politique et assurera la gestion quotidienne, notamment les éventuelles interventions sur les marchés des changes — ventes ou achats de devises pour tenter de faire monter ou baisser le cours de l'euro.

Dans ce but, la BCE détiendra (à distance) et gèrera une fraction, dont le montant de départ serait d'environ 50 milliards d'euros, des réserves de change des États membres. Les lingots entassés dans les caves de la rue de la Vrillière, à Paris, et les dollars inscrits au compte de la Banque de France ou de la Bundesbank à New York deviendront ainsi une ligne de défense commune. Les interventions de la BCE, sur le marché des changes comme sur le marché monétaire, seront conduites en euros.

C'est un équilibre subtil qui a ainsi été établi entre les « politiques » du Conseil des ministres et les « technocrates » de la Banque centrale européenne. Celle-ci a indéniablement un rôle de gardienne du temple de l'orthodoxie monétaire. Son implantation à Francfort, capitale financière de l'Allemagne, est symbolique de cette volonté d'orthodoxie. Mais elle ne décide pas seule. Même en matière de taux d'intérêt par exemple, des taux de référence essentiels pour la rémunération de l'épargne comme celui des livrets de Caisse d'Épargne et celui de l'épargne-logement demeureront fixés à Paris par décision gouvernementale, ce qui limite la marge d'action de la BCE.

La BCE et le SEBC

La Banque centrale fédérale n'est que la tête d'un réseau multipolaire appelé Système européen de Banques centrales (SEBC). En effet, il ne pouvait être question de supprimer purement et simplement les Instituts d'émission de la dizaine de pays participants. Le SEBC fonctionnera donc, à partir du 1er janvier 1999, comme un *réseau*.

L'organisation du Système européen de Banques centrales

– *Les Banques centrales de chaque pays* demeurent la structure opérationnelle de base. Elles mettent en œuvre la politique monétaire commune décidée par la BCE et réalisent concrètement les interventions qu'elle a décidées, sur le marché interbancaire ou le marché des changes. Mais elles conservent des pouvoirs et activités propres dans la gestion des moyens de paiement, le contrôle des banques et de la distribution du crédit.

– *Le Conseil des gouverneurs de la BCE* réunit chaque mois les gouverneurs de chacune des institutions membres et les membres du Directoire. Ses décisions sont prises à la majorité simple, chaque membre du Conseil disposant d'une voix. C'est lui qui arrête les grandes orientations de la politique monétaire. Notez au passage que cette organisation donne un grand rôle aux petits pays, placés à égalité avec les autres ; ils seront désormais bien plus en mesure d'influencer les décisions monétaires. Est-ce démocratique ou non ? Un pays, une voix, cela conduit à ce que le citoyen luxembourgeois soit 200 fois plus représenté que le citoyen français... En tout état de cause, il faudra compter avec les sensibilités différentes des gouverneurs ; cela peut réserver des surprises et être moins systématiquement orthodoxe qu'on ne le croit.

– *Le Directoire de la BCE* sera nommé « d'un commun accord », selon l'article 109A du traité de Maastricht, par le Conseil européen (chefs d'État ou de gouvernement). Il est composé d'un président, d'un vice-président et de quatre autres membres. Il se peut que, comme le permet le traité, l'un des sièges soit laissé vacant pour être occupé par un Britannique en cas d'adhésion ultérieure du Royaume-Uni ; le chancelier Kohl aurait pris position en faveur d'une telle option, qui présenterait cependant l'inconvénient de diminuer le nombre de voix du Directoire face aux Banques centrales nationales, au sein du Conseil des gouverneurs. Les membres du Directoire sont protégés par un mandat de huit ans non renouvelable : longue durée et absence d'espoir de renouvellement sont destinés à garantir l'indépendance de la BCE.

– *Un Conseil général* réunit le président et le vice-président de la BCE avec les gouverneurs des banques centrales de tous les pays de l'UE, appartenant ou non à la zone euro. Il a surtout un rôle consultatif et doit contribuer à préparer les pays n'ayant pas encore rejoint la monnaie unique à le faire.

L'indépendance de la Banque centrale européenne est au cœur du système. Cette règle d'autonomie par rapport au pouvoir politique s'applique aussi aux Banques centrales participantes. Le traité de Maastricht prévoit (article 108) que chaque État membre doit ajuster en conséquence les statuts de la sienne, et il en fait (art. 109J) une condition expresse de participation à la monnaie unique.

L'article 107 du traité précise que « ni la BCE, ni une banque centrale nationale, ni un membre quelconque de leurs organes de décision ne peuvent solliciter ni accepter des instructions des institutions ou organes communautaires, des gouvernements des États membres ou de tout autre organisme ». Ce texte a été suivi de très près dans la loi de 1993 organisant l'indépendance de la Banque de France ; pourtant, cette loi devra subir un ultime toilettage sur quelques points encore non conformes qui concernent les opérations de change et la gestion des réserves, avant l'entrée en vigueur de la monnaie unique. Le débat parlementaire sur ce texte pourrait encore donner lieu à quelques passes d'armes, bien que le Premier ministre ait déclaré, en septembre 1997 : « Nous avons intégré (cette indépendance) dans notre culture économique. »

On ne peut actuellement se livrer qu'à des supputations sur ce que sera, à partir de ces éléments, la répartition réelle des pouvoirs. Il est possible, par exemple, que la BCE finisse par prendre le pas, dans la pratique, sur le Conseil des ministres, parce que celui-ci est souvent divisé et ne se réunit que tous les mois, alors que la Banque centrale aura une base administrative permanente plus forte que le secrétariat du Conseil. Mais rien ne prouve non plus que la réunion des gouverneurs de la BCE soit forcément l'expression de la « pensée unique ». Et il revient aux ministres de veiller à exercer réellement les pouvoirs que les textes leur confèrent.

Du côté français, on a souhaité en tout cas renforcer les organes politiques en créant un Conseil informel restreint pour mieux encadrer la BCE. Ce point sera développé plus loin.

Quand sera nommé le directoire de la BCE ?

L'article 109L du traité de Maastricht avait prévu que la nomination des nouveaux organes interviendrait « immédiatement après le 1er juillet 1998 ». Toutefois, les gouvernements sont convenus d'avancer cette date pour permettre à la BCE de se mettre rapidement au travail après la décision qui aura arrêté la liste des pays participants. Concrètement, le désir du Parlement européen d'organiser l'audition des candidats à la direction de la BCE ne permettra sans doute pas de prendre la décision avant juin 1998.

Le texte précité prévoit que « dès que le directoire est nommé, le SEBC et la BCE sont institués et ils se préparent à entrer pleinement en fonction ». C'est donc à cette date que l'Institut monétaire européen, précurseur de la BCE, lui passera le relais.

Qui présidera la BCE (et le SEBC) ?

Les autorités françaises ont présenté avec beaucoup de fermeté au début de novembre 1997, par une démarche commune du président de la République et du Premier ministre auprès du président en exercice du Conseil européen, la candidature de Jean-Claude Trichet.

La personnalité forte et la stature internationale de l'actuel gouverneur de la Banque de France devraient en faire un candidat incontesté, d'autant que sa nomination permettrait d'assurer un meilleur équilibre géopolitique, comme le réclament d'ailleurs certains pays (l'Espagne par exemple).

Cependant, le premier président de la BCE pourrait aussi être un Hollandais, Wim Duisenberg. Ce colosse féru de golf et de voile est déjà dans la place, car le Conseil des gouverneurs de l'IME l'a, en mai 1996, désigné à sa tête comme successeur du Belge A. Lamfalussy ; la passation de pouvoirs est effectivement intervenue le 1er juillet 1997.

Certains considèrent cet ancien gouverneur de la Banque centrale des Pays-Bas, peu à l'aise en français, comme proche des Allemands, qui avaient paru soutenir sa candidature[1]. Les mêmes rappellent que les gouvernements français successifs ont déjà accepté l'implantation de la BCE à Francfort et le changement de nom de la monnaie européenne ; une présidence française de l'IME contrebalancerait ces décisions[2].

W. Duisenberg, qui a été ministre des Finances d'un gouvernement de gauche de 1973 à 1977, a en tout cas montré son pragmatisme (et fait sa campagne...) en déclarant qu'il n'était pas bon de s'agripper aux critères de Maastricht de manière « fétichiste » et qu'il ne serait « ni un comptable ni un technocrate ».

Beaucoup estiment aujourd'hui probable un partage du mandat entre les deux impétrants, J.-C. Trichet succédant à W. Duisenberg au bout de 3 ou 4 ans... Quel que soit l'homme finalement élu à la tête de la BCE et du SEBC, il devra se mettre au travail sans tarder : si ces organes n'« exercent pleinement leurs compétences (qu') à compter du premier jour de la troisième phase » (1er janvier 1999) selon l'article 109L1 du traité, la période de sept mois qui les en séparera devra être activement employée à achever les préparatifs du lancement.

Quels seront les principes de la politique monétaire de la BCE ?

LES FUTURS INSTRUMENTS D'INTERVENTION DE LA BCE ont été présentés par l'IME, chargé des travaux préparatoires. À la différence de la Bundesbank, la BCE n'aura pas de taux d'escompte ; elle interviendra surtout

---

1. « In Wim we trust », a déclaré un jour le gouverneur de la Bundesbank, faisant le rapprochement avec le « In God we trust » (nous nous fions à Dieu) qui figure sur le dollar américain ! De mauvaises langues prétendent que l'indépendance de la Banque centrale des Pays-Bas, que M. Duisenberg a dirigée pendant quinze ans, n'a jamais duré plus que les cinq secondes qu'il faut pour que les décisions de la « Buba » s'inscrivent sur les écrans à La Haye... Elles ont évidemment tort.

2. On a parfois avancé que l'accord de fin 1993 sur le siège de la BCE à Francfort aurait eu comme contrepartie l'acceptation d'un président français pour cette institution. En fait, l'attitude des Allemands semble montrer que, pour eux, l'accord consistait à ne pas présenter de candidat allemand, mais sans pour autant soutenir à tout coup un candidat français...

par des opérations directes d'achat et de vente sur le marché interbancaire, de durées et de types très variés. Elle s'efforcera d'encadrer les taux du marché monétaire (loyer de l'argent à court terme) entre deux taux directeurs. Ce dispositif sera présenté en détail dans « L'euro et les banques », pages 208 à 210.

LE DÉBAT SUR LES OBJECTIFS, en revanche, n'est pas encore tranché : la Banque centrale européenne visera-t-elle plutôt (comme en France ou en Allemagne) un taux de croissance donné de la mase monétaire ou (comme en Grande-Bretagne et dans les pays scandinaves) directement un objectif de faible hausse des prix ? L'IME a, en tout cas, écarté d'autres stratégies de référence, comme la fixation directe d'un objectif de taux d'intérêt ou de taux de change.

Il est probable, par ailleurs, que la BCE imposera aux banques (malgré l'opposition des Britanniques) la constitution de réserves obligatoires, rémunérées ou non, afin de rendre les marchés de l'argent moins volatils.

En ce qui concerne les taux d'intérêt au sein de la zone, on peut raisonnablement penser que les taux courts seront initialement un peu plus hauts qu'ils ne le sont aujourd'hui en France (donc, vers 4 %), la BCE souhaitant marquer sa volonté de fermeté et permettre aux pays du Sud qui ont encore des taux élevés de « recoller au peloton » ; en revanche les taux longs seraient un peu plus bas (vers 5 à 5,5 %). Nous justifierons nos prévisions dans « L'euro et les banques » pour les taux courts et dans « L'euro et les épargnants » pour les taux longs.

QUE CONTIENT LE « PACTE DE STABILITÉ ET DE CROISSANCE » ?

Le nom même de ce pacte reflète parfaitement la nature du compromis franco-allemand : nos voisins tenaient essentiellement à sa partie « stabilité », et les autorités françaises à sa partie « croissance »... L'ensemble vise à instaurer un équilibre économique durable entre les États membres.

Les origines du Pacte, ou
comment assurer le rapprochement des économies

La réussite de la monnaie unique serait compromise si les situations économiques des pays participants étaient trop différentes au départ, ou si elles connaissaient des évolutions trop contrastées par la suite, en l'absence de toute possibilité d'ajustement monétaire.

Par exemple si, une fois l'euro introduit, un pays participant se lançait dans une politique de dépenses publiques effrénée, c'est l'épargne de l'ensemble de la zone qui se trouverait sollicitée et la crédibilité de tous qui serait atteinte : les taux d'intérêt monteraient et la valeur externe de l'euro baisserait, au détriment de la collectivité. Ou bien, si des écarts trop importants de productivité apparaissaient entre les pays membres, l'emploi ou les salaires seraient inévitablement réduits dans le pays le moins performant. Ou encore, si un pays menait une politique budgétaire et salariale beaucoup plus restrictive que les autres, il freinerait la croissance de l'ensemble de la zone.

> Il faut bien voir que dans une union monétaire les pays n'ont plus véritablement de balance des paiements propre : leurs échanges entre eux seront du commerce intérieur à la zone euro ; et leurs succès ou leurs échecs à l'extérieur pèseront sur la balance des paiements et les réserves de change communes.

C'est tout le débat sur la « convergence », qui a marqué les débuts des efforts vers la monnaie unique : pour certains, les économies des pays européens devaient d'abord se rapprocher au point de faire d'une monnaie commune une évidence ; pour d'autres, l'engagement politique pris de fusionner les monnaies imposerait les efforts nécessaires pour faire converger les économies.

Ces deux approches se sont trouvées mêlées dans le traité de Maastricht, qui retient une date fixe (1er janvier 1999, au plus tard [1]) pour la

---

1. Initialement, il était prévu de passer à la monnaie unique dès 1997 si une majorité d'États membres remplissaient les conditions. Mais cette hypothèse, facultative, a été assez vite écartée

réalisation de la monnaie unique, mais subordonne la participation à cette grande aventure à des efforts très substantiels de convergence. Il s'agit bien d'une Union économique et monétaire, et non pas monétaire seulement.

Dès les débuts de l'Europe, le traité de Rome de 1957 avait d'ailleurs fait de la politique économique un sujet d'intérêt commun et d'examen réciproque. Mais Maastricht va beaucoup plus loin (avec, notamment, les articles 103, 103A et 104C du traité).

Les dispositions du Traité de l'UE sur la convergence des économies

– *Une « recommandation fixant les grandes orientations des politiques économiques des États membres »* est régulièrement adoptée par le Conseil des ministres, à la majorité qualifiée des deux tiers (ce qui veut dire qu'il peut imposer ses vues à un État minoritaire) et sur proposition de la Commission.

– *L'évolution économique de chacun des pays et sa conformité avec les grandes orientations* est surveillée par ce même Conseil afin « d'assurer... une convergence soutenue des performances économiques des États membres ». C'est ce qu'on appelle la « surveillance multilatérale ».

– *Quand la politique du pays n'est pas jugée conforme aux grandes orientations* ou « risque de compromettre le bon fonctionnement de l'Union », le Conseil peut, toujours à la majorité qualifiée, adresser des « recommandations » et même rendre publiques ces recommandations. Il peut encore, mais cela exige l'unanimité, « décider des mesures appropriées » ou apporter une assistance financière.

– *La procédure visant les « déficits excessifs »* est encore plus contraignante, voire menaçante : la Commission de Bruxelles (et non le Conseil des ministres) est en effet chargée « d'examiner si la discipline budgétaire a été respectée ». Elle se prononce notamment au vu des deux critères que constituent le niveau d'endettement et le déficit public rapportés au produit national. Si un État ne satisfait pas aux exigences de ces critères, ou même si la Commission

---

pour concentrer les efforts sur la date de 1999 qui, elle, est contraignante pour tous les pays satisfaisant aux critères, quel que soit leur nombre.

estime simplement qu'il y a risque, elle saisit le Conseil. Si les recommandations du Conseil à l'État concerné restent durablement sans effet, il peut à la majorité des deux tiers mettre en demeure le fautif de redresser sa situation et, pour finir, appliquer des sanctions : amendes « d'un montant approprié », réduction des prêts de la BEI, exigence d'un dépôt ne portant pas intérêt auprès de la Communauté...

Les précautions prises sont donc fortes, même s'il est évident que l'application de ces mesures tiendrait compte des circonstances et de l'équilibre politique. Au demeurant — et cela vaut mieux que d'avoir à utiliser tout cet arsenal —, les situations économiques réelles se sont considérablement rapprochées, en partie du fait même des efforts des pays candidats pour respecter les critères de Maastricht.

Quels sont les progrès déjà réalisés vers la convergence ?

Les dernières années ont permis un rapprochement très substantiel des économies des pays européens, selon les dernières évaluations de la Commission européenne pour 1997.

L'INFLATION MOYENNE DANS L'UNION EUROPÉENNE est tombée à 1,7 % et, à part la Grèce, aucun pays ne s'en écarte substantiellement ; cette situation est tout à fait inédite.

EN MATIÈRE DE DÉFICITS PUBLICS, si la France et la Grèce dépassent encore (de 0,1 % dans notre cas !) la barre des 3 % du PIB, le rapprochement est spectaculaire. La moyenne des déficits de tous les pays est tombée à 2,6 %, contre 4 % en 1996 et 6,3 % en 1993.

L'ENDETTEMENT PUBLIC dépasse encore, dans les trois quarts des pays de l'Union, le plafond des 60 % du PIB, mais on constate, là aussi, une certaine convergence, les pays les moins endettés (dont la France) accroissant leur endettement tandis que les plus endettés (Belgique, Italie, Grèce) le réduisent progressivement.

LES SITUATIONS DE BALANCE DES PAIEMENTS se sont aussi rapprochées : la plupart des pays européens sont excédentaires (plus de 1 % du PIB pour la moyenne européenne, 2,4 % pour la France), la Grande-Bretagne continuant cependant à nourrir un déficit d'1,1 % de son produit national.

LE TAUX DE CHÔMAGE demeure un point noir très préoccupant : il touche 17,5 millions de personnes en Europe, soit en moyenne 10,7 % de la population d'âge actif. C'est aussi le sujet sur lequel les divergences demeurent les plus fortes, entre les 4 à 5 % seulement de chômeurs affichés pour l'Autriche ou les Pays-Bas et les 21 % de l'Espagne, les 13,8 % de la Finlande ou les 12 à 12,5 % de la France et de l'Italie.

LE REDÉMARRAGE EN COURS DE LA CROISSANCE dans tous les pays pressentis pour l'euro laisse espérer une amélioration sur ce front : elle atteindrait 2,6 % en 1997 et 3 % en 1998 contre 1,8 % en 1996, pour l'ensemble de l'Union. Les situations, encore très contrastées en 1997 du fait du ralentissement en Italie, seraient remarquablement proches en 1998, les taux de croissance prévus s'échelonnant tous entre 2 et 4 %, à la seule exception de l'Irlande qui croîtrait de... 8 %.

LE NIVEAU DES TAUX D'INTÉRÊT, enfin, est partout bas. Les écarts, qui atteignaient 6 à 7 points d'un marché à l'autre il y a cinq ans, se sont réduits. Le critère correspondant du traité de Maastricht (pas plus de 2 points de dépassement par rapport aux meilleurs) devrait ainsi être respecté sans difficultés par tous, y compris l'Italie.

Il semble donc que la convergence des économies ne soit plus, comme autrefois, un but lointain, mais un phénomène en train de se produire sous nos yeux, grâce aux effets du marché unique européen (en vigueur depuis 1993) et aux efforts d'adaptation de chacun[1].

---

1. Il reste néanmoins bien d'autres progrès à faire en vue du rapprochement des économies. C'est notamment le cas dans le domaine de la fiscalité, où l'unanimité demeure la règle. Il s'agit par exemple de lutter contre la fraude fiscale, qui fait perdre beaucoup de recettes de TVA, ou d'harmoniser les exemptions, les pays se livrant à une concurrence ruineuse pour attirer les investisseurs. Le « Code de bonne conduite », en matière de fiscalité des entreprises et de l'épargne adopté le 1er décembre 1997 par le Conseil des ministres vise à restreindre ces pratiques, qui devront être gelées, puis démantelées en cinq ans (1998-2002). La fiscalité pourrait devenir l'un des sujets de « coopération renforcée » entre États participant à l'Union monétaire.

Malgré tout cela, les pays du Nord craignent toujours les consé-quences d'une union monétaire avec des pays dont certains ont une réputation sulfureuse en matière de gestion des finances publiques.

Ils y voient un risque d'échec de la monnaie unique et, à terme, d'éclatement de l'Union européenne. C'est pourquoi ils ont voulu être assurés que la convergence des économies ne serait pas seulement réalisée au moment du démarrage de l'euro, mais serait un acquis durable. Le texte de Maastricht (art. 109J) prévoit d'ailleurs expressé-ment la nécessité de vérifier si « un degré élevé de convergence durable a été réalisé » avant d'admettre un pays dans la monnaie unique.

Le Pacte de stabilité et de croissance permettra précisément de s'as-surer du caractère pérenne de l'assainissement des finances publiques, tout en favorisant la croissance et l'emploi.

Le dispositif du Pacte de stabilité et de croissance

Voulu à l'origine par les Allemands (le ministre des Finances Theo Waigel allait jusqu'à réclamer que l'objectif soit, dans les périodes favo-rables, de ne pas dépasser un niveau de 1 % de déficit public par rapport au PIB), ce projet a été longuement et vivement débattu.

Transformé à la demande de la France en « Pacte de stabilité *et de croissance* » au Sommet européen de Dublin fin 1996, il a été de nouveau amélioré sur l'insistance de Lionel Jospin et Dominique Strauss-Kahn, avant d'être finalement adopté par le Conseil européen d'Amsterdam le 16 juin 1997 et complété fin 1997 par les deux Sommets de Luxembourg. En voici les principales dispositions.

Les dispositions concernant la stabilité

Des sanctions financières seront imposées aux pays qui ne respecte-ront pas la limite de 3 % du produit intérieur brut (PIB) pour les déficits publics. Ceux-ci seront frappés de lourds prélèvements, sous forme de dépôts sans intérêts à constituer à la BCE : 0,2 % du PIB, plus 0,1 % par point de dépassement, avec un plafond total de 0,5 % du PIB chaque année. La part fixe ne s'applique qu'à la première année de dépassement ; les années suivantes, la pénalité serait limitée à la part mobile. Exemple : si la France affichait deux années de suite un déficit de 5 % du PIB, soit un dépassement de 2 points du plafond de 3 %, elle devrait déposer sans intérêt à Bruxelles l'équivalent en euros de 32 milliards de francs la première année (0,2 % de part fixe et 0,2 % de part variable sur un PIB de 8 000 milliards) et 16 milliards la seconde (0,2 % de part variable).

LES SANCTIONS SERONT AUTOMATIQUES lorsque le pays n'est pas victime d'une crise. Toutefois, en cas de circonstances exceptionnelles, il pourra en être exempté. Ces circonstances sont soit un événement imprévisible comme une catastrophe naturelle, soit un recul du PIB de plus de 2 % sur un an (en cas de baisse inférieure à 0,75 %, la présomption est que ce n'est pas une situation d'exception ; entre les deux, le Conseil reste juge).

Cette décision est le fruit d'un compromis entre les pays redoutant d'avoir à payer ces sanctions, pour lesquels le Conseil, instance politique, doit disposer d'une marge d'appréciation, et les Allemands qui souhaitaient, pour la raison inverse, des sanctions automatiques.

SI LA SITUATION N'EST TOUJOURS PAS REDRESSÉE APRÈS DEUX ANNÉES DE DÉPASSEMENT, les dépôts seront convertis en amendes, c'est-à-dire définitivement versés au budget communautaire, pour lequel ils constitueront une recette exceptionnelle.

LE PRODUIT DES AMENDES, ainsi que le fruit du placement des sommes déposées sans intérêt dans les caisses de la Banque centrale européenne par le pays défaillant, ira exclusivement aux pays « vertueux » de l'euro. Ni les pays eux-mêmes déficitaires ni les pays restés en dehors de la monnaie unique n'en bénéficieront.

Les dispositions favorables à la croissance

Désireux de contrer la sévérité de ce premier ensemble de mesures — qui paraissent de nature à dissuader efficacement les candidats au dérapage —, les pays préoccupés par le risque inverse d'un excès de rigueur aggravant la situation de l'emploi ont obtenu deux mesures qui font pendant au Pacte de stabilité.

UN CERCLE DE DISCUSSION entre les ministres responsables de la politique économique au sein de la zone euro sera constitué : la proposition franco-allemande en ce sens a été adoptée par le Conseil des ministres en décembre 1997. Souvent appelé par la presse « Conseil de l'euro », ce *Conseil informel restreint* aux seuls ministres des pays de l'euro (dispositif qui ressemble, comme on l'a remarqué, à celui du célèbre « G7 ») devrait plutôt porter le nom d'« Euro Dix » (ou Onze, si l'Italie participe — en abrégé, « E10 » ou « E11 »).

Ce conseil se réunira régulièrement à partir du 1er janvier 1999 et examinera, en prologue à chaque réunion du Conseil plénier des quinze ministres de l'Économie et des Finances de l'Union européenne, les questions budgétaires, financières, mais aussi la politique économique globale et même les politiques structurelles et l'emploi. Il siégera avec la Commission européenne et en cas de besoin la BCE, mais habituellement hors de la présence des ministres ne participant pas à l'euro, puisque son objet est précisément de discuter les « questions liées aux responsabilités spécifiques qu'ils partagent en matière de monnaie unique » (texte de la résolution du Conseil européen de Luxembourg, cf. ci-dessous).

C'est justement là que le bât blesse : sans pouvoir réellement s'opposer juridiquement à la proposition, puisqu'il s'agira d'un conseil informel, les quatre pays ne participant pas au lancement de la monnaie unique (Royaume-Uni, Suède, Danemark et Grèce) ont vivement insisté pour être associés à ses travaux, au moins sous forme d'observateurs. L'arrangement, quelque peu ambigu, trouvé au sommet de Luxembourg des 12 et 13 décembre 1997 autorise les pays non participants (auxquels l'ordre du jour de l'« E11 » sera transmis) à évoquer au Conseil Éco/Fin plénier — qui demeure la seule instance de décision officielle — les questions traitées en cadre restreint, s'ils estiment qu'elles sont en réalité d'intérêt commun aux Quinze.

Sans empiéter pour autant sur les compétences de la BCE, ce substitut de « gouvernement économique » (terme officiellement abandonné) permettra de ne pas lui laisser tout le terrain. Il tracera le cadre de la politique monétaire et de la politique de change. Ce dernier point a été le plus disputé entre Français et Allemands ; il est entendu que trois tours d'horizon annuels y seront consacrés et qu'il y aura « un échange régulier d'informations et de vues entre le Conseil et la BCE » ; il y sera question notamment de la préparation du G8 et des décisions sur les taux centraux des monnaies du « SME-bis ». Toutefois, la résolution adoptée par le Conseil des ministres européen en décembre 1997 précise que les orientations sur les cours de change ne devraient être données que dans des « circonstances exceptionnelles » et sur proposition de la Commission, après avis de la BCE. Si les orientations données en public sont rares, les orientations discrètes devraient en réalité être plus fréquentes.

UN SOMMET EUROPÉEN EXTRAORDINAIRE CONSACRÉ À L'EMPLOI s'est réuni le 21 novembre 1997 à Luxembourg pour examiner le problème du chômage et les moyens d'une relance européenne, afin de donner un contenu au terme de « croissance » inclus dans l'intitulé du Pacte. Ce Conseil européen, préparé par des réunions communes des ministres chargés de l'Économie et de l'Emploi, a adopté une « stratégie coordonnée pour l'emploi ».

Les principaux résultats du Sommet sur l'emploi (novembre 1997)

– *L'Union européenne se fixe pour objectif de réduire substantiellement le taux de chômage qu'elle connaît actuellement (10,6 % de la population d'âge actif, en moyenne).* La Commission avait proposé de retenir un objectif chiffré consistant à revenir à 7 % en cinq ans. Les gouvernements ont préféré écarter un chiffrage global et mettre l'accent sur les mesures structurelles favorisant l'« employabilité ». Ils ont arrêté en commun des « lignes directrices » conformément auxquelles chaque État devra présenter un « plan d'action national » contre le chômage au Sommet européen de Cardiff en juin 1998.

– *La surveillance multilatérale de ces plans nationaux* sera par la suite inscrite au menu du Conseil européen chaque année, en décembre. Les États membres ne remplissant pas leurs objectifs devront fournir des justifications.

– *Les États s'engagent à augmenter en cinq ans la proportion de chômeurs qui se verront proposer une formation* pour atteindre un taux de 20 % (contre 10 % en moyenne européenne actuellement, 15 % en

---

France) et si possible 25 %, chiffre atteint par les pays les plus performants en la matière.

– Ils feront en sorte, dans un délai maximum de cinq ans (avec une dérogation pour l'Espagne) *d'offrir un emploi, une formation ou une conversion à tout jeune atteignant six mois d'inactivité, et à tout chômeur avant douze mois d'inactivité.*

– *Des actions ciblées seront engagées pour favoriser l'investissement, le progrès technologique, l'adaptation des entreprises, etc.* Le Conseil européen de juin 1997 avait déjà décidé de charger la Banque européenne d'investissement, en prélevant sur ses bénéfices, d'apporter des concours avantageux aux PME européennes et aux nouvelles technologies. La BEI y consacrera un milliard d'écus en quatre ans. En outre, 450 millions d'écus seront redéployés par le budget européen en faveur des PME. Cependant, la plupart de nos partenaires demeurent réticents quant à un programme de grands travaux européens financé directement par l'UE sur emprunt : le projet (d'un montant de 2,3 milliards d'écus) approuvé en 1993 était resté lettre morte.

– *Les partenaires sociaux sont invités à négocier, par branche ou par entreprise, des accords pour assouplir l'organisation du travail* par des formules comme l'annualisation du temps de travail et à alléger la fiscalité pesant sur le travail, surtout peu qualifié. À la veille de chaque Sommet européen, la présidence rencontrera employeurs et syndicats pour faire le point de ces accords et de la situation de l'emploi en général.

Même s'il comporte peu d'engagements chiffrés précis — car on ne peut créer des emplois par décret —, ce programme marque une étape importante de la construction européenne et un changement d'état d'esprit. La « dimension sociale » de l'Europe prend forme : pour la première fois, des engagements sont pris en commun par les gouvernements, avec des rendez-vous pour contrôler leur respect, sous le regard d'une opinion publique fort attentive à ces matières. Ceci nous conduit directement à la question suivante.

L'EURO CONDUIT-IL AU CHÔMAGE ?

L'Europe de Maastricht est-elle, comme le proclament certains, l'Europe du chômage ? Ou sera-t-elle au contraire la source d'un renouveau de la croissance et de l'emploi ?

L'UEM est-elle l'ennemie de la croissance ?

La sévérité des sanctions prévues par le Pacte de stabilité et de croissance et, plus généralement, les efforts de rigueur qu'imposent le calendrier et les critères du Traité conduisent certains à dénoncer l'« Europe du chômage » que nous serions en train de réaliser en sacrifiant la croissance et l'emploi sur l'autel de la pensée unique. La « tyrannie » de cette doctrine a été dénoncée en 1997 aussi bien par l'Internationale socialiste que par les économistes conservateurs du Forum de Davos.

On comprend que la question soit mise en avant de façon insistante, avec plus de 3 millions de sans-emploi en France (4,7 millions en Allemagne) et un taux de chômage sans précédent : 12,5 % de la population active, courant 1997, contre 5 % aux États-Unis, où il était naguère plus élevé qu'en Europe. Peut-on vraiment pour autant charger l'Union économique et monétaire — et la monnaie unique qui en est le couronnement — de tous nos maux ?

Les arguments avancés méritent d'être examinés point par point.

« La réduction des dépenses publiques afin de satisfaire aux critères du Traité empêcherait toute relance par la demande ; corrélativement, la hausse des impôts, également destinée à rééquilibrer les comptes publics, découragerait toute perspective de redémarrage. »

Il est vrai que les mesures de rigueur budgétaires sont toujours désagréables ; mais elles auraient été de toute façon nécessaires sans les contraintes de Maastricht, car l'effet « boule de neige » de la dette publique oblige à opérer un freinage, d'autant plus douloureux qu'il est plus tardif[1]...

En tout cas, le grave ralentissement économique que nous avons subi en 1993 n'était pas dû aux efforts de compression d'un déficit qui, à l'époque, frisait les 6 % du produit national. La France est, encore aujourd'hui, l'un des rares pays d'Europe qui font de la « relance keynésienne », puisque notre déficit budgétaire est supérieur à la charge de la dette, ce qui veut dire que nous continuons à nous endetter pour financer la croissance.

Au demeurant, l'essentiel est moins le montant des économies budgétaires réalisées que leur nature : lorsque l'on réduit en priorité les investissements (c'est, hélas, la voie de la facilité), l'économie en souffre davantage que lorsque l'on diminue des dépenses de fonctionnement.

« La simultanéité des efforts de compression des déficits budgétaires dans des pays voisins pèserait sur la conjoncture globale, ce qui expliquerait la lenteur de la croissance en Europe depuis 1990. »

L'exemple récent de l'Italie montre que lorsque le pays s'est réellement décidé à s'attaquer à ses déficits, sa croissance a bien été ralentie, tombant autour de 1,5 %. Mais cela ne s'est produit qu'en 1997, alors que d'autres pays avaient freiné plus tôt ; de son côté, la conjoncture britannique a été porteuse pendant toute cette période. Il n'y a donc pas eu réellement de synchronisme déflationniste. Le net redémarrage de la croissance en France et en Allemagne depuis mi-1997 montre d'ailleurs que les contraintes budgétaires n'ont pas eu l'effet redouté.

Au surplus, la Commission de Bruxelles a démontré que le chômage baisse dans les pays qui réduisent leurs déficits publics, comme le Danemark ou l'Irlande, et augmente dans les pays qui les creusent. C'est pourquoi le Conseil européen de Madrid, en 1995, a, par un paradoxe qui n'est qu'apparent, placé la réduction des déficits publics en tête de sa « stratégie européenne pour l'emploi ».

« Les taux d'intérêt réels (c'est-à-dire déduction faite de la hausse des prix, actuellement faible) seraient trop élevés, ce qui étoufferait la croissance. »

---

1. En outre, les besoins d'emprunt d'un État impécunieux surchargent le marché financier, faisant monter les taux d'intérêt et décourageant les entreprises d'investir ; c'est l'« effet d'éviction » bien connu des économistes. En France, l'État emprunte plus d'un milliard de francs par jour et absorbe la moitié de l'épargne des ménages pour couvrir ses déficits...

Le Japon (mais lui seul, et c'est en grande partie dû à la crise bancaire et immobilière qui le frappe) a réduit ses taux d'intérêt à court terme à... 0,5 % ! Mais les nôtres, qui étaient effectivement hauts il y a quelques années (8 à 9 % en 1993), ont considérablement chuté depuis 1996. Ils sont aujourd'hui à 3,3 % environ, soit un taux d'intérêt réel de 2 % seulement. La baisse des taux à long terme, quoique moins spectaculaire, est nette aussi : ils sont actuellement autour de 5,2 % pour les emprunts d'État, soit un taux réel de 4 %, bien inférieur aux 6 à 7 % d'il y a 3-4 ans.

C'est bien grâce aux anticipations favorables sur la réalisation de la monnaie unique, et non malgré elles, que cette baisse a été obtenue ; les détracteurs de l'euro devraient remarquer que chacune de leurs attaques contre la monnaie européenne fait monter les taux d'intérêt, au rebours de ce qu'ils disent souhaiter...

« La surévaluation des monnaies européennes, due à une politique trop stricte de la Bundesbank suivie par les autres banques centrales du "noyau dur" de l'Europe monétaire, étoufferait notre commerce extérieur. »

On n'a guère vu trace de ce phénomène en France, car nos exportations n'ont cessé de s'accroître, « tirant » la conjoncture, même lorsque le mark et le franc étaient au plus haut. De plus, si la France a perdu environ 180 000 emplois entre 1991 et 1995, la Grande-Bretagne en a perdu 500 000 dans le même temps, malgré la dévaluation de sa monnaie.

La querelle n'a plus guère de sens aujourd'hui, puisque la montée du dollar, du yen et du sterling a conduit les monnaies européennes à se déprécier de 6 à 8 % en moyenne en 1997. Avec un dollar voisin de 6 F, l'évolution a réalisé les ambitions des plus chauds partisans d'un ajustement des parités[1]... Là encore, cet ajustement s'est fait non à l'encontre de l'ambition européenne mais grâce à elle, puisque c'est en anticipant la réalisation d'un euro relativement « faible » (du fait de la participation des pays du Sud) que les marchés ont corrigé les cours.

_____

1. Même V. Giscard d'Estaing, pourtant cofondateur du Système monétaire européen, avait appelé de ses vœux, fin 1996, un réajustement du cours du franc portant l'euro de 6,5 à 7 F, c'est-à-dire une dévaluation de notre monnaie de 8 % environ, afin d'atteindre un cours du dollar d'au moins 5,7 F. Nous y sommes, sans changement des parités entre monnaies européennes.

Plus largement, il faut admettre que le chômage ne provient qu'en partie de causes conjoncturelles comme le ralentissement de la croissance. En effet, une part importante du problème est due à des *causes structurelles*, comme la mauvaise répartition des charges patronales, le manque de mobilité de la main-d'œuvre et les insuffisances de notre système de formation.

L'apport positif de l'UEM à nos économies

La monnaie unique ne peut certes pas apporter une réponse à toutes ces difficultés. Elle offrira toutefois une contribution positive sur un certain nombre de points.

L'ACCROISSEMENT DES ÉCHANGES COMMERCIAUX provoqué par l'unification monétaire développera l'activité. La France paraît bien placée pour en bénéficier, du fait de sa structure industrielle diversifiée et de sa compétitivité extérieure.

L'EURO DEVRAIT ÊTRE UNE MONNAIE DE RÉSERVE ET UNE MONNAIE DE PLACE-MENT, bien plus que les devises européennes prises isolément. Il attirera les immenses moyens d'opérateurs internationaux comme les fonds de pension américains ou japonais ; la crise financière des pays d'Asie ne peut qu'accentuer ce mouvement. Ce sera d'autant plus vrai que la zone euro disposera d'un vaste marché financier, particulièrement liquide. Elle attirera aussi, par sa stabilité et la taille de son marché, les investisseurs du secteur productif.

Cette épargne extérieure permettra de financer plus aisément les investissements (machines-outils, informatique, TGV, etc.) tout en poursuivant la baisse des taux.

LE PILOTAGE DE L'EURO SUR LES MARCHÉS DES CHANGES visera à stabiliser le plus possible sa valeur extérieure. En outre, la fusion des monnaies participantes mettra un terme définitif aux variations de cours entre elles ; et l'organisation de relations stables avec les monnaies périphériques (livre sterling, devises de l'Est européen — voir « L'euro et le monde ») étendra cet effet. Or l'instabilité des monnaies coûte cher.

On a estimé que les fluctuations monétaires du printemps 1995, consécutives à la crise du peso mexicain, ont coûté à l'Europe deux points de croissance et 1,5 million d'emplois.

La stabilisation des cours de change donnera de la croissance et des emplois supplémentaires.

LA MONNAIE UNIQUE ALLÈGERA LES CHARGES DES ENTREPRISES en les dispensant des coûts de couverture du risque et des commissions de change, en simplifiant la gestion de leur trésorerie et en allégeant leurs services financiers au profit d'activités productives. L'estimation (malaisée à établir) de l'ensemble de ces charges est de 150 à 350 milliards de francs par an ; une étude récente la situe à 58 milliards d'écus.

La croissance sera donc favorisée par cet allègement, qui représente entre un demi-point et un point du « produit national » européen.

L'EURO CRÉERA DES EMPLOIS. Il en créera directement, par exemple dans les sociétés de services informatiques (où l'on craint déjà de faire face à des problèmes de recrutement), dans les sociétés de conseil, chez les fabricants d'appareils de distribution et de systèmes de vérification et transmission électronique ou dans les services financiers comme l'assurance. Il en créera surtout indirectement, en renforçant les effets d'intégration du marché unique européen — qui, selon la Commission de Bruxelles, aurait, depuis son lancement, contribué à accroître les échanges de 20 à 30 %, apporté un supplément de croissance de 1 à 1,3 % au total et, malgré la crise de 1993, créé plusieurs centaines de milliers d'emplois.

La monnaie unique offrira de nouvelles opportunités de travail à l'échelle d'un continent, notamment dans le secteur des services.

Voilà pourquoi il est permis de penser que, loin d'être l'« Europe du chômage », l'Europe monétaire unifiée sera l'« Europe de la reprise » : elle bénéficiera, avant même 1999, du supplément de croissance dont elle a besoin pour contribuer à la solution du problème crucial de l'emploi. Les dernières prévisions de la Commission indiquent d'ailleurs que le taux de chômage au sein de l'Union baisserait d'un point entre 1997 et 1998. C'est encore trop peu, mais l'évolution est positive.

L'euro et le commerce

L e secteur du commerce est très diversifié. Il comprend 600 000 petits détaillants — dont certains sont en même temps artisans — employant chacun moins de 10 salariés. Il inclut aussi la grande distribution, avec à sa tête des chaînes géantes jouant les premiers rôles à la Bourse de Paris et gérant de multiples enseignes à l'étranger, ainsi que les grandes entreprises de vente par correspondance. On peut lui ajouter la plupart des activités de services travaillant principalement pour les particuliers, qu'il s'agisse des restaurants, des blanchisseries, des garages, etc.

Les uns comme les autres subiront le premier choc du contact des consommateurs avec la nouvelle monnaie lors du passage à l'euro ; ils devront, sans enthousiasme pour certains, ajouter à leurs autres charges un rôle pédagogique délicat mais essentiel envers leur clientèle.

Malgré tous les préparatifs et toutes les campagnes d'information, on peut en effet être certain que beaucoup d'acheteurs seront inquiets ou désorientés devant la monnaie unique. La retraitée qui achète un litre de lait confondra francs et euros dans son porte-monnaie ; le couple poussant enfants et chariot dans les allées d'un hypermarché ne retrouvera plus ses repères habituels en matière de prix... Tous craindront une flambée des cours — elle s'est produite en Grande-Bretagne au moment du passage, techniquement réussi par ailleurs, au système décimal en 1971 — ou à tout le moins des arrondissements se faisant systématiquement en leur défaveur.

Il importera pour les commerçants de rassurer les clients, tout en préservant leur propre intérêt et en résolvant les complexités techniques du passage d'un système à l'autre.

COMMENT ET QUAND AFFICHER LES PRIX EN EUROS ?

Ce problème ne devrait théoriquement se poser que dans quatre ans ; car les décisions prises à Paris et à Bruxelles ont retardé le passage à la monnaie unique des opérations des particuliers.

C'est au 1er janvier 2002 seulement que les pièces et les billets en euros seront mis en circulation et que l'affichage des prix en euros deviendra une obligation. Jusque-là, l'euro, monnaie officielle de l'Union européenne au 1er janvier 1999, doit en principe rester cantonné à la sphère financière.

On peut néanmoins penser que l'attente du public (elle-même alimentée par les campagnes d'information), les initiatives de certaines entreprises pressées de simplifier leur fonctionnement en passant avant l'heure au tout-en-euros, et la pression de la concurrence conduiront à anticiper le mouvement. C'est pourquoi il paraît prudent que les professionnels de la distribution se préparent dès maintenant à passer le cap. Ils en sont d'ailleurs conscients : la Fédération des entreprises du commerce et de la distribution indique, dans un document du printemps 1997, que dans ce cas « aucun magasin ne pourra refuser les paiements en euros », ce qui les conduira à s'équiper.

Quel moment choisir pour passer à l'euro ?

Dès à présent ?

Deux obstacles pratiques gênent actuellement les opérations en monnaie européenne :

• *La monnaie européenne s'appelle encore aujourd'hui l'écu,* et non l'euro, ce qui ne peut qu'introduire la confusion dans les esprits. Il aurait certes été plus simple de conserver la même monnaie, puisqu'un euro vaudra un écu...

• *Sa valeur de conversion en francs n'est pas fixe* ; même si les variations quotidiennes ne sont que marginales, un écart de 2 à 3 % peut sérieusement entamer la marge du vendeur.

Au cours de la période de transition 1999-2001 ?

Ces inconvénients n'existeront plus à partir du lancement officiel de l'euro le 1er janvier 1999. Notamment, la valeur du franc en euros sera définitivement fixée, ce qui rendra les deux monnaies interchangeables.

L'équivalence est juridiquement contraignante, c'est-à-dire qu'il sera possible de passer à tout moment d'une monnaie à l'autre, sans franchir aucune barrière, le franc n'étant plus en fait qu'une subdivision particulière de l'euro.

Dans ces conditions, un détaillant, un hôtelier ou une grande surface pourront très bien décider d'établir leurs prix et d'en recevoir le règlement en euros au cours même de la période de transition 1999-2001 [1].

Ce paiement se fera soit au comptant par un chèque (puisque les nouvelles espèces ne seront diffusées qu'en 2002) ou par le « porte-monnaie électronique », soit par une carte de crédit. Dans ce dernier cas, le commerçant devra avoir préalablement modifié le logiciel de son « terminal point de vente » (lecteur de cartes) pour qu'il accepte l'euro aux côtés du franc, ou bien disposer de deux lecteurs pour en spécialiser un dans chaque monnaie.

Illustrons l'exemple du paiement d'un achat par carte de crédit. Si le commerçant est muni du lecteur de carte adapté, il peut se mettre d'accord avec le client pour un règlement en euros. L'affichage à l'écran du terminal reproduit le montant et la monnaie choisie, qui figureront systématiquement sur le ticket de paiement remis au client, avec leur contre-valeur en francs. Le commerçant pourra, ensuite, apporter sa recette en euros à sa banque, qui en créditera son compte en monnaie européenne s'il en a ouvert un. À défaut, elle convertira instantanément et — en principe — sans frais cette somme en francs

---

1. Une partie des fournisseurs sont prêts à suivre : un sondage fait par Promodès montre que c'est le cas pour un tiers des siens.

versée à son compte. Dans le même temps, la banque de l'acheteur débitera son compte en euros, ou sinon convertira de plein droit (au cours officiel et sans frais) la transaction pour déduire la contre-valeur en francs.

Quelques exemples

Une grande chaîne comme Carrefour, par exemple, compte accepter à toutes ses caisses, dès le début 1999, des paiements en monnaie européenne par chèque ou carte bancaire. De même, les deux grands de la vente par correspondance, les Trois Suisses (dont la comptabilité générale est déjà multidevises) et La Redoute, accepteront des paiements en euros dès 1999, même sur des prix catalogue affichés en francs. La responsabilité de la conversion et du règlement d'éventuels écarts est alors laissée au client.

Pour les autres commerçants, l'avis du Conseil national de la consommation du 4 décembre 1997 prévoit que chacun est libre d'accepter les paiements en euros (par chèques ou carte de crédit) dès 1999, à condition de l'afficher clairement en vitrine et de l'appliquer à tous ses produits.

L'organisation professionnelle de la distribution trouve d'ailleurs la durée de trois ans assignée à la période de transition trop longue. Il aurait été bien préférable, à son sens, d'avancer sa fin au 1er janvier 2000, ou 2001 au plus tard. Cette possibilité a cependant été finalement écartée à Bruxelles — conformément d'ailleurs à l'avis de la majorité des membres du Comité national de l'euro français, banquiers et comptables d'entreprises préférant en général une fin d'exercice.

Lors de l'introduction des nouvelles espèces ?

Il s'agit pour ceux qui choisiront cette option d'attendre le dernier moment pour opérer le passage à la monnaie unique. Cette position est sans doute plus confortable dans l'immédiat, mais elle peut poser des problèmes avec la clientèle et sera risquée à terme si la préparation indispensable à une opération de type « big bang » n'a pas débuté à temps.

La confirmation récente de la date du basculement au 1er janvier

2002 pour introduire les nouvelles espèces inquiète certains professionnels, qui auraient préféré, même si la durée de la période de transition
devait rester fixée à trois ans, éviter un début d'année. Pour l'Association des détaillants britanniques par exemple, la mise en circulation de
l'euro aurait dû intervenir non le 1er janvier, mais en février, mois de
basse consommation, après les inventaires de fin d'année et les soldes.
Le groupement des commerçants européens Eurocommerce partage-
rait cet avis.

En revanche, la Fédération française des entreprises du commerce
et de la distribution estime que « la date du 1er janvier est bien choisie.
Elle correspond à la période des inventaires et permet de faire passer
en bloc la comptabilité à l'euro au changement d'exercice ». On peut
donc penser que nos distributeurs s'accommoderont bien du choix qui
a été fait.

Quand la législation permettra-t-elle vraiment de travailler en euros ?

Les opérations que nous venons de décrire seront parfaitement
conformes à la nouvelle législation européenne. Il résulte clairement
du texte du projet de règlement communautaire sur l'introduction de
l'euro, publié le 2 août 1997 au Journal officiel européen, que tout
débiteur a la possibilité de régler son créancier dans la monnaie de son
choix au cours de la période transitoire.

Voici, en effet, ce qu'on peut y lire :

« À compter du 1er janvier 1999, la monnaie de États membres participants est l'euro » (article 2) ; « Toute somme libellée dans l'unité euro
ou en francs... peut être payée par le débiteur dans l'unité euro ou en
francs » (article 8-3, dont nous simplifions ici le texte) ; « L'euro et les
unités monétaires nationales sont des unités de la même monnaie »
(article 13 du préambule) ; « Chaque État membre participant peut
autoriser l'usage général de l'euro sur son territoire pendant la période
transitoire » (article 10 du préambule).

On aurait donc dû pouvoir travailler indifféremment en francs ou en
euros dès 1999, sur la base de cette législation communautaire, qui
s'impose en droit interne — prévalant même sur nos lois, selon une

jurisprudence constante — et sera définitivement adoptée, sauf accident, en mai 1998. En réalité, une modification de la législation interne sera également indispensable, car si rien n'interdit de faire figurer dès à présent un prix en monnaie européenne à côté du prix en francs, seul ce dernier fait légalement référence dans l'état actuel de notre réglementation.

• *Une révision de l'article 16 du Code de commerce devra donc intervenir pour mettre notre droit en accord avec la nouvelle approche.* Le texte actuel, résultant d'une loi du 30 avril 1983, prévoit en effet que « les documents comptables sont établis en francs et en langue française ». Il obligerait à convertir en francs toute recette qui serait faite en euros pour la passer dans les comptes du commerçant, malgré le fait que le franc et l'euro, expressions différentes d'une même monnaie, seront parfaitement fongibles à partir de 1999.

• *La modification législative qui s'impose a d'ores et déjà été engagée et devrait intervenir dans les prochains mois,* comme l'a prévu le plan de passage à l'euro présenté en novembre 1997 par le gouvernement. Conformément au principe « ni obligation ni interdiction », elle achèvera de donner pleine valeur juridique à l'euro en France, pour ceux qui souhaiteront s'en servir, dès 1999. Attention : les autorités françaises ont bien précisé que l'option pour l'euro, une fois exercée, serait *irrévocable.*

• *Avant 2002, tous les autres textes utilisant le terme « franc » devront être modifiés pour le remplacer par le seul terme « euro ».* Le recensement des textes concernés est en cours. Nos voisins allemands se sont trouvés exactement devant le même problème ; ils ont déjà déposé devant leur Parlement (en septembre 1997) un projet de loi visant à le traiter, ce qui montre bien leur détermination à réaliser la monnaie unique. Le principe adopté est audacieux puisque le nouveau standard légal sera la tenue des comptes en euros, le deutschemark n'étant plus prévu qu'à titre d'option disponible seulement jusqu'au 31 décembre 2001. La nouvelle loi comportera aussi des dispositions permettant d'établir les loyers et les hypothèques en euros ; nous examinerons par la suite celles qui concernent les instruments financiers.

Faut-il opter pour le double affichage des prix avant 2002 ?

Le système du double affichage des prix en francs et en euros, qui pourrait être introduit sur les étiquettes, écriteaux, panonceaux, mercuriales, etc., a fait l'objet, après de vives discussions, d'un accord entre les associations de consommateurs et les commerçants lors du Conseil national de la consommation (CNC) du 4 décembre 1997. Il s'agit du premier accord de ce type en Europe.

LES REPRÉSENTANTS DES COMMERÇANTS étaient très réticents à anticiper sur l'avenir en pratiquant le double étiquetage avant 2002, car ils craignaient son coût. Même sur la seule période de six mois (correspondant à la circulation en parallèle du franc et de l'euro) où ce double affichage sera obligatoire, ils estimaient qu'il créerait des contraintes lourdes — surtout pour les petits commerçants et artisans — pour un intérêt pédagogique faible.

QUELQUES GRANDES CHAÎNES DE DISTRIBUTION avaient cependant adopté une position nettement plus souple : Carrefour et Casino envisageaient de commencer le double affichage des prix sur au moins certains de leurs rayons dès 2000, voire avant ; surtout, Leclerc a annoncé qu'il commencerait le double étiquetage de ses produits dès 1999.

LES « GRANDS » DE LA VENTE PAR CORRESPONDANCE, comme les Trois Suisses et La Redoute, commenceront prochainement — malgré les réserves du syndicat européen des ventes à distance, qui estime le coût du double affichage à 600 millions de francs en trois ans et craint qu'il ne perturbe la lisibilité des catalogues et bons de commande — à faire figurer dans leurs catalogues (dès 1998 pour la première société, fin 1998 en vue de la collection printemps/été 1999 pour la seconde) des pages ou des encarts de prix spécifiques en euros, dont le nombre s'élargira.

LES ASSOCIATIONS DE CONSOMMATEURS voudraient, de leur côté, donner à ceux-ci le plus de temps possible pour se préparer. Elles demandaient donc que le double affichage soit pratiqué à titre facultatif, ou même imposé par la loi, dès le début de la période de transition en 1999[1].

> L'avis du CNC du 4 décembre 1997 permet à tous les commerçants qui le souhaitent de pratiquer le double affichage dès 1999. Il préconise de « laisser libre cours aux initiatives privées » en la matière. Le double étiquetage recommandé pourra être limité aux produits les plus couramment vendus — ceux dont les consommateurs font leur « référence prix » —, mais il devra être accompagné d'un affichage des règles de conversion[2].

LES CONSOMMATEURS demandent enfin que les anciens prix en francs ne disparaissent pas trop vite après le 1er janvier 2002, et que le double affichage dure jusqu'au retrait complet du franc (juin 2002 au plus tard). L'enquête conduite en 1996 par le groupe Leclerc auprès de ses clients indique que 86 % de ceux-ci souhaitent un double affichage de longue durée ; ces résultats sont confirmés par le sondage SOFRES d'octobre 1997.

La durée de la double circulation en question

Si commerçants et consommateurs divergent souvent sur la durée du double affichage des prix, les uns et les autres sont d'accord pour estimer que la période de six mois maximum prévue, au premier semestre 2002, pour la circulation simultanée des deux monnaies est trop longue et « ingérable ». Comme l'observe la Fédération française de la distribution, elle « induit des coûts de gestion élevés, sans bénéfice direct pour le consommateur (dont elle ne ferait que prolonger de six mois les anciennes habitudes), et sur qui ces coûts seront en définitive répercutés ». Il serait à son sens préférable de limiter la période de

---

1. En tout état de cause, l'arrêté du 3 décembre 1987 relatif à l'information du consommateur sur les prix devra être modifié pour prévoir la nécessité d'assortir toute indication d'un prix en francs d'une indication en euros, au plus tard le 1er janvier 2002. Le double affichage sera en effet obligatoire à cette date.

2. L'avis du CNC de décembre 1997 demande même au gouvernement d'appliquer la publication en monnaie européenne dès 1999 aux livrets de Caisse d'Épargne et d'apposer une contre-valeur en euros au verso des billets de banque actuels.

circulation parallèle franc/euro à un mois[1], pendant lequel la monnaie serait rendue exclusivement en euros dans les magasins.

Le rapport conjoint du CNPF et des banques publié en mars 1997 partage le point de vue sur la nécessité de réduire la période de coexistence des deux monnaies « au minimum nécessaire ». Certains préféreraient même un passage instantané, sans période de recouvrement, comme cela a été fait lors de la réforme monétaire en Grande-Bretagne par exemple.

Le ministre allemand des Finances Theo Waigel a récemment pris position en ce sens au cours d'une manifestation du commerce de détail. Il a proposé un « big bang » début 2002, dans lequel l'euro se substituerait immédiatement aux billets et pièces en marks, comme cela a été fait avec succès lors de la réunification du pays, avec le remplacement instantané du mark-Est par le deutschemark dans l'ancienne RDA. Aux Pays-Bas, le « Forum national pour l'introduction de l'euro » a aussi opté pour une conversion massive du florin à l'euro en une seule fois, proposant la date de février 2002.

De telles remarques devront être prises en considération, même s'il est vrai que toute remise en cause du calendrier présente des dangers politiques. La question a été abordée mais non tranchée par le Conseil national de la consommation ; on y réfléchit aussi à Bruxelles.

Comment se pratiquera le double affichage ?

Le double affichage, à propos duquel la Commission européenne émettra une recommandation avant mai 1998 après une ultime réunion en février entre commerçants et consommateurs, devrait s'appliquer à tout ce qui peut renseigner l'acheteur sur le prix d'un bien ou d'un service : affiches et annonces publicitaires, écriteaux sur les étals, étiquettes et codes-barres dans les rayons, mais aussi notes, factures et devis remis aux consommateurs. Le prix d'un poulet sera, par exemple, de 45 F ou 7 euros, celui de l'heure de travail du réparateur automobile de 130 F ou 20 euros... On peut cependant imaginer que le double affichage soit au début « ciblé », c'est-à-dire limité à certains produits ou certains rayons, ce qui permettra une accoutumance mutuelle.

---

1. Ce mois de circulation parallèle serait précédé d'une période de 2 mois (décembre 2001 et janvier 2002) pendant laquelle les particuliers changeraient progressivement leurs francs contre euros dans les guichets bancaires.

LORSQUE LE PRODUIT N'EST PAS VENDU À L'UNITÉ, l'indication du prix par unité de mesure (prix au kilo, au litre, etc.) est à prévoir ; elle pourrait n'être exigée que dans les grandes surfaces[1] et chez les prestataires de services. Une directive européenne est en préparation sur ce point ; elle limitera sans doute l'indication de ces prix à l'euro, en dispensant le vendeur de les indiquer en monnaie nationale.

LE SYSTÈME DES CODES-BARRES avec lecture automatique aux caisses des supermarchés peut être complété sans difficultés. Le double étiquetage ne nécessitera pas de le changer fondamentalement.

LES CAISSES ENREGISTREUSES, en revanche, devront avoir des logiciels adaptés et « gonflés » pour pouvoir lire ces nouveaux codes-barres. Faut-il qu'elles puissent indiquer deux prix (en francs et en euros) pour chaque article ou seulement pour le total d'une opération ? Le groupe de travail du CNPF et des banques recommande la seconde solution, qui est plus simple, plus lisible (à défaut, il faudrait aussi élargir les rouleaux de papier !) et évite les problèmes d'arrondis.

D'un point de vue pratique, il sera certainement nécessaire :
• dans les magasins, d'afficher des tables de conversion et d'obtenir des systèmes de production à bas prix d'étiquettes doubles.
• dans les grandes surfaces, d'envisager des bornes interactives ainsi que des calculatrices simplifiées (elles sont très bon marché) sur les chariots ou les rayonnages. On commence d'ores et déjà à trouver des étiquettes à cristaux liquides permettant d'afficher plusieurs monnaies et reliées par une antenne placée sur la gondole à la base de données du grand magasin. Une autre idée consiste à instituer l'affichage électronique en alternance des prix des produits en francs et en euros.

---

1. Cependant, la taille des réglettes portant les prix sur les linéaires n'est pas indéfiniment extensible ; en outre, la pédagogie peut céder la place à la confusion si l'on affiche le prix d'un paquet de pâtes, par exemple, avec quatre valeurs : prix à l'unité et prix au kilo, dans les deux monnaies à chaque fois. Le Conseil national de la consommation est saisi de cette difficulté.

Les moyens de défense du consommateur

L'étiquetage en euros, lorsqu'il sera enfin généralisé, offrira un avantage important au consommateur : celui de pouvoir faire des comparaisons de prix faciles et instantanées à travers toute l'Europe.

Si les outils de jardin sont moins chers à Dublin, les livres à Bruxelles ou les meubles à Madrid, le client le saura désormais par lecture directe, sans avoir à faire des calculs. Reste à se rendre sur place, ou à passer commande par correspondance (les catalogues des entreprises de vente à distance, désormais uniques pour toute la zone euro, faciliteront beaucoup les comparaisons), ou par E-mail...

• *La monnaie unique parachèvera ainsi le « marché unique européen »,* qui ne peut se borner à la disparition des barrières douanières et à l'harmonisation des réglementations. Notons au passage que cette facilité des comparaisons de prix fera ressortir une différence entre les pays à TVA élevée comme la France et les pays à TVA plus faible, comme l'Allemagne — ce qui devrait pousser au rapprochement des fiscalités[1].

• *À terme, les différences de prix tendront à se niveler* du fait de l'accélération des échanges. Pour les vendeurs, la concurrence sera plus large et plus vive, mais les opportunités offertes à ceux dont les prix sont les plus attractifs seront aussi multipliées. Pour l'approvisionnement des grossistes et détaillants, le réseau des fournisseurs sera conduit à se modifier et à s'élargir — dans les limites toutefois des accords commerciaux et de l'inconvénient qu'il y a toujours à changer un système bien rodé. Cela aussi devrait être un facteur de baisse des coûts.

C'est bien pourquoi on peut penser que la « valse des étiquettes » redoutée par certains ne se produira pas. La tentation serait de profiter du désarroi des consommateurs, manquant de références mentales

---

1. Outre la fiscalité, les différences de comportement entre les consommateurs et entre les vendeurs et de pression de la demande en fonction de la situation locale de l'activité et de l'emploi feront que l'inflation ne sera pas identique d'une région à l'autre. L'INSEE continuera donc à calculer un indice des prix (en euros) pour la France ; mais les indices nationaux seront harmonisés pour tenir compte de la même gamme large de produits et de services.

devant de nouveaux prix en euros, pour faire glisser ceux-ci vers le haut. Par exemple, une tondeuse à gazon, valant 5 000 F, serait vendue 800 euros alors que la « traduction » exacte (division du prix en francs par 6,5) serait de 769 euros...

> Outre le fait que le double étiquetage permettra à ceux qui veulent faire le calcul de vérifier, la concurrence risque de mettre vite en mauvaise posture le commerçant qui se livrerait à cette manœuvre.

COMMENT CONVERTIR LES PRIX EN EUROS ?

Le cours de conversion du franc en euros (et réciproquement) sera fixé irrévocablement à compter du 1er janvier 1999.

On saura alors exactement combien de francs vaut un euro et combien un euro contient de francs. Surtout, on sera assuré que ces valeurs ne changeront plus. Le franc sera devenu une subdivision non décimale de l'euro, comme le prévoit l'article 8 du préambule du projet de règlement communautaire cité p. 101 : « Pendant la période de transition, les unités monétaires nationales sont définies comme des subdivisions de l'euro ; une équivalence juridique est ainsi établie entre l'unité euro et les unités monétaires nationales. »

La complexité des calculs de conversion

En attendant cette fixation définitive, nous supposerons pour simplifier qu'un euro vaudra 6,50 F et un franc 15,4 cents ou centimes d'euro.

Cette valeur est approximative, car le cours de l'euro ne pourra pas être un chiffre rond dans toutes les monnaies européennes à la fois, mais elle est sans doute proche du cours qui sera finalement retenu.

Multiplier, ou surtout diviser, de tête par 6,5 n'est pas une opération qui vient immédiatement à l'esprit, d'autant que l'opération tombe rarement « juste ». Elle donne bien 130 F pour 20 euros, mais 35 euros vaudront 227,5 F et 13 euros 84,5 F. Cent francs vaudront 15,38 euros et le billet vert de 500 F s'échangera contre 76,92 euros...

> Le passage de l'euro au franc peut être approché, dans la vie pratique, en retenant que, pour passer à l'euro, il faut prendre 15 % (3 vingtièmes) de la valeur d'un objet en francs (10 francs = 1,538 €).

Outre les porte-clefs et les autres gadgets permettant de « traduire » directement les francs en euros et les euros en francs, qui pourraient très bien servir de point d'appui à des campagnes commerciales privées, on devra diffuser largement dans les magasins comme dans les services publics des tables de conversion.

Les exigences et les tentations des arrondis

La conversion en monnaie européenne d'un prix de vente, d'un devis ou d'un tarif quelconque posera dans la plupart des cas un problème d'arrondi : si une somme ronde en francs donne, une fois convertie en euros, un chiffre de 12,98 ou de 37,03, il est clair que le prix devra être arrondi à l'unité immédiatement supérieure ou inférieure.

La méthode d'arrondissement

Techniquement, il a été décidé que les conversions se feraient avec 5 décimales.

La règle expressément posée par l'article 4 du règlement communautaire du 17 juin 1997 est que « la contre-valeur en euros dans chacune des monnaies nationales comportera six chiffres significatifs » — soit cinq chiffres après la virgule pour le franc (par exemple, 6,54321 F) ou pour le mark (un euro vaudra un peu moins de 2 marks), mais seulement quatre décimales pour les conversions en francs belges, puisqu'il y aura deux chiffres avant la virgule (un euro vaudra à peu près 39 francs belges). Selon le même texte, « les taux de conversion ne peuvent pas être arrondis ou tronqués lors des conversions ».

Le résultat final devra ensuite être arrondi, soit au centime le plus proche pour les devises qui ont des subdivisions, soit à l'unité voisine pour le franc belge par exemple, qui n'a pas de centimes.

Prenons des exemples pour illustrer ces opérations de conversion, en nous conformant au règlement communautaire ainsi qu'à la brochure de recommandations établie conjointement par la Mission interministérielle euro, la Banque de France, l'AFECEI et le Conseil national de la comptabilité.

CONVERSION EN EUROS D'UN PRIX EXPRIMÉ EN FRANCS. Pour un prix en francs de 33,40 par exemple, on obtient après division par 6,5 un montant de 5,13846 euros, qu'on arrondira au cent le plus proche, soit 5,14 euros. Si le prix de départ était de 33,37 F, on obtiendrait un montant de 5,13384 euros, qui serait alors arrondi à 5,13 euros.

Les sommes devront être « arrondies au cent supérieur ou inférieur le plus proche » (article 5 du texte européen). Si la troisième décimale est supérieure à 5, on arrondira donc au cent au-dessus. Si elle est inférieure à 5, on arrondira au cent au-dessous. Si elle est égale à 5, le règlement bruxellois prévoit que la somme est arrondie au chiffre supérieur.

Remarque : L'écart maximum dû à l'arrondi sur une seule opération est légèrement inférieur à un cent. C'est l'écart que l'on constaterait entre un prix après conversion de n,nn499 euros (qui sera arrondi à n,nn euro) et un prix après conversion de n,nn500 euros (qui sera arrondi à n,nn euro + 1 cent). Bien sûr, plus le prix de départ est faible, plus cet écart est élevé en valeur relative. Limité pour la plupart des prix de la vie courante, il atteindra 1 % pour un prix de départ de 1 euro, mais 10 % pour un prix de départ de 10 cents, 20 % pour 5 cents, etc. Le problème se pose donc essentiellement lors du cumul d'un grand nombre d'arrondis portant sur de toutes petites sommes, si le malheur veut que ces arrondis aillent tous dans le même sens au lieu de se compenser statistiquement.

CONVERSION EN FRANCS D'UNE SOMME EXPRIMÉE EN EUROS. Supposons que l'on veuille traduire en francs une prime d'assurance de 67,23 euros. Après multiplication par 6,5, on obtient un montant de 436,99500 francs. Conformément à la convention précitée, on arrondira la somme au centime immédiatement supérieur, soit 437,00 F. L'écart maximal dû à l'arrondi pour chaque opération est ici d'un centime français seulement. Il est donc 6,5 fois inférieur à l'écart rencontré pour la conversion de franc en euro.

Là encore, les véritables difficultés ne se posent que dans le cas d'une série importante d'opérations. En effet, convertir en une fois le montant global d'une facture, avec un seul arrondi, donne un résultat différent de ce que serait la conversion ligne par ligne de ses éléments. Exemple : un distributeur achète 1 500 articles à 7,48 euros pièce. Si l'on convertit ces montants ligne par ligne, on multiplie chaque fois 7,48 euros par 6,47551 (cours hypothétique non simplifié adopté par le rapport de la Mission euro), soit 1 500 par 48,4368 F, ce qui donne un total de 72 660 F. Si on convertit en une seule fois, en multipliant 1 500 par 7,48 euros, puis 11 220 euros par 6,47551, on obtient un total de 72 655,22 F. La différence entre les deux méthodes est de 4,78 F.

Dans le cas d'un document à lignes multiples, il convient donc de ne convertir que le résultat final au lieu de procéder ligne par ligne (avis du 19 juin 1997 du Conseil national de la consommation, qui aurait, en revanche, préféré que l'arrondissement se fasse au cent d'euro inférieur et non au cent supérieur).

CONVERSION EN UNE AUTRE MONNAIE DE LA ZONE EURO D'UNE SOMME EXPRIMÉE EN FRANCS[1] (par exemple, le florin, le mark ou l'escudo). Supposons qu'il s'agisse d'établir la facture en marks de la livraison d'un logiciel valant 2 387 F. Au lieu de passer directement par le cours bilatéral franc/mark comme aujourd'hui, on devra, après le 1er janvier 1999, passer obligatoirement par l'euro. L'arrondissement se fera à *trois* (et non cinq) décimales au moins et l'écart maximal d'arrondi dépendra de la devise étrangère concernée. Il sera d'un pfennig, soit environ 3 centimes, avec le mark, mais d'un peu plus de 4 centimes français avec la peseta et de près de 7 centimes avec le franc belge, car ces monnaies n'ont pas de subdivisions.

« Toute somme d'argent à convertir d'une unité monétaire nationale dans une autre doit d'abord être convertie dans un montant exprimé dans l'unité euro ; ce montant ne pouvant être arrondi à moins de trois décimales est ensuite converti dans l'autre unité monétaire nationale » (article 4-4 du règlement européen du 17 juin 1997).

CONVERSION EN FRANCS D'UNE SOMME EXPRIMÉE DANS UNE AUTRE DEVISE DE LA ZONE. Cette opération ne nécessite pas de commentaire particulier,

_____

1. Cette opération n'a de sens que jusqu'au 1er janvier 2002, c'est-à-dire pendant la période transitoire de trois ans ; au-delà, les facturations devront être faites directement en euros.

car elle donnera le même écart maximal d'un centime français que l'opération de conversion d'euros en francs.

Comment répondre aux inquiétudes des consommateurs ?

La finesse et la complexité de ces règles sont nécessaires pour les opérations en grande série mais bien entendu, pour les particuliers l'extrême précision n'est pas de mise. En général, on tend même à arrondir le prix à l'unité ou à la dizaine voisine, pour obtenir un chiffre simple. Les associations de consommateurs craignent donc, en dépit de ces règles très précises, que les arrondissements de prix ne se fassent toujours vers le haut, au détriment de l'acheteur.

Le cas le plus dangereux est celui du produit pour lequel le vendeur avait fait un effort commercial particulier, pour se situer juste au-dessous d'un seuil psychologique — par exemple, la voiture à 49 000 F ou la télévision à 3 990 F. Une fois convertis en euros, ces prix (respectivement 7 677 et 613,85 euros) n'ont plus de sens particulier et le commerçant pourrait être tenté de reconstituer ses marges en les fixant par exemple à 7 699 euros et 619 euros, au lieu de les arrondir vers le bas à 7 600 et 600 euros.... De même, une montre à 299 F (45,29 euros) pourrait être abaissée au nouveau seuil psychologique de 39,99 euros, ou à l'inverse renchérie à 49 euros.

Ce danger est d'autant plus réel que, pendant un temps, les acheteurs n'auront pas de références en tête — ce que les professionnels appellent des « images-prix » — en monnaie européenne, ce qui diminuera nécessairement leur vigilance[1].

> En dehors des exhortations et recommandations de sagesse qui seront faites aux professionnels, la véritable réponse à cette inquiétude sera apportée par l'intensification de la concurrence : dans un marché très ouvert et élargi, et dans un climat actuellement très peu inflationniste, celle-ci empêchera les vendeurs de jouer la hausse des prix.

---

1. Par exemple, le consommateur a une image-prix précise d'un bidon d'huile pour auto (environ 15 F) ou d'un kilo de rumsteak (environ 90 F) au supermarché. Traduits exactement en euros, soit 2,31 euros pour l'huile et 13,85 euros pour la viande, ces prix n'évoquent plus rien.

Les consommateurs bénéficieront également d'un avantage très appréciable : celui de pouvoir faire désormais des comparaisons de prix instantanées, d'un bout à l'autre du marché européen. Les Centres Leclerc ont calculé, pour les 200 produits les plus vendus chez eux, que les prix, convertis en euros puis redéfinis, varieraient de – 3 % à + 2 % selon les cas, mais avec un écart moyen final de... 0,03 % seulement ! L'arrondi peut donc être favorable au consommateur, s'il sait rester vigilant.

Comment résoudre le problème technique des écarts dus aux arrondis multiples ?

Les commerçants auront, comme tous les entrepreneurs, à se préoccuper d'un autre aspect des problèmes d'arrondis. Il s'agit des différences engendrées, notamment dans leurs opérations avec leurs fournisseurs, par les aller et retour multiples entre franc et euro, avec conversions et arrondis successifs.

Les opérations d'aller et retour franc/euro/franc

– *Dans le cas d'une somme exprimée à l'origine en francs, convertie en euros puis reconvertie en francs*, le montant peut, à l'arrivée, différer de 1 à 3 centimes en plus ou en moins, du fait de l'arrondissement en cent d'euro.

Supposons que l'on convertisse 1 348,25 F. Après division par 6,5, on obtient 207,423 euros, somme qu'il faudra arrondir au cent inférieur, soit 207,42 euros. Si ce montant doit ensuite être « retraduit » en francs, on obtient (après multiplication par 6,5) 1 348,23 F. Deux centimes ont donc été « perdus » au passage. Notons tout de même que cette regrettable disparition ne porte que sur un peu plus d'un cent millième de la somme d'origine, mais elle peut devenir significative si l'opération est répétée un grand nombre de fois.

– *Dans le cas d'une somme en euros convertie en francs puis reconvertie en euros*, il n'y aura aucun écart d'arrondi, le centime français étant une subdivision plus « fine » que le cent européen. Le montant d'origine en euros et cents sera exactement retrouvé.

En résumé, les aller-retour ne permettront pas de retrouver au centime près la somme exacte de départ, lorsqu'ils partent du franc en passant par l'euro. L'écart peut être de plus ou moins 3 centimes, soit 6 centimes au total, c'est-à-dire le montant minimal d'une somme en euro : un « cent » européen[1].

Ce cas particulier concerne surtout les banques, qui auront à opérer ces conversions en très grandes séries à travers leur « convertisseur » informatique interne, et peut-être le commerce de gros. Il faudra notamment s'assurer que le fait pour l'acquéreur de régler des sommes arrondies le libère bien de ses obligations. Le plan national de passage à l'euro, diffusé par le gouvernement fin novembre 1997, prévoit qu'une disposition figurera dans un projet de loi déposé au printemps 1998 pour que tout débiteur soit « libéré de sa dette à trois centimes près si un écart apparaît après une utilisation stricte des règles d'arrondissage du règlement communautaire ».

Les incidences sur la révision du conditionnement des produits

Le conditionnement des produits ou « packaging », établi pour donner des sommes rondes en francs, devra souvent être complètement revu pour donner des sommes rondes en euro.

Si le nombre de pots de confiture proposé en bloc pour le prix alléchant de 39,90 F est converti en monnaie unique, il sera de 6,14 euros, somme qui ne correspond à aucun seuil psychologique pour l'acheteur. Il faudra donc refaire l'emballage pour enlever un pot et proposer le tout à 4,99 euros, ou pour en ajouter trois ou quatre et vendre le paquet 9,90 euros...

D'autres exemples peuvent être donnés dans le secteur des services.

---

1. Cet écart d'un cent (6,5 centimes français) au minimum constitue en quelque sorte le « grain » de la matière monétaire européenne ; c'est pourquoi les experts parlent de la « granulosité » de l'euro. Ce phénomène a pour conséquence d'altérer le montant d'origine de + ou – 3 centimes quand la chaîne de traitement passe à un moment donné par l'euro, ce qui peut compliquer le pointage automatique des sommes, à moins de conserver en mémoire les montants d'origine en francs. Les banques ont étudié des systèmes de messages de ce genre, qui permettront de disposer du nombre de centimes à ajouter au montant stocké en euros pour retrouver un chiffre exact en francs. Voir « L'euro et les banques ».

Le forfait de vingt leçons pour 3 000 F proposé par une auto-école à un jeune voulant préparer son permis de conduire prendra une allure bizarre, une fois traduit en 461,5 euros ! Pour la Française des Jeux, le Millionnaire (10 francs) ne pourra être vendu 1,53 euro et sera facilement arrondi à un euro et demi ; mais *quid* du Banco à 5 francs, qui vaudrait 0,77 euro ? Sera-t-il porté au chiffre rond d'un euro ?

> Toute l'approche marketing d'un certain nombre de produits sera donc à revoir — avec, là aussi, la tentation d'arrondir vers le haut le prix réel par unité vendue, la concurrence jouant toutefois le rôle d'arbitre.

COMMENT PRÉPARER LES CLIENTS À L'EURO ?

Qu'il s'agisse du commerce de proximité, du secteur de la grande distribution ou de la vente par correspondance, tous les commerçants devront former les consommateurs, car c'est de leur réaction que dépendra le succès de la monnaie unique. Un passage mal préparé pourrait conduire à un rejet en bloc de l'approche européenne ou, de façon moins spectaculaire mais aussi préoccupante, faire apparaître deux catégories de Français : les « euroconsommateurs », bien intégrés, et les exclus de l'euro : classes défavorisées, personnes âgées, etc. C'est dire l'importance de la démarche pédagogique.

Les difficultés à résoudre

Combler les lacunes de l'information

Cet effort d'information et de persuasion sera d'autant plus nécessaire que les connaissances de départ sont faibles.

Selon une enquête de septembre 1997 du Centre de recherche sur l'épargne, 81 % des 800 sondés se disent mal informés (dont 34 % très mal) sur la monnaie européenne, et la moitié seulement connaissent la valeur approximative de l'euro (un quart en ignore tout, un autre quart l'évalue à plus de 7 F ou moins de 6 F). Préoccupés par la difficulté à estimer le nouveau prix de choses, les clients souhaitent avant tout le double affichage des prix dans tous les magasins.

L'expérience concrète d'utilisation à grande échelle de l'euro conduite en 1996 par les Centres Leclerc annonçait déjà ce sentiment d'inquiétude : 51 % des clients interrogés à l'issue de l'expérience avouaient leur perplexité et 36 % leur inquiétude face aux nouveaux prix, les personnes âgées étant nettement plus hostiles et les jeunes plus enthousiastes que la moyenne ; 24 % ont eu l'impression (fausse) que les nouveaux prix en euros devenaient « moins chers » qu'exprimés en francs, alors qu'un peu moins de la moitié avaient l'impression (juste) de prix réels inchangés. Au total, l'opinion dominante demeurait (à 79 %) la prudence.

Ces éléments confortent les remarques qui précèdent sur la nécessité de veiller particulièrement à l'information de certains consommateurs plus sensibles du fait de l'âge ou de la catégorie socioprofessionnelle : dans l'enquête IPSOS sur les Centres Leclerc, on remarque que les agriculteurs et les ouvriers sont encore plus demandeurs de nouvelles informations, et plus inquiets, que le reste de la population.

Aider les consommateurs

L'action auprès des consommateurs prendra des formes différentes selon les étapes du processus de passage à l'euro.

PENDANT LA PHASE DE TRANSITION 1999-2001, les commerçants devront expliquer à ceux de leurs clients qui sont intéressés par l'euro quelles opérations ils peuvent réaliser avec eux en monnaie européenne et comment s'opère la conversion.

AU PREMIER SEMESTRE 2002, avec l'introduction des nouvelles espèces, les détaillants devront savoir rendre la monnaie sur un gros billet avec des billets et des pièces en euros soit en ayant des tiroirs séparés pour les deux types de monnaie, soit en rendant la monnaie en francs sur un achat en euros, ou en euros sur un achat en francs. L'opération est tout à fait possible, puisque les deux monnaies seront interchangeables, mais elle nécessitera une certaine agilité mentale[1].

Après le 30 juin 2002, les commerçants auront encore la tâche délicate d'expliquer au vieux monsieur qui veut absolument acheter son journal avec un billet de 50 F que celui-ci n'a plus cours, mais peut toujours être échangé contre des euros à la succursale de la Banque de France... De plus, ils devront rassurer l'acheteur inquiet sur le fait qu'il n'y a pas eu « valse des étiquettes » au passage, que les arrondis ne se font pas à son détriment, etc.

> En somme, il leur faudra présenter de façon accessible tous les problèmes techniques que nous venons de passer en revue. La Fédération du commerce et de la distribution propose à cet égard que des bornes à scanner donnent une lecture immédiate des prix en deux monnaies pendant encore un an et que le montant total des achats continue pendant la même période à figurer sur les tickets de caisse.

Former le personnel

La formation du personnel du secteur de la distribution doit être menée à tous les niveaux, sans se limiter aux cadres. Que l'on pense, par exemple, aux caissières des supermarchés, souvent débutantes ou intérimaires, qui vont se retrouver en première ligne, puisqu'un tiers environ des revenus des consommateurs passent par le grand commerce. Il faudra qu'elles sachent à la fois manipuler les nouvelles espèces et les nouvelles caisses enregistreuses, mais aussi expliquer patiemment aux clients le pourquoi et le comment de la nouvelle façon de procéder.

Or l'expérience conduite en 1996 par les Centres Leclerc montre qu'une assez forte proportion d'entre elles ont du mal à maîtriser le nouveau système, malgré une préparation approfondie. Plusieurs périodes de formation successives seront donc nécessaires, ce qui doit conduire à anticiper leur lancement par rapport au calendrier de démarrage effectif des opérations.

---

1. Les professionnels y sont favorables (selon la Fédération du commerce et de la distribution), car cela éviterait éventuellement de tenir deux caisses distinctes : les tickets de caisse devant être établis en deux monnaies simultanément, le client pourrait facilement vérifier que la somme qui lui est rendue, par exemple en euros sur un achat réglé en francs, correspond bien à la différence.

Les expériences d'introduction de la monnaie européenne

De nombreuses initiatives ont déjà été prises pour mettre les Français en contact avec la monnaie européenne. Certaines ont un caractère très localisé, voire un peu folklorique, et intéressent surtout les collectionneurs et les amateurs de curiosités. D'autres sont plus suivies et intéressent l'ensemble des commerçants d'une ville ou d'une petite région pendant une période donnée. Sans prétendre à l'exhaustivité, voici certaines des initiatives les plus notables menées au cours des dix-huit derniers mois.

LES CAMPAGNES D'UTILISATION DE PIÈCES FRAPPÉES EN « EUROS » LOCAUX, généralement dans le cadre d'une quinzaine commerciale. Ont été concernées de grandes villes comme Amiens, Avignon, Bourges, Chambéry, Cherbourg, Le Havre, Montpellier, Nancy, des villes moyennes comme Bourg-en-Bresse, Cambrai, Hyères, Issy-les-Moulineaux, Narbonne, Montélimar, Orange, et de plus petites localités comme Barcelonnette, Cogolin, Mortagne-au-Perche, Pont-à-Mousson, Saint-Dié, Sarlat, Vaison-la-Romaine, ou Vendôme. L'administration des Monnaies et Médailles a en général apporté son concours à ces opérations, frappant pour l'occasion des pièces de 1, 2 ou 3 euros et des pièces de 20 euros (130 F) en argent ou de 450 euros (3 000 F) en or pour les collectionneurs — bien que l'écu reste la monnaie européenne officiellement en vigueur jusqu'au 1er janvier 1999. Ces opérations se sont généralement appuyées sur le concours des banques ou des Caisses d'épargne locales.

L'EXPÉRIENCE AUDACIEUSE DE LA VILLE DE SARLAT qui, après la première tentative limitée dont nous venons de parler, a décidé d'afficher les prix simultanément en francs et en euros dans ses commerces dès octobre 1997 et en continu jusqu'à 2002. Les commerçants participants recevront 150 000 étiquettes ; la Commission européenne soutient financièrement l'initiative.

LES CAMPAGNES À L'ÉCHELLE DE TOUT UN DÉPARTEMENT. La première a eu lieu en Seine-Maritime, en juillet 1996 : 100 000 pièces de 5 valeurs différentes ont circulé pendant quinze jours, mais 7 % seulement des commerçants ont accepté de les recevoir en paiement. La seconde a concerné le département de la Mayenne du 7 au 22 mars 1997 ; elle a porté sur la diffusion de 280 000 pièces de 1 et 2 euros, à travers les guichets des banques, pour permettre aux habitants du département de régler leurs emplettes quotidiennes.

LA CAMPAGNE NATIONALE DE TEST ET DE PROMOTION de l'euro dans les Centres Leclerc en octobre 1996. Les prix de 200 produits courants ont été affichés en euros et un million et demi de pièces ont été frappées pour l'occasion par les Monnaies et Médailles. La particularité de cet essai a été que, pour offrir aux acheteurs une monnaie valant à peu près 10 francs[1], ces pièces portaient le montant d'1,5 euro, qui ne correspond à aucune des valeurs prévues à l'échelle européenne. Cette opération, conduite en partenariat avec la Commission de Bruxelles, avait été préparée par une campagne de sensibilisation d'envergure (15 000 panneaux d'affichage, 650 spots radio, huit millions de brochures distribuées) et par la mobilisation de dix mille salariés. Elle a permis de tirer les conclusions sur les réactions des consommateurs[2] et sur les besoins de formation du personnel que nous avons analysées plus haut et de tester en vraie grandeur les questions posées par l'utilisation de la monnaie européenne.

Ces campagnes et d'autres ont montré l'enthousiasme des jeunes et même des enfants, ce qui est un atout pour l'euro. De même, les expériences, encore trop peu nombreuses, conduites pour des élèves de l'enseignement secondaire ou même primaire (par exemple à Angoulême, à Chaumont, dans l'Orne, etc.) ont été des succès. D'autres pays sont néanmoins plus avancés que nous. Dès la fin des années 1980, des expériences de promotion commerciale de l'écu ont été lancées dans les pays du Benelux — par exemple, l'affichage des

---

1. Pour un euro valant 6,50 F, la pièce d'1,5 euro vaudrait exactement 9,75 F ; la perte due à l'arrondissement à 10 F de la valeur de la pièce européenne serait donc de 2,5 %. Cette différence s'annule, en revanche, si la valeur d'un euro est fixée à 6,66 F.

2. Au-delà des inquiétudes commentées plus haut, les clients interrogés ont été intéressés par la méthode : 87 % des quelque 2 000 personnes interrogées à la sortie des caisses par l'institut IPSOS ont jugé l'expérience « instructive », voire amusante, et 78 % ont souhaité qu'elle se renouvelle ; 53 % ont estimé avoir « appris des choses » et 96 % ont estimé ne pas avoir été gênés dans leurs courses.

prix en écus dans tous les magasins, hôtels et restaurants de Luxembourg pendant le « mois de l'écu », en novembre 1989. Les Allemands eux-mêmes se préparent, malgré la réticence de leur opinion publique : il a été possible de faire ses courses en euros à Berlin en mai 1997, dans le cadre d'une campagne (soutenue par le gouvernement) pour populariser la monnaie européenne.

QUEL SERA LE COÛT DU PASSAGE À L'EURO ET QUI LE SUPPORTERA ?

De la grande distribution aux détaillants, les commerçants s'interrogent, à juste titre, sur le coût du passage à la monnaie unique. Pourront-ils préserver les marges qui leur sont nécessaires, alors même qu'ils ne pourront guère répercuter les coûts supplémentaires sur leurs clients, puisqu'il ne doit pas y avoir de dérapage inflationniste ?

Quelles sont les charges à prendre en compte ?

LE DOUBLE ÉTIQUETAGE, indispensable pour informer le consommateur pendant les six mois de circulation parallèle des espèces en francs et en euros en 2002, et si possible bien avant, sera une opération lourde à gérer. Notamment dans les grandes surfaces, elle mobilisera des équipes spécialisées et représentera un surcroît de travail important.

LA FORMATION DE TOUT LE PERSONNEL, surtout celui qui est au contact du public, est tout aussi indispensable. Les budgets de formation connaîtront donc un gonflement temporaire.

DES INVESTISSEMENTS INFORMATIQUES très significatifs seront à réaliser pour mettre en place les nouveaux logiciels de conversion et permettre d'éditer simultanément — sur écran comme sur papier — les informations en francs et en euros. Les caisses enregistreuses des supermarchés devront être adaptées à la lecture des nouveaux codes-barres et les lecteurs de cartes de crédit aux nouvelles cartes en euros. Jusqu'aux tiroirs-caisses qui devront être temporairement modifiés, car il n'existe pas actuellement (sauf dans les zones frontalières) de modèles capables de stocker simultanément deux sortes de monnaie !

Ces modifications appelleront parfois des décisions stratégiques de la part des commerçants. Par exemple, s'il est clair que les logiciels devront figer les taux et procédures de conversion F/euro pour toute la période de transition, à quel moment faut-il introduire la possibilité pour le client de régler en euros ? Dès 1999, comme l'envisage la Fédération du commerce et de la distribution ? Pas avant 2002 ? À une date intermédiaire ? Cela supposera d'adapter les logiciels, avec parfois des versions successives, et le matériel, selon un planning d'investissement précis.

Quel sera le coût global ?

Certaines évaluations, quelque peu catastrophistes, peuvent inquiéter les professionnels. Ainsi, une étude d'Eurocommerce — l'organisation européenne des commerçants de gros et de détail — chiffrait en novembre 1997 le coût du passage à l'euro pour l'ensemble de la distribution européenne à 2,6 % du chiffre d'affaires du secteur. « Pour de nombreux détaillants, un chiffre de l'ordre d'une à deux années de bénéfice va disparaître », ajoutait l'auteur de l'étude !

> Cette évaluation est partiellement contredite par celle des Britanniques, pourtant peu suspects d'excès d'optimisme européen. Leur association des détaillants (British Detail Consortium), forte de l'expérience du passage de la livre au système décimal en 1971, estime ce coût à environ 35 milliards de francs[1], soit 1,6 % du chiffre d'affaires du secteur sur une année (2,6 % pour les petits détaillants, 1,1 % pour les grands distributeurs).

1. Sur ce chiffre, 15 milliards seraient dus à la formation de 2,3 millions d'employés et à l'embauche de personnel supplémentaire, 15 milliards encore à la période de recouvrement de six mois entre les deux monnaies et un peu moins de 6 milliards au double étiquetage.

La Fédération française des entreprises du commerce et de la distribution rejoint cette estimation en retenant « 1 à 2 % du chiffre d'affaires selon les options choisies ». Ces chiffres restent en tout état de cause élevés. Une mission de réflexion, conduite par P. Mentré, a été lancée par les pouvoirs publics dans le cadre du Conseil national du commerce, pour aider à y voir clair et à éviter les surcoûts, en liaison avec les fédérations professionnelles et les « comités euro » constitués en leur sein par les grands groupes.

On pressent que les évaluations données par les professionnels seront réduites : elles ne tiennent compte ni des investissements de renouvellement qui auraient de toute façon été nécessaires, ni des progrès qui peuvent encore être faits dans la réflexion et l'organisation. Raison de plus pour s'y atteler sans retard !

Au demeurant, il semble que d'éventuelles modifications au calendrier actuel de la monnaie unique seraient susceptibles de réduire le montant de la facture finale. Ainsi, selon l'Association des détaillants britanniques, la mise en circulation des nouvelles espèces à une autre date que le 1er janvier 2002, conjuguée à un raccourcissement à quelques semaines de la circulation parallèle de l'euro et des monnaies nationales, diminuerait le coût total de l'opération *de moitié*, le ramenant au-dessous de 20 milliards de francs. Ce point de vue a été repris en novembre 1997 dans la prise de position d'Eurocommerce, qui ajoute à ces deux demandes celle de rendre facultatif le double affichage de prix pendant la période de circulation parallèle des monnaies. De leur côté, les professionnels de la distribution allemande estiment que le coût du passage à l'euro serait réduit des deux tiers (0,8 % du chiffre d'affaires au lieu de 2,4 %) si la période de coexistence des deux types de monnaie était supprimée.

Qui supportera ce coût en définitive ?

Bien que le groupement européen que nous venons de citer et le Conseil national de la consommation (dans son avis du 4 décembre 1997) réclament des baisses d'impôt comme mesure d'accompagnement, on voit mal l'État, fort sollicité par ailleurs, prendre directement une part du fardeau. En revanche, il y participera en partie au travers de la déductibilité des charges courantes et de la possibilité de provisionner à l'avance certaines dépenses exceptionnelles liées au passage à l'euro (ce dispositif fiscal sera exposé dans « L'euro et les PME »).

L'Union européenne pourrait éventuellement intervenir sur son budget pour faciliter certains aspects du passage à la monnaie unique. Il est encore difficile à ce stade de donner de plus grandes précisions sur ses interventions.

> L'essentiel du coût de la mise à jour devra cependant en définitive être partagé entre les consommateurs (à travers un relèvement des prix) et les professionnels (à travers une compression de leurs marges).

Le niveau exact auquel s'effectuera ce partage entre les consommateurs et les professionnels dépendra évidemment de la situation locale de la concurrence. On peut cependant remarquer que, la préparation s'étalant sur une certaine durée, le passage dans les prix d'un supplément temporaire limité à 0,5 % pendant trois ans suffirait à couvrir la totalité du surcoût estimé ci-dessus.

Ce montant devrait encore être réduit, sans baisse excessive des marges des détaillants, grâce aux progrès de productivité que ceux-ci pourront réaliser à l'occasion du changement. C'est la réponse apportée par exemple par le ministre allemand des Finances Theo Waigel aux propos d'Eurocommerce qui — tout en reconnaissant que l'euro procurera des économies à long terme aux détaillants — déclarait que « si nous n'arrivons pas à réduire les coûts superflus, quelqu'un devra bien payer la note ».

L'euro et les PME

L es entreprises seront directement concernées par le passage à la monnaie unique dans l'ensemble de leurs activités. Qu'il s'agisse de calculer le coût de leurs approvisionnements et des salaires qui entrent dans leur prix de revient, ou de déterminer un prix de vente et un mode de facturation, elles devront se poser la question de savoir dans quelle monnaie opérer. Elles devront aussi décider si elles établissent — et le cas échéant publient — leurs comptes et affectent leurs résultats en euros.

Certes, la décision de principe prise par les pouvoirs publics est de n'imposer la monnaie unique ni aux entreprises ni aux particuliers avant 2002. Pendant la période transitoire, c'est la règle du « ni-ni » (ni obligation ni interdiction d'utiliser l'euro) qui prévaudra. Mais comme les entreprises ont la faculté d'anticiper ce passage, et que certains de leurs clients ou fournisseurs le feront sans doute aussi, elles seront de fait confrontées à ce problème dès le lancement de l'euro en 1999. Au surplus, même si elles décident d'attendre, elles devront se préparer soigneusement, pour éviter de mauvaises surprises au moment du changement.

Ces problèmes se posent dans des termes différents pour les grandes entreprises, qui disposent de services financiers et juridiques étoffés, opèrent largement à l'international et ont déjà commencé leur préparation, et pour les quelque 1,6 million de PME françaises (hors secteurs du commerce et de l'agriculture). Nos petites et moyennes entreprises, dont les neuf dixièmes emploient au plus dix personnes, comptent certes parmi elles nombre de sociétés de pointe qui n'ignorent rien des marchés internationaux ; mais d'autres sont moins avancées ou plus fragiles. En tout cas, les unes comme les autres n'ont pas les moyens d'entretenir à leur siège des services techniques très diversifiés et se reposent lourdement sur le savoir et les appréciations du seul chef d'entreprise, qui devra notamment décider s'il prend ou non la décision fatidique d'anticiper le passage à l'euro.

À QUEL MOMENT PASSER À L'EURO ?

À compter du 1er janvier 1999, l'euro, le franc et les autres monnaies participantes seront étroitement unis par des taux de conversion fixes, immédiats et normalement sans frais. Un grand avantage sera donc acquis de toute façon aux entreprises françaises : la disparition (entre les seules monnaies de la zone) des fluctuations de parités terriblement perturbatrices qu'elles ont connues jusqu'à présent. En outre, elles seront désormais, avec les pays de la zone euro, dégagées du souci et du coût d'avoir à couvrir le risque de change.

Il reste que le traitement direct des opérations en euros sera un choix possible, tandis que d'autres PME continueront à trouver plus commode de tout comptabiliser en francs jusqu'au grand saut de 2002 — date où la faculté d'utiliser l'euro deviendra une obligation. Le rapport conjoint publié par le CNPF et l'AFB en 1997 souligne la grande hétérogénéité des situations et la nécessité de « poser comme principe la liberté de choix de la monnaie de tenue de la comptabilité ».

À la question de savoir s'il doit anticiper ou non le passage à l'euro pendant la période de transition 1999-2001, le patron de PME donnera en effet une réponse qui dépend :

• *du secteur où il opère et de son type de clientèle* : une agence de voyages, une station-service, une entreprise frontalière, le sous-traitant d'un grand groupe, seront davantage confrontés à la demande de traiter en euros qu'une usine de mécanique du Poitou ;

• *de la part du commerce international dans son chiffre d'affaires* : un établissement qui achète et/ou vend beaucoup à l'étranger, surtout en Europe, aura plus de commodité à tout traiter en euros, au lieu de devoir à chaque fois convertir les devises nationales (même si le résultat final est identique, puisque les cours de conversion seront définitivement fixés à partir du 1er janvier 1999) ;

• *de facteurs internes à l'entreprise* : sa taille ; son caractère de société cotée (comme le sont un nombre croissant d'entreprises moyennes) ou non ; l'importance plus ou moins grande de ses relations avec les marchés financiers ; la nature de son système comptable et informatique[1] ; le niveau de préparation de ses cadres.

Au-delà de ces remarques de bon sens, quels arguments peut-on faire valoir pour ou contre l'anticipation ?

Les arguments favorables à un passage anticipé à l'euro

UNE COMPTABILITÉ PRINCIPALE EN EUROS SERA UN ÉLÉMENT DE SIMPLIFICATION pour ceux qui opteront pour cette voie. La PME émettrice d'une facture pourra toujours, à partir du 1er janvier 1999, choisir de la libeller en euros, sauf opposition formelle de son client ; de même, elle pourra s'acquitter en monnaie européenne de la facture d'un de ses fournisseurs. Si le fournisseur n'accepte pas d'être réglé en euros, la banque fera automatiquement la conversion pour créditer son compte dans sa monnaie nationale.

Avoir tous ses centres de coûts et tous les éléments de calcul de son prix de revient dans la même monnaie facilitera beaucoup la vie de l'entreprise et son dynamisme concurrentiel. En outre, ses services financiers seront de toute façon obligés d'utiliser l'euro pour leurs opérations de long terme : suivi de leur cours en Bourse (pour celles qui sont cotées) ou placement de leur trésorerie, puisque les marchés financiers auront basculé à l'euro dès le 4 janvier 1999... L'unité de monnaie de compte sera donc un élément de simplification et de meilleure lisibilité.

RÉPONDRE À LA DEMANDE DES CLIENTS souhaitant traiter directement en euros avant 2002 peut être important commercialement. En principe, cette demande devrait surtout venir des services achats des entreprises qui auront elles-mêmes fait le choix de la monnaie unique et seront

---

1. Les (nombreuses) entreprises qui disposent de systèmes informatiques communs pour la comptabilité générale et la production d'états de gestion auront intérêt à prendre une décision en bloc, alors que les autres peuvent envisager un phasage ; celles qui ont déjà un système de gestion multidevises seront mieux préparées que d'autres.

désireuses de faciliter le travail de leurs comptables. On ne peut toutefois exclure une demande croissante de certains particuliers, qui, comme nous l'avons déjà dit, voudront être « à la page » en anticipant sur l'introduction prochaine des espèces en euros ou seront tout simplement curieux de voir comment fonctionne la nouvelle monnaie. L'engouement pour l'euro devrait logiquement croître à mesure que les échéances se rapprocheront ; il sera donc parfois difficile de maintenir l'exclusivité du franc pendant toute la transition.

LE RECOURS À L'EURO FACILITERA LA DÉMARCHE COMMERCIALE À L'ÉTRANGER de l'entreprise. Les PME, même de petite dimension, savent de plus en plus aujourd'hui que, dans des marchés très ouverts, elles ne peuvent réussir en s'isolant. Pouvoir envoyer directement au client prospectif allemand, belge ou irlandais son catalogue de prix en monnaie européenne — unique pour un vaste marché de près de 300 millions d'habitants sans barrières douanières — ou présenter, sans effort interne de « traduction », le devis d'une prestation en euros, sera un atout indéniable. Notamment, cela permettra à la PME tôt convertie à l'euro d'être performante en termes de délais, facteur essentiel dans la concurrence. Cette « prime à la rapidité » a déjà été observée lors de l'instauration du marché douanier unique. De même, la PME habituée à l'euro pourra plus facilement soumissionner aux appels d'offres publics ou privés, dans tous les pays de la zone.

LE PASSAGE PROGRESSIF À L'EURO PEUT PERMETTRE D'ÉTALER LA CHARGE et d'éviter les goulots d'étranglement qui pourront se produire dans le cas d'un changement radical concentré sur le 1ᵉʳ janvier 2002. Il peut éviter une pénurie de personnel aux postes clefs au moment du passage, ainsi que la difficulté d'accéder aux prestations des sociétés de services, informatiques notamment, qui risquent d'être débordées autour de la fin de 2001...

Les arguments opposés à un passage anticipé à l'euro

Les inconvénients d'un basculement précoce doivent aussi être identifiés.

L'ATTITUDE DES ADMINISTRATIONS était le principal obstacle. Jusqu'au 1er janvier 2002, le franc restera la monnaie usuelle pour les opérations avec elles. En conséquence, si l'État admettait que les sommes dues puissent être réglées en euros (la banque jouant, là encore, le rôle de convertisseur), il exigeait des déclarations d'impôt en francs. Un assouplissement important a été apporté à cette position par le plan de passage à l'euro de novembre 1997 : l'entreprise passée au « tout en euros » pour sa comptabilité générale pourra rédiger ses déclarations fiscales en monnaie européenne dès 1999. Il n'en sera pas de même, en revanche, pour les déclarations sociales ; la PME n'évitera donc pas la tenue d'une série particulière d'états comptables (établie par simple conversion des états de synthèse en euros), pour ces dernières.

LA NON-PRÉPARATION DU PUBLIC sera un autre handicap pour l'entreprise souhaitant anticiper son passage à la monnaie unique. Pour les raisons opposées de celles qui viennent d'être dites, il sera difficile d'imposer l'euro aux clients réticents à l'innovation, comme certaines personnes âgées par exemple. Plus largement, il sera sans doute délicat, sauf dans les entreprises les plus engagées à l'international, de basculer le calcul et le paiement des salaires en euros avant l'heure : bien qu'il s'agisse exactement des mêmes sommes, certains pourraient craindre de ne pas « s'y retrouver » ; beaucoup dépendra de la pédagogie interne et de l'attitude des organisations syndicales.

LA TENUE D'UNE DOUBLE COMPTABILITÉ, EN FRANCS ET EN EUROS, pourrait décourager bien des patrons de PME. Or elle sera nécessaire au moins pour les opérations commerciales : en effet, l'utilisation de la monnaie européenne n'étant qu'une faculté pendant toute la période transitoire, elle ne peut être que proposée, mais non imposée au partenaire.
Certes, nombre de programmes de comptabilité et de gestion utilisés par les PME exportatrices sont déjà multidevises : il suffit alors d'ajouter l'euro à la liste[1]. Mais ces programmes ne couvrent généralement que certaines chaînes de traitement et non l'ensemble de la comptabilité.

---

1. Pour ne pas avoir à modifier les chaînes de traitement en vue de la seule période transitoire, les comptes de passage avec les devises nationales (qui disparaîtront ensuite) des partenaires commerciaux devront être conservés ; ils permettront de continuer à opérer les rapprochements automatisés entre règlements et factures pendant cette période.

Lorsque le traitement de toute la comptabilité en deux monnaies risque de poser des problèmes sérieux d'insuffisante capacité des systèmes informatiques, le choix concernant la comptabilité générale devra être net : ou tout en francs, ou tout en euros, quitte à conserver les deux monnaies dans certaines comptabilités auxiliaires. Beaucoup de PME, par ailleurs, n'ont que des systèmes comptables monodevise et ne peuvent actuellement traiter que des francs dans leur comptabilité générale comme dans leurs chaînes d'achats et de facturation ; pour elles, le choix se posera sans doute en termes de « tout ou rien ».

Préparation et modalités du choix final

Le choix d'un passage anticipé ou non à l'euro, progressif ou en un seul bloc, devra donc être mûrement pesé par le chef d'entreprise. La réflexion doit commencer d'autant plus tôt que les décisions devront être prises bien avant l'événement, car une préparation sérieuse (qui fait hélas souvent défaut, comme nous le verrons) est de toute façon nécessaire. À défaut, l'entreprise subira des à-coups dans sa gestion et le coût du basculement sera plus élevé. Mieux vaut faire de l'euro un avantage compétitif qu'être pris de court par le calendrier. Cela implique :
- l'adoption d'un plan stratégique avec un calendrier et des modalités précises, adaptées à la taille de la PME et à son secteur d'activité ;
- la mobilisation des cadres de l'entreprise, pour qu'ils considèrent cette affaire comme une priorité et sachent que ne rien décider par rapport au passage à la monnaie unique conduira leur entreprise dans une impasse ;
- la constitution d'une équipe de pilotage, transversale par rapport aux différents « métiers » de l'entreprise, avec une implication aussi directe que possible du chef d'entreprise, qui devra donner une ferme impulsion.

> Dans la pratique, les PME d'une certaine taille auront tout intérêt, comme les grandes entreprises, à nommer un correspondant interne spécialisé — un « Monsieur Euro » ou une « Madame Euro » — pour coordonner les travaux de passage à la monnaie unique.

COMMENT ADAPTER LA GESTION DE LA PME À L'EURO ?

On peut utilement lire, sur tout ceci, le rapport « Simon-Creyssel[1] » préparé par un groupe de travail conjoint du patronat et des banques et publié en mars 1997. Ce rapport, complété en octobre 1997 sur quatre points particuliers, présente trente propositions concrètes pour faciliter le passage à l'euro, et nous y ferons fréquemment référence

Le passage à l'euro entraînera des changements profonds dans nombre d'activités de l'entreprise — ce qui lui offrira en même temps une occasion idéale de moderniser sa gestion. Les changements concerneront en priorité la comptabilité et l'informatique, mais aussi les services juridiques, financiers et même commerciaux.

Le traitement comptable et informatique

La comptabilité générale de l'entreprise et l'émission de documents comme les factures, les règlements, les mouvements de stocks, les lignes de crédit, les sommes en instance, etc., devront passer à l'euro au plus tard en 2002. Cependant l'entreprise peut, comme nous venons de le voir, décider d'opérer ce basculement à une date antérieure à choisir entre début 1999 et fin 2001.

Dans tous les cas, il est recommandé d'opérer le basculement à l'euro de la comptabilité générale au premier jour d'un exercice comptable. Dans le cas particulier des sociétés en création dont le premier exercice commencerait en 2001, le Conseil supérieur de l'ordre des experts-comptables suggère, avec bon sens, que l'on passe directement au « tout en euros ».

---

1. Pierre Simon est directeur général de l'Association française des établissements de crédit et des entreprises d'investissement (AFECEI). Jacques Creyssel est directeur général du Centre national du patronat français (CNPF).

Les étapes

Pour passer à l'euro ou pour s'y préparer, les PME devront modifier leur informatique et introduire de nouveaux progiciels de gestion.

Le rapport CNPF/Banques suggère à cet égard de minimiser autant que possible les investissements « jetables », dont l'utilité ne concernerait que la phase transitoire 1999-2002. En réalité, lorsque le basculement s'opérera plutôt par étapes que d'un seul coup, la solution raisonnable est d'adopter des progiciels évolutifs. Voici les étapes à prévoir.

Calendrier en vue de l'adaptation des systèmes comptables et informatiques

1. Apparition de l'euro, au moins dans les opérations financières (marché des capitaux et des changes) : le 1er janvier 1999.

2. Traitement des opérations commerciales aussi bien en monnaie nationale qu'en euros pendant la phase de transition, grâce à l'utilisation d'un convertisseur — c'est-à-dire un court sous-programme exprimant le taux fixe de conversion F/euro et euro/F et la règle d'arrondi en entrée et en sortie : de 1999 à 2001.

3. Migration interne de tous les montants figurant dans les systèmes d'information du franc vers l'euro et multiplication des convertisseurs à tous les points de contact — stocks, données financières, référentiels : date de basculement fixée par l'entreprise entre 1999 et le 1er janvier 2002.

4. Possibilité de traiter la monnaie fiduciaire (billets et pièces) en euros : 1er janvier 2002.

5. Exclusivité de l'euro dans les opérations nouvelles : avant le 30 juin 2002.

6. Disparition du franc dans le système d'information de l'entreprise, à l'exception de certains historiques : date à définir.

Il faudra veiller dans ces adaptations à permettre la gestion simultanée du franc et de l'euro par le système pour certaines opérations pendant la période de transition et à pouvoir restituer les deux monnaies en affichage sur écran et sur papier. Les dernières générations de programmes sous Windows ou Macintosh autorisent l'affichage de différentes devises.

La continuité de la chaîne de facturation

Les nouveaux logiciels devront assurer la continuité de la chaîne de facturation. Une facture dans une monnaie doit correspondre à un tarif et des conditions générales de vente, un contrat, une commande, un bon de livraison, un ordre de paiement, un règlement et une comptabilisation toujours dans la même monnaie.

La comptabilité auxiliaire retraçant les opérations commerciales avec les tiers doit donc être tenue en francs ou en euros, selon l'unité dans laquelle est née chaque opération. Cette continuité, d'ailleurs nécessaire aux opérations de lettrage, facilitera la vie des clients et fournisseurs[1] et évitera les problèmes d'arrondis.

Au minimum, le patron de PME doit s'assurer, dès à présent, que les progiciels qui lui sont fournis respectent bien les normes réglementaires européennes, qui définissent les six étapes techniques précitées ; comportent des formats d'export de données (d'une application de gestion vers un tableau de bord par exemple) compatibles, avec le même nombre de décimales ; sont capables, s'il s'agit de logiciels multidevises, de gérer les conversions à partir des comptes auxiliaires.

L'organisation interne

La conduite de ces vastes projets informatiques devra être précédée autant que possible d'une analyse d'impact, qui serait à lancer dès à présent. Elle supposera la mise au point d'un budget et d'un planning précis, voire d'un nouveau « schéma directeur » informatique. L'entreprise aura intérêt à recourir à l'intervention d'une société de conseil pour faciliter sa préparation : associé à ceux du banquier et de l'expert-comptable, son apport évitera de s'engager dans des impasses coûteuses. Il vaut mieux le prévoir sur plusieurs années plutôt que de façon ponctuelle et tardive.

Un certain nombre de PME font appel aux services d'un cabinet

---

1. Le rapport Simon-Creyssel demande en particulier que les PME passées à une chaîne de facturation en euros puissent continuer à émettre des factures en francs à leurs clients, et à passer des commandes en francs à leurs fournisseurs, lorsque ceux-ci le souhaiteront.

comptable extérieur. Le problème sera alors d'adapter les supports papier (type « carnet de bord ») ou informatiques pour y ajouter des rubriques en euros, qui seront ensuite traitées par le cabinet comptable.

Attention ! Les cabinets de conseil en organisation, d'expertise comptable et sociétés de services informatiques seront de plus en plus sollicités à l'approche des échéances... On estime que la monnaie unique pourrait représenter un accroissement d'environ 30 % de leur volume de travail pour les cinq ans à venir. Une pénurie d'informaticiens commencerait d'ailleurs à se faire sentir, et obligerait les sociétés du secteur à recruter au loin.

> Il est donc important de ne tarder ni dans l'établissement de son propre calendrier ni dans le choix de son prestataire de services. Trop attendre ne fera qu'augmenter les coûts, alors qu'une préparation précoce permettra de les réduire en incorporant les spécifications de l'euro dans les projets informatiques existants.

Il ne faut pas s'effrayer pour autant de la lourdeur de l'ensemble : les systèmes informatiques évoluent nécessairement ; l'euro offre l'occasion d'une mise à jour bienvenue. On sait par exemple que beaucoup de logiciels devront être changés ou profondément revus du seul fait du changement de siècle, qu'ils n'ont pas intégré dans leurs capacités. Or l'euro fera son apparition douze mois seulement avant ce changement. La révision du système d'information pourra donc être conduite pour répondre à plusieurs préoccupations à la fois.

Les aspects juridiques

Le principe de continuité

Le principe de la continuité des contrats a été clairement posé par les deux règlements européens (celui du 17 juin 1997 et le projet publié au JOCE. du 2 août 1997). Ceux-ci s'imposeront de plein droit à nos tribunaux, sans avoir à être retranscrits en législation interne.

Ainsi l'introduction de l'euro ne changera rien aux obligations réciproques des parties. Le changement de monnaie est en effet un acte de souveraineté, opposable à toutes les parties. Il ne peut constituer un motif de résiliation ou même de révision du contrat en aucun cas, sauf l'hypothèse rare d'une disposition contraire expresse de ce contrat. Cette protection a été confirmée par l'article 3 du règlement communautaire de juin 1997 (voir texte complet de l'article en page 55 ci-dessus). En conséquence :

• *Les contrats libellés en écus* passeront automatiquement à l'euro, au taux de un pour un, au 1er janvier 1999.

• *Les contrats libellés en euros* par accord entre les parties s'appliqueront directement en monnaie unique dès 1999.

• *Les contrats libellés en francs* s'exécuteront en francs pendant la période transitoire 1999-2001 ; puis ils devront, selon l'article 14 du projet de second règlement européen, être lus et appliqués « à partir du 1er janvier 2002, comme des références à l'unité euro, en appliquant les taux de conversion » (fixes et connus dès 1999). Cette traduction en euros n'entraîne aucune modification des autres termes du contrat, comme le précise l'article 7 du même texte : « le remplacement de la monnaie (nationale) par l'euro n'a pas en soi pour effet de modifier le libellé des instruments juridiques existant à la date du remplacement ».

Le nouveau régime légal s'appliquera aux contrats de toute nature, qu'il s'agisse de vente, de location, de crédit-bail, d'emprunt, de contrat de travail, etc. L'article 7 du préambule du texte précité prévoit sans ambiguïté que « le terme "contrat"... englobe tous les types de contrats, indépendamment de la manière dont ils ont été conclus ».

L'adaptation des instruments

L'ÉTABLISSEMENT DE NOUVEAUX CONTRATS-TYPES OU DE LETTRES-TYPES en euros est un aspect important de la mise à jour juridique. Là aussi, l'efficacité veut que l'on s'y prenne suffisamment à l'avance.

LE PAIEMENT DE LA SOMME DUE quelle que soit la monnaie dans laquelle le contrat est libellé, est stipulé par les termes du projet de second règlement communautaire sur l'introduction de l'euro (article 8.3) : « toute somme libellée dans l'unité euro ou dans l'unité monétaire nationale... peut être payée par le débiteur dans l'unité euro ou dans l'unité monétaire nationale ». On pourra donc régler son créancier indifféremment en francs ou en euros dès la période de transition, une fois la révision de l'article 16 du Code de Commerce intervenue.

LE PROBLÈME DES ARRONDIS (traité dans « L'euro et le commerce », pages 108 à 114, pour la distribution) se posera aux autres entreprises. Si l'on prend l'exemple du règlement en euros d'une échéance de TVA liquidée en francs, l'État devra accepter que ce paiement libère entièrement l'entreprise de sa dette, même s'il « manque » 2 à 3 centimes du fait de l'arrondi. De même, la PME devra pouvoir acquitter un contrat à échéances successives, de crédit-bail par exemple, en euros malgré les différences (qui, ici, seront toujours de même sens) dues aux arrondis. Un texte de loi sera proposé au printemps 1998 pour donner un effet extinctif de dette aux paiements de ce type. Le règlement de ce problème d'apparence mineure conditionne en effet la mise au point des programmes informatiques.

D'un point de vue comptable, les différences dues aux arrondis devraient, selon les propositions du rapport Simon-Creyssel (et sous réserve de confirmation par le Conseil national de la comptabilité, car il s'agit d'une dérogation au principe de non-compensation), être inscrites et se compenser dans un compte unique de charges et de produits, constitutif du résultat financier.

Les services financiers

Ils connaîtront aussi des changements.

La nécessité d'une communication financière en euros

Le basculement en euros des marchés financiers dès le 4 janvier 1999 signifie que toutes les références de long terme seront en monnaie unique. Une entreprise qui envisage de conforter ses fonds propres, en s'introduisant en Bourse sur le Nouveau marché (où près de 3 milliards ont déjà été levés en faveur de 40 PME performantes depuis sa création en février 1996) par exemple, doit savoir qu'elle sera cotée en euros et lèvera des fonds dans cette monnaie. Il sera donc plus simple pour elle d'établir directement sa communication financière en monnaie européenne, même si sa comptabilité générale demeure en francs.

> D'une façon générale, il sera sage pour les PME restées en francs de prévoir le moyen de publier ou même d'établir directement bilan et comptes sociaux en euros. Le rapport complémentaire diffusé en octobre 1997 par MM. Simon et Creyssel le préconise, en relevant que rien ne s'oppose à l'expression du capital social en euros et à la publication des comptes en monnaie européenne dès 1999 à partir d'une comptabilité en francs.

La transposition des formalités légales

Pour le permettre, le rapport conjoint CNPF/AFB de mars 1997 proposait de tirer les conséquences de la monnaie unique en matière d'annonces légales obligatoires.

Le ministre des Finances, Dominique Strauss-Kahn, a effectivement annoncé, lors du Comité national de l'euro du 25 juin 1997, que la réglementation sera révisée pour dispenser les sociétés d'accomplir de nouvelles formalités d'enregistrement ou de dépôt de documents du seul fait de la conversion à l'euro.

En conséquence, pourront être accomplies en monnaie européenne à partir du 1er janvier 1999 les formalités suivantes — sous réserve qu'elles correspondent à des comptes eux-mêmes établis en euros :

• *l'enregistrement des sociétés* au Registre du commerce et des sociétés tenu par le greffe du Tribunal de commerce ;

• *le dépôt au greffe du tribunal* du commerce des comptes annuels, du rapport de gestion, du rapport des commissaires aux comptes et des comptes consolidés, ainsi que de la proposition d'affectation du résultat, pour toutes les sociétés par actions ;

• *la publication au BALO* de ces informations, pour les sociétés cotées, et des documents d'information visés par la Commission des opérations de Bourse, pour les sociétés qui font appel à l'épargne publique.

Procéder autrement obligerait les sociétés tenant leur comptabilité générale en euros à retraduire en francs nombre d'éléments, ce qui serait très lourd et compliquerait le travail des commissaires aux comptes[1]. Seul un petit nombre de chiffres significatifs tirés du compte de résultats et des principales masses du bilan, et complété par le dividende et le bénéfice net par action pourrait, en ce qui concerne les sociétés cotées, être requis un temps dans les deux monnaies.

> Rappel : L'option pour l'euro sera irrévocable, selon les déclarations de nos ministres. Une société ne pourra donc pas revenir au franc après avoir décidé de passer à la monnaie unique pour la tenue et la publication de ses comptes

Les sources de financement de l'entreprise

Les émissions obligataires publiques se feront en euros, mais les emprunts privés pourront continuer à se faire en francs pendant la période de transition. Toutefois, le basculement très large à l'euro des marchés financiers dès janvier 1999 devrait conduire les entreprises à choisir elles aussi la monnaie unique pour leurs emprunts à long terme, qui sont la base du financement des investissements.

C'est donc par rapport aux taux du marché financier en euros (que l'on espère bas) que l'entreprise devra évaluer le taux de rentabilité interne d'un investissement.

En revanche, le financement courant, à court ou moyen terme, de la PME continuera sans doute souvent à se faire en francs pendant les trois années de la transition. La concurrence bancaire accrue, sur un marché de taux d'intérêt unifiés qui devraient être proches des taux actuels, conduira logiquement à une diminution du coût des services offerts (voir « L'euro et les banques »).

Si l'on tient également compte de l'allégement des opérations en devises (voir pages 166 à 168), le fonctionnement des services financiers de la PME sera ainsi considérablement facilité.

---

1. Outre la modification prévue de l'article 16 du Code de commerce, la liberté de choix de la monnaie de publication des comptes conduira à supprimer l'article 283-1 du décret du 23 mars 1967, qui vise expressément la publication des comptes annuels et des comptes consolidés en francs, même s'il permet de l'accompagner (mais non de la remplacer) par la publication de ces mêmes comptes établis en écus.

La présentation commerciale des produits

Afin de garder un bon positionnement face à la concurrence, les méthodes d'élaboration des offres commerciales seront à réviser pour offrir dès que possible brochures publicitaires, catalogues, devis, listes de pièces détachées et de prix, en monnaie européenne.

Prenons l'exemple d'une PME qui fournit des sous-ensembles électroniques à une société multinationale installée dans plusieurs pays d'Europe. Là où elle cotait des prix différents selon que le matériel était livré à la filiale hollandaise ou à la filiale espagnole, son client pourra désormais lui demander de fournir un relevé de prix uniques en euros. Il lui faudra donc calculer son coût de revient, y compris les frais de livraison, et ses marges, sur la moyenne (pondérée) de ses opérations et non sur celles qui sont faites dans un pays donné. Les tarifs, les services en ligne devront souvent être refondus et toute l'approche marketing rénovée.

Un principe important, de nature à rassurer les responsables de PME (surtout les nombreux sous-traitants), a cependant été posé par le rapport conjoint du patronat et des banques : *le choix de l'euro par une entreprise ne doit pas s'imposer à ses clients ou fournisseurs.* Les contraintes ou le coût de la modification des chaînes de facturation ne devraient donc pas leur être répercutés.

Check-list des mesures indispensables

Voici les points auxquels le patron soucieux de bien préparer son passage à l'euro — quelle qu'en soit la date — doit veiller :
- faire une étude d'impact pour bien identifier les attentes des clients, des fournisseurs, les problèmes à résoudre ;
- nommer un « M. Euro » et constituer un Comité de pilotage ;
- choisir sa date de passage à la monnaie unique et établir le calendrier des différentes étapes en conséquence ;
- mettre au point le planning, budgéter les investissements ;
- mettre en concurrence des prestataires de service et choisir très en amont ceux qui accompagneront le processus ;

- programmer la mise à jour des progiciels en veillant à leur compatibilité technique avec les nouvelles normes euro ;
- motiver les cadres et le personnel ; négocier avec ses représentants l'éventualité d'un passage de la paye en euros ;
- concevoir et lancer les programmes de formation techniques et généraux pour les agents de l'entreprise ;
- arrêter une stratégie de prix (« psychologiques » ou non) et d'affichage ; modifier la documentation commerciale ;
- négocier la monnaie de facturation avec les partenaires commerciaux de l'entreprise ;
- modifier les documents (bons de commande, bulletins de livraison, factures, titres de paiement) ;
- mettre au point avec les banquiers les modalités de conversion F/euro et de transfert des données informatisées ;
- convertir le capital social ;
- réviser les lettres-types ; pour les contrats avec les pays tiers, intégrer par sécurité une clause informant du passage à l'euro ;
- établir un plan de communication interne et externe sur la démarche adoptée.

QUEL SERA LE RÉGIME FISCAL APPLICABLE AU CHANGEMENT D'UNITÉ MONÉTAIRE ?

Toutes les PME françaises qui le souhaitent pourront continuer à travailler en francs avec les administrations jusqu'à fin 2001, puisqu'elles ont retenu le principe de ne passer à l'euro qu'à cette date. Prenant en compte l'importance du travail à accomplir pour modifier les textes applicables (notamment toute la législation fiscale) et la lourdeur de l'organisation d'une double chaîne de traitement informatique pendant la période de transition, le Comité national de l'euro avait entériné cette position en juin 1997. Elle a cependant été notablement assouplie en novembre dans le cadre du « plan de passage à l'euro » annoncé par Dominique Strauss-Kahn, ce qui facilitera la vie des PME souhaitant travailler plus tôt en monnaie européenne.

Les déclarations d'impôt

Les dates de dépôt

Les déclarations de toute nature (impôt sur les sociétés, bénéfices industriels et commerciaux, TVA, taxe professionnelle, etc.) peuvent rester établies en francs jusqu'au 1er janvier 2002. Mais elles pourront aussi être rédigées en euros dès 1999 par les entreprises et professionnels indépendants qui auront fait ce choix à titre irrévocable pour leur comptabilité et leurs comptes sociaux (le gouvernement allemand a pris la même décision en septembre 1997[1]).

Il faut donc distinguer désormais le cas des entreprises restées en francs et celui des entreprises ayant opté pour l'euro.

POUR LES ENTREPRISES RESTÉES EN FRANCS les déclarations concernant les bénéfices ou le chiffre d'affaires réalisés jusqu'en 2001 inclus demeurent rédigées en francs (que les sommes aient été encaissées en francs ou en euros), même si elles sont faites en 2002. Toutes les déclarations concernant des périodes postérieures au 1er janvier 2002 devront, en revanche, être établies en euros. Cela vaut aussi bien pour la déclaration des bénéfices de l'année 2002, faite en 2003, que pour la déclaration mensuelle de TVA de janvier 2002, qui sera à faire dès février 2002, ou la déclaration sur le chiffre d'affaires du premier trimestre en avril 2002. Les PME qui seront restées au « tout en francs » jusque-là devront donc se mettre très vite à jour.

LES ENTREPRISES AYANT OPTÉ DÉFINITIVEMENT POUR L'EURO pourront établir en cette monnaie : leurs déclarations de résultats pour les exercices clos en 1999 ; leurs déclarations de TVA pour les opérations taxables réalisées après le 1er janvier 1999 ; leurs déclarations de taxe professionnelle faites en 2000 (ou même en 1999, en cas de reprise d'un établissement dans l'année) sur les bases de 1999.

---

1. Si sept pays européens ont déjà préparé des modifications législatives et réglementaires permettant aux entreprises d'opter pour l'euro (à titre irréversible) dans leur comptabilité et leurs publications dès 1999, la Belgique est le seul pays européen, à ce jour, à les avoir autorisées à remplir en euros l'ensemble de leurs obligations fiscales et sociales (déclarations, paiements et toutes autres communications administratives) à partir de cette date.

PREMIÈRE DÉCLARATION À ÉTABLIR EN EUROS

Désignation des déclarations	a) entreprises qui tiennent leur comptabilité en francs		b) entreprises ayant opté à titre irréversible pour l'euro	
	Période concernée	Date légale de dépôt	Période concernée	Date légale de dépôt
Impôt sur les bénéfices BIC - BNC - BA (régimes réels)				
– exercice clos le 31 décembre	2002	28 février ou 31 mars 2003	1999	29 février ou 31 mars 2000
– exercice clos en cours d'année	2001/2002	28 février ou 31 mars 2003 (1)		
Impôt sur les sociétés				
– exercice clos le 31 décembre	2002	31 mars 2003	1999	31 mars 2000
– exercice clos en cours d'année	2001/2002	30 juin 2002 (1)(2)		
Taxe professionnelle	2002 (3)	30 avril 2003	1999	30 avril 2000
Taxes d'apprentissage et formation professionnelle	2002	5 avril 2003	1999	5 avril 2000
Taxe sur les véhicules des sociétés (vignette)	du 01/10/2001 au 30/09/2002	novembre 2002	du 01/10/1998 au 30/09/1999	novembre 1999
Régime réel normal de TVA Déclaration (CA 3)				
– mensuelle	janvier 2002	février 2002	janvier 1999	février 1999
– ou trimestrielle	1er trim. 2002	avril 2002	1er trimestre 1999	avril 1999
Régime simplifié de TVA. Déclaration				
– annuelle (CA 12)	2002	31 mars 2003	1999	31 mars 2000
– trimestrielle (CA 4)	1er trimestre 2002	avril 2002	1er trimestre 1999	avril 1999
– ou mensuelle (4)	janvier 2002	février 2002	janvier 1999	février 1999
Taxe sur les salaires	janvier 2002	février 2002	janvier 1999	février 1999
Pour mémoire :				
– Déclaration d'ensemble des revenus personnels	2002	28 février 2003	non disponible (la souscription de déclarations en euros n'est ouverte aux particuliers qu'en 2002)	février 1999
– Déclaration d'ISF (impôt sur la fortune)	2002	15 juin 2002		février 1999

(1) Arrêté comptable au 31 décembre 2001 pour passage franc/euro, si comptabilité tenue en francs à l'ouverture.
(2) Dans les trois mois de la clôture de l'exercice (ex. : clôture au 31 mars).
(3) Les éléments déclarés en francs sur l'année 2001 mais aussi ceux déclarés au plus tard le 30 avril 2001 en francs sur l'année 2000 permettront à l'administration de déterminer en euros les bases de la taxe professionnelle due au titre des années 2003 et 2002. En effet, les dernières bases déterminées en francs par l'administration seront celles de la taxe professionnelle due au titre de l'année 2001.
(4) Le mois de décembre est régularisé avec la déclaration annuelle (CA 12).

Les imprimés seront adaptés pour tenir compte de la possibilité de déclarer en euros. On trouvera ci-contre le tableau récapitulatif des dates de dépôt retenues pour toutes ces déclarations.

À compter du 1er janvier 1999, toutes les déclarations douanières pourront être établies en francs ou en euros, que ce soit par informatique (système SOFI) ou sur support papier.

La question des exercices sociaux décalés

Les PME dont l'exercice social se situe « à cheval » sur deux années civiles — 600 000 relevant du régime des benéfices industriels et commerciaux, soit une sur trois et 120 000 entreprises agricoles, soit une sur deux — devront établir leurs déclarations de l'exercice 2001-2002 en euros dès lors que la base imposable ne peut être déterminée qu'à la clôture de la période, ce qui est le cas pour l'impôt sur les sociétés ou les BIC. Par ailleurs, elles vont devoir changer de monnaie en cours d'exercice si les espèces en euros sont bien mises en circulation au 1er janvier 2002.

Pour éviter les complications des exercices « à cheval »

Pour ne pas se perdre dans les calculs et les conversions, plusieurs solutions sont alors envisageables (cf. complément au rapport Simon/Creyssel publié en octobre 1997) :

– *Recourir à un arrêté des comptes intercalaire simplifié* avec établissement d'une balance et des comptes de tiers au 31 décembre 2001 ; cette approche, avancée notamment par les experts-comptables, résout le problème mais comporte un certain coût.

– *Passer à la monnaie unique dès le premier jour du dernier exercice comptable ouvert avant le 1er janvier 2002,* afin de conserver une durée normale d'exercice : l'entreprise aura donc un exercice 2001-2002 en euros.

– *Modifier — en s'entourant des garanties nécessaires — la date de clôture de l'exercice* pour coïncider avec le 31/12/2001, tout en conservant deux clôtures sur une période de 24 mois ; par exemple, une PME clôturant habituellement son exercice en mars aurait un exercice comptable 2001 d'une durée de neuf mois, suivi d'un exercice de quinze mois jusqu'en mars 2003. Cette solution est toutefois à manier avec précaution, compte tenu de l'obligation d'au moins une déclaration d'impôt par an.

Comment convertir les soldes d'ouverture du premier exercice tenu en euros ?

Les entreprises auront le choix entre deux méthodes :
- *convertir, poste par poste,* l'ensemble des écritures constitutives des soldes d'ouverture ; cette solution ambitieuse pourrait dépasser les capacités de certains systèmes informatiques ;
- *ne convertir que le seul solde d'ouverture,* par une écriture extra-comptable ; cette solution plus simple n'est pas compatible avec toutes les configurations comptables.

(Les arrondis de conversion seront regroupés dans un compte unique comme indiqué p. 136.)

Le paiement de l'impôt

Le règlement des sommes dues au fisc pourra en revanche être effectué indifféremment en euros ou en francs, au choix de l'entreprise, dès 1999.

Le ministre des Finances en a assuré le Comité national de l'euro dès juin 1997, et sept autres pays européens ont déjà pris la même décision.

Comment payer ses taxes en euros

La PME qui a ouvert un compte en euros à sa banque pourra régler le percepteur, par virement direct ou par un chèque en monnaie européenne, dès le 1er janvier 1999.

Les impôts souvent versés en liquide, comme la vignette automobile et les timbres fiscaux, pourront être payés en euros dès le début de la période transitoire. Tous les comptables de l'État seront en mesure d'accepter des recettes en monnaie européenne.

L'administration aménagera ses applications informatiques en y introduisant des convertisseurs, et un code monnaie pour suivre les deux types de paiement. Une comptabilité annexe de l'État en euros fonctionnera en 1999 ; elle sera testée dès le printemps 1998.

Les tarifs et les avis d'imposition seront libellés dans les deux monnaies dès 1999 (une case nouvelle en bas de page « traduira » en euros le montant net de l'impôt à payer).

Les fournisseurs de l'État pourront demander à être réglés en euros, et certains marchés publics pourront être conclus directement en monnaie unique.

À partir de la fin de la période transitoire (janvier 2002), le paiement ne pourra plus se faire qu'en euros, les billets et pièces en francs étant toutefois encore acceptés jusqu'en juin 2002.

Les contrôles fiscaux

Les contrôles fiscaux se feront dans tous les cas à partir de la monnaie de référence choisie par l'entreprise.

Dès la période de transition 1999-2001, l'administration fiscale vérifiera donc en euros la comptabilité générale et les opérations d'une PME ayant choisi d'anticiper le passage à la monnaie unique. Elle examinera simplement les règles de conversion suivies pour la traduction des écritures des états de synthèse en francs. Ce point est important, car il permet à la PME de placer les « convertisseurs » informatiques en bout de chaîne de traitement.

Les rappels ou redressements éventuels devraient, en revanche, être établis en francs (puisque cela restera la monnaie de fonctionnnement de l'administration) ; mais ils pourront, comme ci-dessus, être payés en euros. L'administration fiscale a indiqué que le passage d'une entreprise à l'euro ne déclenchera aucun changement des méthodes de vérification ; la mise en place des convertisseurs comptables, par exemple, n'entraînera pas de nouvelles obligations de conservation de documents.

En sens inverse, sauf amnistie fiscale dont le principe n'est pas acquis, des capitaux constitués ou expatriés illégalement (par exemple, des obligations déposées dans une banque à Luxembourg et dont on aurait omis de déclarer les revenus...) ne pourront pas être rapatriés en franchise d'impôt à l'occasion de l'introduction de la monnaie européenne.

Au reste, les banques doivent déclarer les opérations considérées comme « suspectes » et s'assurer de l'identité du client lorsqu'elles portent sur des sommes supérieures à 50 000 F, même en espèces (voir « L'euro et les particuliers »). Cela vise à éviter le risque d'opérations de « blanchiment des capitaux », mais aussi tout simplement de fraude fiscale.

Le traitement fiscal des charges liées au passage à l'euro

Dans le secteur du commerce, les coûts de la période de transition seront sans doute élevés, notamment du fait du double affichage des prix et de la manipulation en parallèle, début 2002, d'espèces en francs et en euros (voir page 120-123). Dans les PME d'autres branches, certains de ces problèmes se poseront, mais de façon atténuée.

Il faudra dans tous les cas modifier substantiellement le système informatique, et parfois renouveler une partie de la bureautique. Il faudra aussi former le personnel, restructurer l'organisation et donc encourir des frais administratifs ; il faudra enfin mettre au point une stratégie de communication.

Le coût global de l'opération a été estimé, dans certaines études, à un chiffre compris entre 0,3 et 0,5 % du chiffre d'affaires pour une moyenne entreprise réalisant moins d'un milliard de ventes[1]. Selon une enquête d'un hebdomadaire spécialisé, le coût de l'investissement informatique proprement dit irait de 330 000 F pour les plus petites entreprises à 78 millions de F pour les plus grandes.

Le principe général

Outre l'avis du Comité d'urgence du Conseil national de la comptabilité (CNC) de janvier 1997, ce principe a été posé par une instruction administrative du 25 août 1997.

• *Certains frais constitueront des charges d'exploitation, courantes ou exceptionnelles, selon leur nature, normalement déductibles du résultat.* La formation du personnel ou les dépenses de communication sont,

---

1. D'autres estimations sont encore plus élevées : on a avancé le chiffre de 300 milliards de francs, d'ici à 2002, pour les investissements de l'ensemble des secteurs en Europe. La moitié de cette somme correspondrait à des travaux informatiques, pour partie réalisés à l'intérieur de l'entreprise.

par exemple, à constater en charges au fur et à mesure ; les coûts de restructuration également, sauf étalement comme on va le voir. (Précision : il doit s'agir de dépenses réelles ; les manques à gagner ne sont pas déductibles.)

• *D'autres frais constitueront des investissements amortissables, comme les achats de matériel ou d'équipements.* Un avis du Conseil national de la comptabilité de 1987, toujours valide, précise que la partie relative au processus de production doit être immobilisée et le reste passé en charges ; l'instruction fiscale précitée confirme que les dépenses d'adaptation à l'euro qui touchent des éléments d'actif existants (comme le système informatique) et conditionnent la continuité de son exploitation doivent être immobilisées, même si elles n'en accroissent pas la valeur ni la longévité. En revanche, les dispositifs créés spécifiquement pour les besoins de la période transitoire sont amortis sur cette période. Les immobilisations mises au rebut doivent faire l'objet d'un amortissement accéléré.

Et les logiciels ?

– *Les logiciels acquis par l'entreprise* à l'occasion du passage à l'euro pourront soit faire l'objet d'un amortissement exceptionnel sur douze mois, soit être amortis sur leur durée probable d'utilisation.
– *Les logiciels que l'entreprise aura conçus pour elle-même* peuvent être, à son choix, passés en charges ou amortis linéairement en cinq ans (trois ans s'ils ne concernent que la période transitoire).

Le mode de déduction des provisions

La déduction de provisions constituées à l'avance pour faire face aux surcoûts du passage futur à l'euro (à bien distinguer des coûts ordinaires) est admise, sous réserve des conditions habituelles : la provision doit couvrir des charges clairement identifiables, de nature exceptionnelle, échappant aux moyens existants et à l'exploitation courante ; la probabilité de la dépense doit être suffisante ; et son montant doit être justifié par un calcul très précis.

Le Plan comptable général prévoit, d'ailleurs, de tenir compte « des risques et des charges que des événements survenus ou en cours rendent probables, nettement précisés quant à leur objet mais dont la réalisation est incertaine ».

L'instruct on fiscale d'août 1997, rejoignant l'avis du Comité d'urgence du CNC, admet que l'engagement politique de la France de participer à l'euro dès son lancement en 1999 rend suffisante la probabilité d'avoir à supporter des surcoûts dus à la conversion (il était donc possible de provisionner certaines dépenses dès l'exercice 1996 ; voir « L'euro et les banques »).

Le rapport CNPF/banques propose, en outre, que les entreprises qui dégagent des bénéfices suffisants puissent procéder à l'amortissement accéléré des investissements liés à l'euro, voire opérer une réévaluation des bilans à cette occasion. La Chambre de commerce et d'industrie de Paris y ajoute, dans un rapport de novembre 1997, l'idée d'exclure ces dépenses de la base de la taxe professionnelle. Ces suggestions n'ont pas été suivies pour le moment.

L'étalement éventuel de certaines charges

La possibilité pour les PME moins à l'aise dans leurs résultats d'étaler le passage en charges de certaines dépenses liées à l'introduction de l'euro serait admise, par dérogation aux pratiques comptables habituelles, mais conformément aux décisions prises dans d'autres États membres.

Le Conseil national de la comptabilité l'a accepté, dans son avis précité, pour les dépenses qui ont une « valeur économique positive » pour l'entreprise (c'est-à-dire que, sans être des éléments de patrimoine, elles procurent des recettes au cours des exercices concernés[1]).

Le fisc admettrait pour sa part que les dépenses résultant exclusivement de la préparation à l'euro pourront être assimilées à des frais d'établissement, et donc étalées sur cinq ans.

Si l'on suit les suggestions du rapport Simon/Creyssel, il pourrait être opportun d'élargir cette méthode à d'autres cas, pour « accompagner » les PME qui devront assumer les frais du changement sans pour autant en tirer un bénéfice immédiatement perceptible.

_____

1. Le rapport des experts-comptables rappelle qu'une mention dans l'annexe des comptes doit permettre de connaître l'option et les méthodes de l'entreprise. Dans tous les cas, l'annexe des comptes devrait donner une information détaillée sur les surcoûts, lorsqu'ils sont significatifs.

En résumé

– *Les entreprises qui continueront à tenir leur comptabilité en francs pendant la période transitoire 1999-2002* ne connaîtront aucun changement dans leurs relations avec le fisc jusqu'en 2002 ; mais si elles ne mettent pas le délai à profit pour se préparer, le brusque passage des administrations à l'euro leur posera des difficultés, notamment pour leurs opérations en cours.

– *Les PME ayant basculé leur comptabilité en euros par anticipation* pourront garder leur trésorerie, faire leurs déclarations fiscales et opérer leurs règlements en monnaie européenne. Elles ne devront revenir au franc que pour les transactions avec les clients et les fournisseurs restés en cette monnaie, et pour la sphère sociale.

COMMENT TRANSFÉRER LA « SPHÈRE SOCIALE » À L'EURO ?

Le passage à la monnaie unique de ce que l'on peut appeler la sphère sociale, c'est-à-dire ce qui touche aux rémunérations directes et indirectes des salariés et aux cotisations qui sont assises sur ces sommes, pose des problèmes particuliers. On s'intéresse, en effet, à de nombreuses situations individuelles.

Les déclarations et les cotisations sociales

POUR LES DÉCLARATIONS SOCIALES, les états à établir devraient rester en francs jusqu'à 2002 ou au moins jusqu'à 2000. Les organismes collecteurs (CNAV, CNAM, ACOSS et URSSAF, UNEDIC) considéraient pourtant qu'il n'y aurait pas d'impossibilité technique à anticiper le changement. Le rapport Simon-Creyssel les y encourageait en demandant qu'un travail complémentaire soit effectué pour introduire des « marges de liberté ». Mais l'affaire n'est pas simple techniquement et son coût n'était pas pris en charge. Le gouvernement est donc resté prudent sur ce point dans son plan de passage à l'euro de novembre 1997, sans pour autant exclure une ouverture ultérieure pour 2001 ou même dès 2000. Cette ouverture est elle-même étroitement liée à la possibilité de faire passer les bulletins de salaire à la monnaie unique.

• Les déclarations sociales concernant exclusivement les périodes précédant 2002 devraient donc rester, jusqu'à nouvel ordre, établies en francs (avec indication de la contre-valeur en euros à partir du 1er janvier 2002 au plus tard).

• Les déclarations sociales concernant des périodes postérieures à 2002 devraient être établies en euros.

Voici le calendrier précis de dépôt de ces déclarations.

DATE DE DÉPÔT DES PREMIÈRES DÉCLARATIONS SOCIALES EN EURO

Type de déclaration sociale	Date légale de dépôt	Période concernée
– entreprise d'au plus 9 salariés..	15/04/2002	1er trimestre 2002
– entreprise de 10 à 49 salariés :		
* rémunérations payées dans les 10 premiers jours du mois	15/01/2002	1er au 10/01/2002
* autres jours du mois	15/02/2002	11 au 31/01/2002
– entreprise de plus de 50 salariés :		
* rémunérations payées dans les 10 premiers jours du mois	15/01/2002	1er au 10/01/2002
* rémunérations payées entre le 11e et le 20e jour	25/01/2002	11 au 20/01/2002
* autres jours du mois	5/02/2002	21 au 31/01/2002
Régime particulier des non-salariés non agricoles — professions libérales, par exemple — (déclaration commune maladie, vieillesse, allocations familiales, CSG et CRDS)	30/04/2003	année 2002

LE PAIEMENT AUX ORGANISMES SOCIAUX, en revanche, pourra se faire en euros dès le 1er janvier 1999 — c'est-à-dire qu'une somme déclarée en francs sur les états pourra être réglée pour le montant équivalent en euros.

Les billets libellés en euro

Faces françaises
des huit pièces de l'euro

1 CENT

2 CENT

5 CENT

10 CENT

20 CENT

50 CENT

1 EURO

2 EURO

Faces européennes
des huit pièces de l'euro

1 CENT

2 CENT

5 CENT

10 CENT

20 CENT

50 CENT

1 EURO

2 EURO

Le logo de l'euro

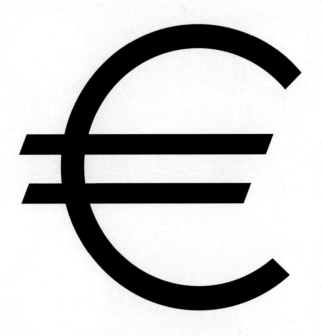

La nouvelle formule
de chèque

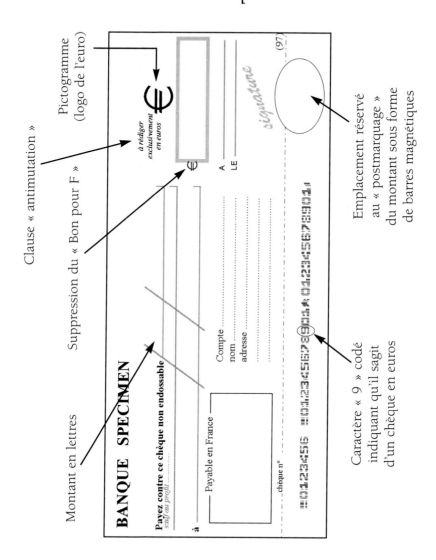

Nota : chaque banque conservera son graphisme et ses couleurs propres pour ses chèques, mais sur un fond obligatoirement de couleur claire (teintes pastel) pour faciliter la « scannérisation » (lecture optique).

Source : CFONB (Comité français d'organisation et de normalisation bancaires)

Original du TIP en euros

TIP payable par débit en compte uniquement

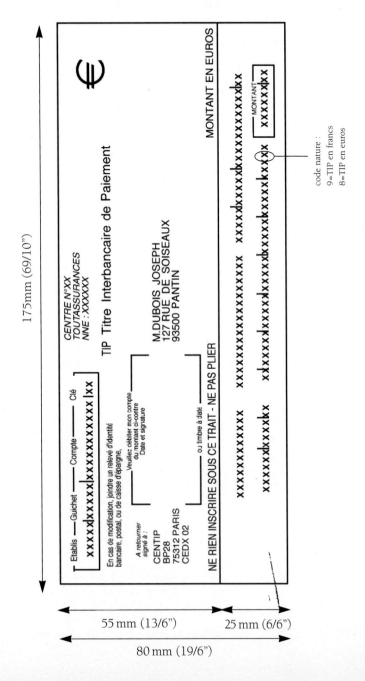

175mm (69/10")

MONTANT EN EUROS

CENTRE N°XX
TOUTASSURANCES
NNE : XXXXXX

TIP Titre Interbancaire de Paiement

Etablis ——— Guichet ——— Compte ——— Clé
xxxxxlxxxxxlxxxxxxxxxxxxxlxx

En cas de modification, joindre un relevé d'identité
bancaire, postal, ou de caisse d'épargne,

Veuillez débiter mon compte
du montant ci-contre
Date et signature

A retourner
signé à :

CENTIP
BP28
75312 PARIS
CEDX 02

ou timbre à date

NE RIEN INSCRIRE SOUS CE TRAIT - NE PAS PLIER

M.DUBOIS JOSEPH
127 RUE DE SOISEAUX
93500 PANTIN

xxxxxxxxxxxxxxxxxxxxx   xxxxxxxxxxxxxxxxxxxxxxxxxx

xlxxxxxxxxxxxlxxxxxxxxxxxxxxxxxxxx

MONTANT
xxxxxxlxx

xxxxxxxxxxxxxxx

xxxxxxlxxxxxkx

code nature :
9=TIP en francs
8=TIP en euros

55 mm (13/6")   25 mm (6/6")

80 mm (19/6")

Il est cependant recommandé d'utiliser des moyens de paiement identifiant clairement la monnaie de règlement et d'éviter, pour le paiement d'un même appel à cotisations, d'utiliser à la fois des chèques en francs et en euros.

La nécessité, pour le moment, de conserver le franc pour les déclarations sociales n'interdit nullement de faire passer la comptabilité générale à l'euro avant la date-limite, car le bloc comptable « bulletins de paye et déclarations » fait le plus souvent l'objet d'un progiciel distinct. Il ne restera donc qu'à traduire ces éléments en euros par l'intermédiaire du convertisseur informatique pour les intégrer dans les états financiers de synthèse.

Les prestations sociales comme les allocations familiales ou les remboursements de soins resteront versées en francs aux particuliers, mais cette situation pourrait évoluer (pour ceux qui le souhaiteront) avant 2002.

L'établissement des bulletins de salaire

À quel moment passer à l'euro ?

La décision de libeller en euros les bulletins de paye avant 2002 peut être intéressante pour des entreprises à forte intégration européenne.

Plus largement, elle serait même à recommander à toutes celles des entreprises qui le peuvent, afin d'éviter un « big bang » social coûteux et difficile à réussir si toutes les opérations basculent ensemble début 2002. Le rapport Simon-Creyssel souligne le risque de goulot d'étranglement que les entreprises courront dans ce cas, tant chez leurs propres informaticiens que dans les sociétés de service commercialisant des progiciels de paye ou auprès des prestataires de services (comme les 4 000 experts-comptables qui produisent à leur intention près d'un million de bulletins de salaire).

Une anticipation d'au moins un an, c'est-à-dire un passage du système de paye à l'euro au 1er janvier 2001, est fortement conseillée, avec un basculement en début d'année calendaire.

Les changements nécessaires

LE PASSAGE DES BULLETINS DE PAYE à l'euro suppose l'adhésion préalable du personnel, pour des raisons de bon climat social plus que pour des raisons juridiques. Certains experts estiment que ce passage impliquera la modification des contrats de travail individuels, mais ce point de vue est très minoritaire. Le rapport Simon/Creyssel observe que le Code du travail ne précise ni la monnaie dans laquelle les salaires doivent être payés, ni celle dans laquelle le bulletin de salaire — qui n'est pas un élément du contrat de travail — doit être rédigé[1]. En outre, l'établissement du bulletin de salaire en euros n'entraînera aucune conséquence négative pour le bénéficiaire en termes de salaire ou de délai de paiement : il ne saurait donc être considéré comme une modification substantielle du contrat de travail.

Les articles 7 et 14 du Projet de règlement européen sur l'introduction de l'euro autorisent le paiement des salaires, comme de toute dette, en monnaie européenne à partir de 1999. Le même texte (art. 8-3) impose aux banques d'en assurer éventuellement la conversion, afin que le salarié puisse recevoir la monnaie de son choix sur son propre compte.

LE PASSAGE TARDIF À L'EURO DES DÉCLARATIONS SOCIALES compliquera malheureusement beaucoup la tâche des PME qui voudront établir leurs bulletins de salaire en euros : il faudra de multiples convertisseurs, pour les données cumulées mensuelles et trimestrielles comme pour toutes les lignes des déclarations annuelles individuelles...

> Le basculement des bulletins de salaire en monnaie européenne avant la fin de la période transitoire risque dès lors d'être surtout le fait de grandes entreprises.

Le rapport Simon-Creyssel note à ce sujet qu'il faudra examiner la faisabilité technique des bulletins de salaire en euros, pendant la période transitoire, au regard des contrôles effectués par les orga-

---

1. La seule précision apportée par l'article L 143-1 de ce Code est que la monnaie utilisée pour un règlement en espèces doit avoir cours légal, ce qui ne concerne pas les règlements par virement ou par chèque.

nismes sociaux. Il demande qu'à tout le moins les organismes sociaux admettent, pour les entreprises qui auront fait le saut, que les attestations servant de base au calcul des prestations puissent être établies dans la monnaie de libellé du bulletin de salaire. Un groupe de réflexion associant patronat et syndicats travaille sur ces questions au sein du Comité national de l'euro.

À DÉFAUT D'ANTICIPATION, il pourra être utile, pour préparer le personnel au changement, de faire au moins figurer, sur des bulletins restant établis en francs, la contre-valeur en euros du salaire et des autres éléments financiers (cotisations, remboursement de frais, commissionnement des vendeurs, intéressement, plan d'épargne d'entreprise, etc.) avant le basculement de l'ensemble des opérations [1]. 48 % des personnes interrogées par la SOFRES en septembre 1997 souhaitent que ces mentions indicatives figurent sur le bulletin de paye au moins un an avant le passage à l'euro. C'est ce que feront par exemple des entreprises publiques comme Électricité de France dès juillet 1999, pour ses 175 000 salariés, ou Gaz de France et la RATP, également en 1999 (voir page 67 ci-dessus). Rappelons que l'État procédera aussi dès 1999 au double affichage du montant des traitements et pensions de ses agents.

LE CAS PARTICULIER DE L'AGRICULTURE

Les 730 000 entreprises agricoles que compte notre pays — de la petite exploitation individuelle à la PME agro-industrielle — sont sans doute mieux préparées que les autres à l'introduction de la monnaie européenne. Elles vivent en effet depuis longtemps à l'heure de Bruxelles, puisque la politique agricole a été la première — et pendant longtemps la seule — politique commune européenne.

---

1. À l'inverse, en cas de passage des bulletins de salaire à l'euro, il faudra jusqu'en 2002 communiquer en fin d'année aux salariés le montant de leur salaire net imposable en francs. Quelques problèmes d'arrondis se poseront lors du passage, notamment pour les calculs additionnant des rémunérations horaires ou des primes à la pièce, puisque l'effet de l'arrondi est d'autant plus fort, en valeur relative, que le montant de départ est petit.

Les prix garantis des produits, les aides directes au revenu, les tarifs à l'importation et les restitutions à l'exportation sont depuis longtemps établis en écus ; les agriculteurs ont donc en tête des références que d'autres sont moins habitués à manier. Cela mis à part, les problèmes de passage seront les mêmes que pour d'autres PME, mais deux aspects particuliers doivent être soulignés : l'unification effective des marchés ; et la disparition des « montants compensatoires monétaires ».

L'unification effective des marchés

La monnaie unique fera disparaître les dernières barrières qui existent entre les marchés. Cela entraîne des conséquences diverses.

LES DISTORSIONS SUBIES CES DERNIÈRES ANNÉES du fait des dévaluations de la lire et des monnaies ibériques ne seront plus possibles. Nos agriculteurs souffraient du regain de compétitivité du veau italien ou des tomates et des pêches d'Espagne après chaque réajustement de parité et se plaignaient, parfois violemment, de cette concurrence faussée. Dès le 1er janvier 1999, les cours de change seront fixes. En revanche, les prix de vente de la viande britannique, par exemple, continueront à varier au gré du taux de la livre sterling, tant que celle-ci n'aura pas rejoint la zone euro.

> Près de 70 % de nos échanges agricoles étant réalisés avec l'UE, cette assurance de stabilité permettra d'organiser la répartition des productions et la stratégie commerciale dans des conditions optimales.

L'EURO DEVRAIT SE SUBSTITUER EN PARTIE AU DOLLAR comme monnaie de facturation même sur les marchés tiers, pour le plus grand bien de nos agriculteurs (voir « L'euro et le monde »). En contrepartie, les avantages concurrentiels ne pourront provenir que d'une meilleure qualité ou d'une meilleure productivité. Nos atouts naturels et humains favorisent nos producteurs, dans une concurrence loyale, sur bien des produits comme les céréales, le sucre, les produits laitiers, mais la situation restera plus difficile face aux pays du Sud pour les oléagineux et les fruits et légumes.

La disparition des « taux verts »

Les taux de change « verts », propres à la politique agricole commune, devraient disparaître avec l'unification monétaire. Ils sont une complication, une entrave aux échanges et un facteur de distorsion dans l'Europe agricole actuelle.

Le mécanisme des taux verts a été introduit à l'origine pour étaler l'effet d'un changement de parité sur les prix agricoles internes. En cas de dévaluation du franc, nos agriculteurs voyaient les prix communs en écus, une fois traduits en francs, monter d'un coup, ce qui contribuait à l'inflation. En cas de réévaluation du mark, au contraire, leurs collègues de Bavière ou du Palatinat voyaient leur rémunération en marks baisser, ce qui passait difficilement. On avait donc introduit des « taux verts », différents des taux de conversion officiels de l'écu, et des « montants compensatoires monétaires » (MCM) négatifs ou positifs pour compenser ces écarts de taux.

Avec le temps, ces mécanismes se sont montrés difficiles à démanteler, malgré des plans successifs. Le dernier en date, en 1992, a éliminé les MCM mais maintenu (pour la moitié environ de la production agricole) des taux verts différents des taux officiels. Cela a conduit à des distorsions de concurrence fâcheuses pour les agriculteurs français.

L'élimination définitive des taux verts — que le président de la FNSEA Luc Guyau qualifiait récemment d'« extrêmement néfastes pour le développement de l'agriculture française » — ferait disparaître ces distorsions. Elle permettrait en outre au budget européen d'économiser au moins un milliard d'écus (6,5 milliards de francs), qui serviront peut-être à financer d'autres formes de soutien aux agriculteurs ou aux PME en général.

Cependant, il se peut que la Commission européenne, qui attend la décision de mai 1998 sur les pays participants pour fixer sa doctrine, propose encore un système de compensation dégressif pendant la période transitoire... Il faudra aussi établir un système régulateur avec les pays de l'UE non-membres de l'euro. La question reste donc ouverte.

Conséquences pratiques de la suppression des taux verts
– *Pour les produits où les prix européens garantis jouent effectivement,* comme la viande bovine, la baisse du prix d'intervention (due à la suppression du taux vert, supérieur de 1 % au taux officiel) conduira à une légère diminution des prix de vente de marché.
– *Pour les aides directes aux exploitants,* la mesure n'aura pas d'effet avant la campagne 1999/2000, car le montant des aides pour la campagne précédente restera converti au taux vert du 1ᵉʳ juillet 1998.
L'introduction de l'euro devrait donc n'avoir qu'un effet limité et étalé sur les revenus des agriculteurs, tout en améliorant leur position face à leurs concurrents.

LES PME SONT-ELLES SUFFISAMMENT MOBILISÉES POUR PRÉPARER LA MONNAIE UNIQUE ?

La lente prise de conscience des dirigeants

Dans l'ensemble, les patrons de PME françaises sont aujourd'hui encore mal préparés, en général, à affronter les problèmes que nous venons d'évoquer, même si une prise de conscience progressive se manifeste.

Un sondage réalisé début 1997 par *La Tribune* auprès de dirigeants de PME d'Île-de-France les montrait favorables à l'euro à 80 %, mais doutant de sa réalisation effective. Plus de la moitié (53 %) pensaient que le calendrier de la monnaie unique ne serait pas respecté. De ce fait, moins d'une PME interrogée sur dix avait déjà entrepris une démarche de réflexion sur le sujet.

Une enquête de septembre 1997 réalisée par la SOFRES auprès de mille dirigeants de PME de 10 à 500 salariés précise leurs intentions. Le fait marquant est que *37,4 % des sondés comptent passer du franc à l'euro dès 1999*; les entreprises concernées dépassent largement le champ des seuls exportateurs, puisque la proportion est de 42 % pour les seules PME industrielles, mais atteint encore 20 % dans le BTP. Si l'on ajoute aux partisans du basculement précoce ceux qui l'envisageraient entre 1999 et 2002, on observe que plus des deux tiers des PME passeraient à l'euro sans attendre la dernière limite.

Le principal motif cité par les partisans d'un passage précoce à la monnaie unique est l'anticipation sur l'événement, mais la demande de la clientèle est mentionnée dans 15 % des cas. Les principaux avantages attendus du changement sont la disparition du risque de change et, au même rang (38 % des sondés), l'obtention d'un atout par rapport à la concurrence. Malgré cela, une courte majorité doute que l'euro soit profitable à leur entreprise. Les trois quarts des dirigeants interrogés pensent pourtant que la monnaie unique, une fois installée, ne leur posera pas de problèmes ; le quart restant craint davantage les difficultés d'adaptation de la comptabilité et du personnel que les surcoûts.

Relevons enfin que seulement un gros quart (26 %) des PME interrogées ont commencé concrètement à se préparer à l'euro. Ce chiffre a certes doublé par rapport à l'enquête de l'année précédente, mais il reste décevant. Les PME ont donc encore beaucoup à faire pour progresser dans l'indispensable préparation des échéances européennes.

La mobilisation des organisations professionnelles

La grande campagne de communication lancée par les pouvoirs publics à partir de novembre 1997 devrait contribuer à faire évoluer les esprits. En tout état de cause, les organisations syndicales du patronat et les chambres consulaires ont monté une démarche organisée en ce sens. Nous en donnerons simplement ici quelques illustrations.

Le CNPF a constitué un réseau de « correspondants euro » dans les entreprises. Leurs avis et suggestions ont alimenté les travaux du groupe « Simon-Creyssel », actuellement prolongés par six sous-groupes spécialisés, dont les propositions sont apportées, après validation, au Comité national de l'euro. Les Commissions de politique européenne et des finances du CNPF contribuent aussi aux travaux. De nombreuses réunions sont organisées auprès des unions patronales et des fédérations, ainsi que des formations pour leurs dirigeants.

Un guide pratique de 250 pages couvrant 110 questions et réponses a été diffusé en novembre 1997 dans le cadre du « Plan de communication euro » du CNPF. Ce guide de l'euro, édité à 100 000 exemplaires dont certains seront envoyés gratuitement à des entreprises et d'autres mis en place par les fédérations patronales, sera régulièrement mis à jour[1].

Une vidéo d'information, un site Internet dédié, un service de renseignements téléphoniques « Allô euro » et un bimensuel, *Euromag*, ont également été lancés. Une partie du coût est prise en charge par l'Union européenne.

La CGPME a constitué un groupe de réflexion sur la monnaie unique qui se réunit régulièrement et a lancé en novembre 1997 un programme de préparation à l'euro, appuyé par la Commission européenne. Une équipe de 180 formateurs se rendra début 1998 dans les PME de quatre régions-pilotes pour leur apporter sur place une sensibilisation (« diagnostics euro ») et une formation ; cet appui sera ensuite élargi à tout le pays. Un site Internet a été ouvert.

L'ASSEMBLÉE DES CHAMBRES FRANÇAISES DE COMMERCE ET D'INDUSTRIE (ACFCI) a lancé un « plan euro » et créé un service Minitel et un site Internet à l'intention des chefs d'entreprise. Elle a réalisé en 1997, avec le ministère de l'Industrie, une expérimentation en « grandeur nature » d'introduction de la monnaie unique dans l'ensemble des fonctions de dix entreprises de la région parisienne.

LES CHAMBRES DE COMMERCE ET D'INDUSTRIE (CCI), LES CHAMBRES DES MÉTIERS ET LES CHAMBRES D'AGRICULTURE organisent de nombreux forums régionaux et réunions de terrain avec des clubs d'industriels et des assemblées de commerçants. La plupart des CCI ont ouvert des points d'information sur l'euro et 170 d'entre elles ont un correspondant

---

1. L'Association pour l'Union monétaire de l'Europe publie également un guide pratique d'une quarantaine de pages, spécialement destiné aux PME (le premier exemplaire est gratuit).

euro. En outre, certaines d'entre elles hébergent un « info centre » (un des 32 centres d'information sur l'Europe pour les entreprises ouverts dans les quinze pays de l'Union européenne[1]). Ces centres publient des brochures *Euro mode d'emploi*.

Les organisations des professions libérales les plus en contact avec les PME sur ces problèmes — avocats, experts-comptables, notaires — ont commencé à mettre en place une communication adaptée et des services de conseil.

• *Un GIE « avocats et entreprises »* a été créé ; il organisera un colloque sur l'euro en 1998 ; la délégation des barreaux de France à Bruxelles a publié les conclusions d'un groupe de travail sur l'euro.

• *L'ordre des experts-comptables* a constitué un groupe de travail sur la monnaie unique ; un représentant de la profession siège, dans chaque département, au « comité de pilotage » local (voir « L'euro et les particuliers ») ; un questionnaire va être adressé à 2 000 entreprises. La Fédération européenne de la même profession (FEE) a établi quatre « check-lists » pour aider les PME. Ensemble, la FEE et l'ordre français publient une nouvelle revue : *Euronews*.

• *Le Conseil supérieur du notariat* se consacre surtout à la formation interne des 44 000 agents de la profession ; il participe au Conseil national de l'euro et aux comités départementaux.

Les patrons de PME souhaitant se mettre à jour — ce qu'on ne peut que leur recommander — n'auront donc que l'embarras du choix entre ces excellentes sources.

Observons cependant que c'est en priorité de trois types de spécialistes qu'ils attendent conseil et informations : un sondage IPSOS montrait, début 1997, que 68 % des personnes interrogées attendaient des informations des banques, avant le gouvernement, et bien avant les organisations professionnelles ; un sondage plus récent de la SOFRES (septembre 1997) donnait un tiercé différent, plaçant en tête l'expert-comptable (à 33 %) et le prestataire de services informatiques

---

1. Des efforts analogues sont faits par les homologues de nos CCI à l'étranger. Par exemple, la Fédération des CCI allemandes (DIHT) a lancé une longue campagne de sept ans en deux phases, en coopération avec la Commission de Bruxelles, pour préparer le passage du mark à l'euro. Elle a ouvert une base de données sur Internet, élaboré un « vade-mecum de l'euro », créé un centre d'expertise, etc. Chacune des 83 CCI allemandes a désormais un chargé de mission euro.

(à 25 %), puis le banquier (à 22 %), mais toujours loin devant les pouvoirs publics et les chambres consulaires qui, ensemble, comptent moins de 10 % des attentes. Malgré cela, à peine 30 % des dirigeants des PME interrogés ont déjà évoqué la question avec leur banquier (nous reviendrons sur cet aspect dans « L'euro et les banques »).

L'euro et les grandes entreprises

Beaucoup de questions touchant à l'introduction de la monnaie unique sont communes à toutes les entreprises : les observations faites à propos des PME ont donc une portée générale (voir « L'euro et les PME »). Toutefois, les grandes entreprises ont aussi des spécificités qui méritent un examen particulier.

Elles sont plus internationalisées que la plupart des PME, et nombre de grands groupes français sont aujourd'hui des multinationales qui réalisent la majorité de leurs ventes et de leurs bénéfices hors de l'Hexagone. Cela les rend, *a priori*, plus conscients de l'intérêt d'un meilleur fonctionnement du marché unique européen et des simplifications qu'apportera l'euro : leurs opérations financières transfrontières en bénéficieront, aussi bien que le fonctionnement interne de groupes situés « à cheval » sur plusieurs pays européens.

Disposant de services fonctionnels plus étoffés, les grands groupes ont été mieux en mesure de se préparer aux échéances européennes. On ne trouve pas, chez eux, la même crainte de l'inconnu que chez les PME ou surtout les très petites entreprises, qui ont nécessairement plus de mal à faire face à l'innovation hors de leur secteur d'excellence.

C'est sans doute pour ces deux types de raisons que les grandes entreprises sont dans l'ensemble nettement plus « allantes » sur l'Union monétaire. Ce fait est important, compte tenu de leur influence auprès des media, des pouvoirs publics, voire de l'opinion en général.

L'ATTITUDE DES GRANDS GROUPES FACE À L'EURO

Les grandes entreprises françaises considèrent (comme leurs homologues européens, y compris en Grande-Bretagne) que les avantages de la monnaie unique l'emportent largement sur ses inconvénients. Cette position est d'ailleurs partagée en principe par les PME, puisque le CNPF a adopté à l'unanimité, dès mars 1996, une position favorable à l'instauration de l'euro. Elles s'y préparent donc activement, pour ne pas perdre pied dans la concurrence.

Les avantages attendus de l'Union

LA SUPPRESSION DE L'OBSTACLE AUX ÉCHANGES qu'est encore le passage d'une devise à une autre — même au sein du « grand marché européen » réalisé en 1993 — permettra un accroissement des mouvements transfrontaliers et une meilleure visibilité des prix. Un marché réellement unifié de 290 millions d'habitants (à onze) ouvrira de nouveaux débouchés et facilitera les approvisionnements. La contrepartie sera naturellement une concurrence plus vive. Nos grandes entreprises estiment être en mesure de l'affronter victorieusement ; l'excédent de notre commerce extérieur semble leur donner raison.

LA FIN DES PERTURBATIONS DUES AUX VARIATIONS DE CHANGE ET PARFOIS AUX DÉVALUATIONS « DE COMBAT » FAVORISERA LES ENTREPRISES. On sait combien notre industrie automobile par exemple a souffert de la chute des cours de la livre, de la lire et de la peseta à partir de 1992. Il en a été de même pour bien d'autres branches, comme le textile, le cuir, le jouet. De telles pertes ne pourront pas se reproduire envers les monnaies qui seront dans la zone. De ce fait, la majorité de nos échanges extérieurs totaux (qui s'effectuent déjà à 64 % avec les pays de l'UE) seront à l'abri des fluctuations monétaires. Même avec les monnaies tierces comme le dollar (et la livre anglaise jusqu'à son intégration), on peut penser que l'euro aura un rôle stabilisateur.

LA DISPARITION DES SURCOÛTS LIÉS À LA MULTIPLICITÉ DES DEVISES À GÉRER représentera un gain important. La Commission européenne estime que la seule suppression des coûts de conversion générera, pour l'ensemble des entreprises de l'Union, une économie annuelle de 150 à 200 milliards de francs ! De fait, l'entreprise n'aura plus à conserver des soldes en chaque devise européenne, souvent mal rémunérés lorsqu'ils sont créditeurs, et onéreux lorsqu'ils sont débiteurs. Ils seront avantageusement remplacés par un compte unique en euros, à partir duquel les conversions pourront toujours se faire (mais avec des commissions de change nulles ou réduites) jusqu'en 2002, pour ceux qui voudront être réglés dans leur monnaie nationale.

LA SUPPRESSION DU RISQUE DE CHANGE fera disparaître la nécessité de se couvrir à terme. La simplification du travail des services financiers allègera les frais de fonctionnement. Cet effet est naturellement d'autant plus important que les grands groupes ont souvent une part élevée de leur activité dans le commerce intracommunautaire.

LA DISPONIBILITÉ D'UNE ÉPARGNE ABONDANTE EN EUROPE, complétée par les capitaux extérieurs qui viendront s'investir dans une des principales monnaies d'échange et de réserve mondiales, garantira des taux d'intérêt bas. La baisse des taux de quatre points acquise depuis 1995, en bonne partie grâce aux perspectives de l'Union monétaire (et aux efforts de rigueur consentis pour y parvenir), représente déjà une économie de charges d'intérêt supérieure à 100 milliards de francs pour les agents économiques français. Ces taux seront, de plus, les mêmes à travers la zone, sous réserve de la qualité de la signature de l'emprunteur. Le financement des investissements sera donc facilité.

Comment les grandes entreprises se préparent-elles ?

Les grandes entreprises ont conscience de ces atouts et savent qu'elles auront avantage à être les premières dans la course à l'euro :

avantage commercial dans la concurrence internationale, avantage psychologique d'un instrument moderne, avantage stratégique dans une politique de groupe. Elles savent aussi que se préparer tôt est le meilleur moyen de réduire le coût du passage.

Une enquête récente (mai 1997) de l'Observatoire de l'euro créé par l'Association française des trésoriers d'entreprise (AFTE) donne des indications sur l'état réel de la préparation.

Une courte majorité des 327 grandes et moyennes entreprises couvertes ont déjà désigné un « M. (ou Mme) euro » et mis en place un comité de pilotage pour définir et mettre en œuvre un plan d'action en vue du passage à l'euro[1], alors qu'un quart seulement des PME ont fait la même démarche, selon l'enquête SOFRES présentée plus haut (p. 156) et une étude de la CEGOS. Les sociétés de conseil en gestion regrettent que le choix se porte souvent sur un cadre de la direction financière, alors qu'il doit s'agir d'un projet stratégique pour l'entreprise car il englobe comptabilité, informatique et bien sûr trésorerie, mais aussi le marketing, la politique d'approvisionnement, les ressources humaines, les relations avec les filiales... Selon le sondage de l'AFTE cependant, la direction générale est impliquée dans les trois quarts des cas. Malgré cela, le nombre d'entreprises ayant déjà pris des décisions concrètes reste faible : 18 % ; mais 80 % des firmes interrogées disent vouloir entreprendre la sensibilisation de leurs salariés dès 1999.

La plupart des grandes entreprises semblent décidées à lancer au moins certaines opérations en euros dès 1999. Le basculement des marchés monétaire et financier les y contraindra d'ailleurs pratiquement pour les activités de leur direction financière. On peut donc penser qu'elles publieront des comptes, passeront des commandes à leurs fournisseurs et factureront une bonne part de leurs clients français en euros dès le début de la période transitoire.

Dans l'enquête AFTE, un peu plus du tiers des entreprises optent pour un basculement complet à la monnaie unique à cette date. Un passage partiel à l'euro semble ne guère faire difficulté pour les autres, car les grands groupes envisagent plus aisément que les PME la tenue

---

1. Exemples cités par le journal *La Tribune* : la cellule euro de Rhône-Poulenc, constituée depuis mai 1996, comprend vingt personnes et est appuyée par 8 équipes décentralisées ; chez Peugeot-Citroën, 200 personnes seraient associées aux travaux sur l'euro depuis août 1996.

d'une double comptabilité pendant toute la période de transition 1999-2001. Le passage à l'euro de leur comptabilité générale et de leurs comptabilités auxiliaires se ferait en conséquence par tranches séparées — la partie concernant la « sphère sociale » étant plutôt reportée à la fin de la période.

> La facturation en euros ne sera donc pas systématique — ce qui répondra au vœu de certains patrons de PME de ne pas être contraints de traiter en monnaie européenne avant l'heure.

Quel sera le rythme du basculement ?

Les opinions sont partagées sur le rythme à adopter pour ce passage.

Certains responsables estiment qu'il ne peut être que progressif. Ainsi, les sociétés publiques et privées de distribution des fluides (eau, électricité, gaz, etc.) envisagent d'émettre, tôt en 1999, des factures en francs comportant un montant en euros pour information, puis d'évoluer, autour de 2001, vers des factures en euros avec un montant en francs pour information.

Des groupes manufacturiers comme Renault et Peugeot ont choisi une stratégie plus offensive d'affichage de *tous* leurs prix à la fois en monnaie nationale et en euros dès le 1er janvier 1999 : par exemple, les 4 000 concessionnaires du Groupe PSA devront pouvoir émettre des factures dans l'une ou l'autre monnaie, au gré de l'acheteur[1] ; sans y être contraint, le client pourra donc commander sa voiture directement en euros, ce qui lui donnera des repères, car c'est bien en monnaie unique qu'il devra la revendre après 2002. Le GIE Airbus, qui opérait exclusivement en dollars, passerait lui-même en partie à la monnaie européenne. Pechiney établira son budget prévisionnel pour 1999 en euros. Rhône-Poulenc a aussi choisi d'adopter l'euro pour ses

---

1. Sur le plan interne, le groupe Peugeot prévoit un basculement progressif de sa comptabilité au quatrième trimestre 2000 et au premier trimestre 2001, sauf pour les salaires qui ne passeraient à l'euro qu'au 1er janvier 2002 (mais le total du salaire en euros figurera pour information sur les fiches de paye dès 1999).

comptes consolidés dès 1999, mais n'imposera pas la monnaie européenne à ses filiales.

Selon certaines sources, d'autres entreprises seraient encore plus allantes : une étude de l'Association pour l'Union monétaire de l'Europe montre qu'après évaluation de l'impact, nombre d'entre elles seraient décidées à passer à l'euro dès 1999 et si possible en une seule fois.

COMMENT OPÉRERONT LES GRANDS GROUPES AVEC L'EXTÉRIEUR ?

L'utilisation de l'euro influera sur les échanges internationaux, qui prennent une importance croissante dans un monde de plus en plus ouvert et interdépendant — c'est ce qu'on appelle souvent la « globalisation ».

Les échanges commerciaux se feront-ils en euros ?

Le principe énoncé dès le Conseil européen de Madrid, fin 1995, que nous avons vu s'appliquer sur le plan intérieur, prévaudra aussi dans les échanges entre pays de la zone euro : il n'y aura « ni obligation ni interdiction » pour les opérateurs privés d'utiliser la monnaie européenne.

> Le recours à l'euro pour les facturations intra-européennes dépendra donc entièrement de la volonté des parties, pendant toute la période transitoire 1999-2002.

La préférence d'une bonne part des grands groupes, et celle des PME les plus modernes et les plus engagées à l'international, sera certainement de traiter en euros avec le plus de partenaires possible. C'est en effet pour leurs opérations extérieures que les entreprises tireront le plus grand profit des simplifications apportées par l'usage d'une monnaie unique.

• *Les ventes toutes facturées dans la même monnaie* donneront des recettes sûres et facilement comparables.

• *Le fait de passer les commandes et de régler les achats en euros à la plupart de leurs fournisseurs* (sans, cependant, le leur imposer) permettra aux importateurs de calculer plus facilement leur prix de revient ; ils pourront aussi homogénéiser leur politique d'approvisionnement : on hésitera moins à s'adresser à un fournisseur de l'autre côté du Rhin, des Alpes ou des Pyrénées si l'on sait que ses livraisons échappent désormais à tout risque de fluctuation de change. Les sous-traitants français dont les prix, traduits dans le dénominateur commun qu'est l'euro, ne seraient pas compétitifs pourraient perdre certains de leurs grands clients, mais d'autres en gagneront...

Cependant, il ne faut pas sous-estimer les coûts liés à un changement de fournisseur : les grandes entreprises auront intérêt à préserver les relations établies de longue date avec leurs sous-traitants et à les aider à évoluer ; ceci concerne aussi leur adaptation à l'euro, par exemple grâce à la délégation par la grande entreprise de certains de ses conseils dans le cadre de missions de formation.

• *Tout ceci contribuera à intensifier les échanges* commerciaux entre pays de la zone. Il sera tout de même plus aisé pour un grand manufacturier de s'adresser, dans la monnaie commune, à un sous-traitant autrichien ou irlandais pour ses pièces mécaniques ou à un assureur hollandais pour couvrir ses risques spécifiques que de recourir à des fournisseurs non européens. La difficulté propre aux opérations de change internationales ne s'ajoutera plus à la complexité du problème à traiter. Voilà pourquoi on peut compter que les grandes entreprises importeront et exporteront le plus souvent en euros.

Les répercussions comptables des opérations transfrontalières

À partir de 2002, les opérations se feront toutes en euros. Les questions qui se posent concernent donc la période de transition.

Le principe général

• *La facturation directe des clients en monnaie européenne,* chaque fois que possible, sera le point de départ d'une chaîne continue, identique quel que soit le pays de livraison au sein de la zone euro. Cette comptabilité commerciale auxiliaire en euros alimentera la comptabilité générale, d'abord par un « convertisseur » en bout de chaîne, puis directement dès que l'ensemble des comptes aura basculé vers la monnaie européenne.

• *Pour les clients et les fournisseurs qui préféreront continuer à traiter dans leur monnaie nationale,* les logiciels comptables multidevises déjà en place pourront continuer à fonctionner, le résultat final étant simplement « traduit » en francs ou en euros, au cours invariable applicable à partir du 1er janvier 1999. En effet, les parités des devises européennes entre elles et par rapport à l'euro seront définitivement figées à cette date. Il n'y aura donc, dès lors, plus aucune différence de change à enregistrer.

Comment régler les écarts de conversion initiaux ?

Il faudra cependant avoir réglé auparavant une difficulté particulière qui se posera au début de la phase de transition : comment passer au nouveau système pour l'établissement des comptes sociaux de 1998 ?

En effet, 1998 sera la dernière année où des fluctuations de change se produiront entre monnaies de la future zone euro connues depuis mai 1998 (voir « Le calendrier de l'euro »). Au 1er janvier 1999, la comptabilité internationale des entreprises passera dans un nouvel univers de changes fixes ; les pertes et gains de change déjà acquis sur les créances et dettes libellées en devises ne pourront plus varier. Ces écarts de conversion doivent donc être enregistrés d'une manière ou d'une autre. Mais à quel cours ?

Le Plan comptable général prévoit de retenir le dernier cours de change de l'exercice concerné pour évaluer les actifs et passifs détenus en devises ; or ce cours pourrait être légèrement différent, au 31 janvier 1998, du cours définitif applicable au 1er janvier de l'exercice suivant. Pour éviter cette difficulté, il a été convenu d'utiliser la parité fixe applicable à partir du 1er janvier 1999 pour établir les comptes sociaux et les comptes consolidés de 1998[1].

_____

1. Cette position est confirmée par le rapport sur les aspects comptables de l'introduction de l'euro publié par la Commission de Bruxelles début 1997. La Fédération des experts-comptables européens (FEE) indique aussi que les taux de conversion fixes du 1er janvier 1999 doivent être utilisés comme taux de clôture lors de l'établissement des états financiers au 31 décembre 1998.

• *Les écarts de conversion* seront ainsi figés sur cet exercice ; les états financiers des années antérieures seront également convertis à la parité définitive du 1er janvier 1999, en indiquant seulement, pour information, le cours de change réel de l'écu en francs pour l'exercice concerné.

• *Les gains et pertes de change* (précédemment en suspens) sur les avoirs et dettes de l'entreprise en devises de la zone euro seront donc à intégrer au compte de résultats pour 1998 dès leur constatation. La Commission européenne permet toutefois de différer les gains (et non les pertes) de change sur les actifs et passifs monétaires à *long* terme[1].

• *Les écarts de change accumulés* seront donc enregistrés en 1998, sauf à étaler la perte de change sur la durée restante d'un emprunt — ou du bien que celui-ci a servi à acheter, si sa vie est plus courte —, comme le permet le Plan comptable général[2].

• *Pour les actifs non monétaires* tels que l'immobilier ou les titres et dotations de filiales étrangères (qui sont actuellement retracés dans les comptes au coût historique, c'est-à-dire celui de la date de leur acquisition), il est préconisé de reclasser les différences constatées dans les réserves de la société mère ; cela supposera une modification de certains textes en vigueur, notamment pour autoriser une correction partielle de la valeur de ces actifs.

• *Quant aux comptes consolidés,* le rapport Simon-Creyssel n'a pas tranché entre deux solutions :

– conserver les écarts de conversion en attente au bilan, sur une ligne spécifique des capitaux propres, tant que la filiale concernée n'est pas cédée. Lors de cette cession (ou de la liquidation de la filiale), ils apparaîtront en plus ou moins-value dans le résultat global ;

– les supprimer du bilan en les imputant sur les réserves de la société mère (ce qui ne modifie pas pour autant le total des capitaux propres du groupe, mais faussera le calcul du résultat futur de cession).

Dans un cas comme dans l'autre, on évite le passage immédiat des

---

1. Ce point de vue est contesté par la FEE, qui voudrait que l'option ouverte aux entreprises soit limitée à certains cas précis, et qu'elle puisse jouer pour les pertes comme pour les gains de change.

2. En outre, en cas de différentiel de taux d'intérêt sur un emprunt ou un prêt consenti en devises, la différence de change pourrait être étalée pour se compenser dans les résultats avec ce différentiel : par exemple, un prêt consenti en pesetas en 1992 fera apparaître, fin 1998, une perte de change, mais celle-ci sera peu à peu compensée par des intérêts (désormais en euros) plus élevés.

écarts de conversion par le compte de résultats, qui ne traduirait pas la contribution économique réelle de la filiale au groupe. Ces solutions s'appliquent au cas (de loin le plus fréquent) des filiales autonomes. En revanche, pour les filiales non autonomes, les écarts constatés fin 1998 devront passer en résultat.

Les aspects juridiques

Dès 1999, les contrats internationaux libellés en écus passeront automatiquement à l'euro. Le même changement interviendra au plus tard en 2002 pour les engagements libellés en francs.

Malgré ce changement de monnaie, la continuité de l'application des engagements devrait prévaloir dans les relations avec les pays tiers, même dans les contrats soumis à la juridiction de tribunaux non européens. Ces tribunaux appliquent la loi monétaire du pays dont relève l'entreprise. Cette loi est souveraine et s'impose aux parties, comme le rappelle l'article 8 du préambule du règlement européen du 17 juin 1997 : « L'introduction de l'euro constitue une modification de la loi monétaire de chacun des États membres participants ; la reconnaissance de la loi monétaire d'un État est un principe universellement reconnu... (elle) doit entraîner la reconnaissance de la continuité des contrats... dans l'ordre juridique des pays tiers. » Les États de New York et de l'Illinois ont d'ailleurs déjà adopté des lois garantissant cette continuité des engagements.

Selon les juristes européens, même les pays où la théorie de l'imprévision ou le concept de frustration existent ne pourraient les invoquer pour résilier ou modifier les contrats. Sauf disposition expresse du contrat international prévoyant sa caducité ou sa modification en cas de passage à l'euro, il ne devrait donc pas y avoir de problème pour son maintien. Cependant, on peut par précaution prévoir des clauses particulières :

Par mesure de prudence

– *Pour les contrats futurs,* la sécurité maximale sera malgré tout d'ajouter une clause d'attribution de juridiction afin d'éviter qu'un juge puisse décider d'écarter l'application d'une loi étrangère en s'appuyant sur son ordre public national. Cette clause prévoira expressément que le droit applicable au contrat sera celui de l'un des États participant à l'Union monétaire, et que le juge compétent sera situé dans un État de l'Union.

– *Pour les contrats en cours,* il serait également opportun d'insérer cette clause lorsqu'elle manque. Une telle précaution ne sera cependant pas toujours possible, car la pratique commerciale amène beaucoup de contrats à prévoir un recours à l'arbitrage devant la Chambre de commerce internationale, en cas de conflit. On pourrait alors penser à inclure dans les dispositions une clause spécifique indiquant que la monnaie du contrat sera remplacée à terme par la monnaie unique, en application des Traités. Les experts déconseillent cependant l'insertion d'une telle « clause de continuité » : elle serait selon eux inutile et même dangereuse dans le cas où elle se généraliserait, car les juges seraient alors tentés de tirer des conséquences de son absence dans les contrats qui en seraient dépourvus (« negative inference »).

– *Si le contrat en cours ou futur reste soumis à la loi d'un État tiers ou attribue compétence à une juridiction hors Union européenne,* il est très souhaitable de faire figurer le rappel du proche passage à l'euro sous forme d'une « clause d'information ». Les juristes de l'AFECEI ont étudié la rédaction d'une clause type de ce genre[1] ; une démarche analogue est proposée par le groupe de juristes des ministères (Affaires étrangères et Défense) qui se sont penchés sur la question. Il faudra également vérifier qu'il n'existe pas dans le contrat de clauses ambiguës relatives aux « circonstances nouvelles », qui pourraient faciliter une remise en cause.

---

1. « Il est rappelé que les créances de sommes d'argent libellées et/ou payables dans une unité monétaire d'un pays membre de l'UE en vertu de la présente convention seront considérées, de plein droit, comme libellées et/ou payables en monnaie unique européenne, lorsque cette unité monétaire nationale cessera d'avoir cours légal ou, plus généralement, sera remplacée par la monnaie unique européenne conformément à la réglementation communautaire et/ou nationale applicable. » Une clause analogue est à insérer pour les contrats libellés en écus.

> – *Pour les contrats comportant des références à des indices* ou à des taux d'intérêt nationaux qui disparaîtront du fait du passage des marchés financiers à l'euro en 1999, la jurisprudence française considère que ces éléments peuvent être remplacés par l'indice « économiquement le plus proche ». Elle va prochainement être confortée par le projet de loi en préparation sur le passage à l'euro. Il sera toutefois prudent d'insérer dans les contrats internationaux une clause type prévoyant qu'en cas de modification de la composition ou de la définition de la référence, le taux ou l'indice issu de cette modification s'appliquera de plein droit.

Que deviendront les transactions avec la zone franc ?

Une précision complémentaire s'impose pour nos entreprises commerçant avec l'Afrique : les relations monétaires et financières spéciales que nous entretenons avec les quinze pays qui ont le franc CFA pour monnaie seront maintenues.

Le taux de change fixe d'un franc français = 100 FCFA sera simplement converti en euros. Un euro vaudra donc, selon l'hypothèse retenue ici 650 FCFA (et 489 F comoriens). Par ailleurs, les accords par lesquels le Trésor public français garantit la convertibilité du franc CFA, notamment à travers le mécanisme du « compte d'opérations », sont des accords interétatiques auxquels la participation de la France à l'Union européenne ne changera rien. Le traité de Maastricht le garantit[1].

Il est très probable que, sur cette base, l'euro sera la monnaie dominante des échanges entre cette partie de l'Afrique (y compris sans doute quelques pays voisins) et les pays européens (nous y reviendrons dans « L'euro et le monde »).

Les départements français d'outre-mer, où le franc circule comme dans l'Hexagone, font partie intégrante de l'UE et passeront à l'euro en même temps que la métropole. Pour les territoires d'outre-mer, le maintien du franc CFP est garanti par le protocole n° 13 annexé au

---

1. Article 109-5 : « Sans préjudice des compétences et des accords communautaires dans le domaine de l'UEM, les États membres peuvent [...] conclure des accords internationaux. »

Traité européen, selon lequel « la France sera seule habilitée à déterminer la parité du franc CFP ».

QUELLES SERONT LES CONSÉQUENCES DE LA MONNAIE UNIQUE EN DROIT DES SOCIÉTÉS ?

L'introduction de la monnaie unique posera à tous les agents économiques des problèmes de transcription des seuils réglementaires, actuellement définis en francs. Les grandes entreprises, qui ont presque toutes la forme de société anonyme, auront en outre des problèmes juridiques particuliers à traiter, notamment à l'égard de leurs actionnaires.

Les problèmes de seuils

Le passage à l'euro nécessitera dans la plupart des cas la révision des seuils réglementaires aujourd'hui applicables. Prenons un exemple : le capital minimum d'une SARL est actuellement de 50 000 F. Après conversion, ce montant donne la somme, peu commode à retenir, de 7 692 euros. Il faudra donc rétablir des seuils plus accessibles et, afin de permettre aux nouvelles sociétés de se créer directement en monnaie unique, notifier dès début 1999 le montant minimal du capital exigé.

Exemples de dispositions fiscales, sociales ou réglementaires concernées

– En matière fiscale : les amendes à 250 ou 600 F, les seuils d'exonération à l'impôt sur le revenu, les plafonds d'application du forfait ou du régime simplifié en matière d'impôt sur les bénéfices ou de TVA, le montant à partir duquel les plus-values des particuliers sont taxables (50 000 F en 1998), le montant au-dessus duquel une déclaration d'ISF est exigée.

> – En matière sociale : le SMIC, le montant forfaitaire des avantages en nature, le plafond de Sécurité sociale (13 720 F).
> – En droit des sociétés : le chiffre d'affaires à partir duquel la désignation d'un commissaire aux comptes est nécessaire (20 millions de F) et celui au-dessus duquel des documents comptables prévisionnels doivent être établis (120 millions de F) ;
> – Pour les associations : le montant des subventions à partir duquel elles sont soumises à des obligations spéciales (1 million de F).

Ces seuils ayant été prévus par des textes législatifs ou réglementaires différents, le principe juridique du parallélisme des formes imposera de modifier chacun d'entre eux. Cela prendra nécessairement du temps.

La révision complète des textes, nécessaire en 2002 au plus tard, sera donc entreprise bien avant, comme le gouvernement l'a annoncé fin novembre 1997.

> À tout le moins, il serait judicieux pour éviter toute contestation que les entreprises et leurs salariés reçoivent au plus tôt la conversion en euros des principaux barèmes et seuils sociaux. Ces nouveaux seuils en monnaie européenne gagneraient à être déterminés en chiffres ronds (avis du Conseil national de la consommation du 17 juin 1997).

Le cas des sociétés anonymes

L'ajustement du capital social

L'intérêt des entreprises constituées sous forme de société par actions sera de libeller leur capital en euros dès le début de 1999, même si elles ne souhaitent pas anticiper sur le basculement du reste de leur comptabilité.

Les sociétés cotées seront naturellement conduites à cette anticipation, puisque la Bourse sera en euros, mais cela peut aussi faciliter la communication financière de PME non cotées. À partir de 2002, ce basculement sera obligatoire pour tous.

Il faudra modifier la loi du 24 juillet 1966 sur les sociétés afin de permettre les ajustements nécessaires[1], comme le fait le projet de loi récemment déposé devant le Parlement allemand (qui prévoit entre autres de réduire la valeur nominale minimale des actions à un euro).

UNE PREMIÈRE POSSIBILITÉ consistera à convertir chaque action en euros puis à arrondir le nominal soit à la hausse, soit à la baisse. En effet, une action d'un nominal de 100 F, par exemple, vaudra après conversion 15,38 euros. Si l'on veut que la valeur de l'action corresponde à un nombre entier en monnaie unique, on devra arrondir le nominal soit en baisse à 15 euros, soit en hausse à 16 euros. Supposons un capital social initial de 100 millions de F, correspondant à 1 million d'actions : il faudra une réduction du capital pour le ramener à 15 millions d'euros (au lieu de 15,38) dans le premier cas et une augmentation de capital, par exemple par incorporation de réserves, pour le porter à 16 millions d'euros dans le second.

Pour éviter d'avoir à tenir une assemblée générale extraordinaire, ce qui est normalement nécessaire pour changer le montant du capital, le texte à mettre en place devrait déroger au droit commun des augmentations et réductions de capital. Il s'agirait de simplifier les procédures pour ces dernières[2] et d'une façon générale d'autoriser une délégation des décisions nécessaires au conseil d'administration ou au directoire.

UNE AUTRE MÉTHODE sera de convertir globalement le capital social en euros, puis d'ajuster le nombre de titres en conséquence. Cela évitera (à 0,99 euro près) de modifier le montant du capital social, mais nécessitera un échange de titres avec règlement en espèces des rompus.

---

1. La jurisprudence (et non la loi) actuelle tolère seulement le libellé du capital social en écus, à condition toutefois que la contre-valeur en francs de ce capital soit indiquée dans les comptes.

2. La loi actuelle prévoit la possibilité pour les créanciers de s'opposer à une telle réduction, et l'empêche en présence d'obligations convertibles ou de bons de souscription. Sur le plan fiscal, la réduction du capital est peu avantageuse pour les actionnaires, car le gain en capital réalisé est taxé comme un simple revenu. En cas d'augmentation du capital, en revanche, la société n'est taxée que d'un droit fixe de 500 F.

UNE TROISIÈME SOLUTION serait l'introduction dans notre droit des sociétés d'actions sans valeur nominale, solution vers laquelle se dirige le projet de loi déposé au Parlement allemand. Ces titres (prévus par le droit européen, mais non introduits en France à ce jour) n'ont pas de valeur faciale et représentent simplement une fraction donnée de la propriété de la société. Leur valeur réelle est obtenue par simple division du montant du capital social de l'entreprise par le nombre de titres. Dans l'exemple précité, on aurait des actions valant chacune un millionième du capital de 100 millions de francs ; après conversion de celui-ci en 15 384 615 euros, chaque action vaudrait 15,38 euros, sans autre complication. Il suffirait pour y parvenir de supprimer l'obligation pour les sociétés de mentionner la valeur nominale de leurs parts dans leurs statuts. C'est ce que prévoira le projet de loi annoncé pour le printemps 1998 dans le cadre du plan national de passage à l'euro.

La distribution de dividendes et la publication des comptes

Pour éviter des problèmes d'arrondis lors des virements interbancaires (qui se feront en tout cas en euros dès 1999), le rapport Simon-Creyssel propose que l'assemblée générale de la société se prononce sur un montant global à distribuer libellé en euros et non en francs, même si la comptabilité générale est restée en monnaie nationale. Le dividende à verser à chacun, une fois converti en francs, sera alors exact au centime près.

Le rapport complémentaire publié en octobre 1997 par les responsables précités considère qu'il devrait au surplus être possible de publier soit l'ensemble des comptes sociaux, soit les seuls comptes consolidés en euros, même à partir d'une comptabilité demeurée en francs. L'assemblée générale des actionnaires approuverait des comptes « traduits » en monnaie européenne, sous le contrôle des commissaires aux comptes.

COMMENT LES GRANDES ENTREPRISES VONT-ELLES ADAPTER LEUR STRATÉGIE AUX NOUVELLES POSSIBILITÉS ?

Les grands groupes sont déjà tous plus ou moins multinationaux. Toutefois, l'introduction de la monnaie unique va encore accentuer cet aspect, en modifiant tout leur environnement. Cela les amènera à concevoir une nouvelle stratégie commerciale d'emblée à l'échelle européenne ; à entretenir une trésorerie de groupe unique en euros ; enfin, à réorienter l'organisation des filiales à l'échelle européenne.

La révision des stratégies de marketing

L'approche commerciale devra être profondément revue pour tirer parti des nouvelles opportunités ouvertes par la monnaie unique.

L'euro permettra des comparaisons de tarifs faciles et instantanées. Libellés dans la même monnaie, les écarts de prix seront forcément plus criants. Or ils sont aujourd'hui importants, atteignant jusqu'à 30 % parfois pour le même produit, dans le secteur de l'automobile par exemple. Chaque constructeur cherche en effet à gagner des parts de marché dans les pays voisins en y offrant des prix plus compétitifs, et à « se rattraper » en gardant des marges plus confortables sur son marché national...

• *La disparition du voile monétaire qui obscurcissait la concurrence parachèvera le « grand marché européen »* encore incomplet, mis en place entre 1990 et 1993. Que serait le marché unique américain, par exemple, s'il comptait quinze monnaies différentes ? L'unification effective du marché européen par l'euro mettra au premier plan les écarts de qualité des produits, de compétitivité des tarifs, de productivité et de créativité. La spécialisation de la firme dans un créneau porteur deviendra un facteur encore plus crucial. Les différences se feront sur des facteurs comme l'innovation.

• *Cette nouvelle donne conduira forcément les firmes à aligner en peu d'années tous leurs prix (hors taxes) dans la zone euro,* ôtant sa substance au fructueux métier d'importateur parallèle, qui repose sur les écarts de tarifs actuels. Cela mettra aussi en évidence pour les consommateurs les écarts de fiscalité qui, eux, demeureront.

• *L'unification monétaire conduira en même temps à des choix différents en termes de marketing* : les « cibles » visées par les campagnes promotionnelles, l'approche des différents types de clientèle, seront repensées à l'échelle européenne ; la gamme des produits offerts en euros, la présentation des collections, devront être modernisées. Comme dans le secteur de la distribution, les entreprises en relation avec le public devront concevoir une politique de communication adaptée et se poser le problème du double affichage des prix.

La centralisation de la trésorerie en euros

Bien que la plupart des grandes entreprises centralisent déjà en principe leur trésorerie et leur politique d'emprunts et de placements au niveau du groupe, l'existence de devises nationales différentes conduit souvent à laisser des encaisses dans chaque filiale et parfois à réaliser des opérations financières à partir de ces filiales.

Avec le passage à l'euro des marchés financiers dès le 4 janvier 1999, ces situations particulières n'auront plus de raison d'être :

• l'ensemble des liquidités du groupe pourra être regroupé au lieu de laisser subsister des « cash pools » distincts selon les monnaies ;

• les opérations financières seront conduites sur les marchés financiers — eux-mêmes unifiés par des taux d'intérêt et des règles communes — à partir du siège ;

• le nombre de banques correspondantes, ou « core banks », avec lesquelles travaille le groupe pourra aussi être réduit, afin de simplifier les opérations et d'alléger les coûts d'intermédiation ;

• les anticipations encore présentes actuellement (quoique sur le mode mineur) quant aux conséquences d'un éventuel réalignement des parités ou de la non-participation à la monnaie unique du pays auquel appartient l'émetteur disparaîtront, et la santé financière de l'entreprise emprunteuse deviendra le seul critère discriminant pour les investisseurs.

À QUELLE DATE OPÉRER, DANS CE CADRE, LA CONVERSION EN EUROS DU STOCK D'OBLIGATIONS et autres titres de créances négociables émis dans le passé par l'entreprise ? En France, l'État a annoncé qu'il procéderait à cette conversion, pour la dette publique, dès le début de 1999 ; bien que les entreprises disposent en principe des trois années de la période de transition pour faire de même, leur intérêt semble devoir être d'opérer cette conversion au plus tôt. Elles faciliteront ainsi le dialogue avec des marchés eux-mêmes passés précocement à l'euro.

CE PASSAGE PEUT-IL SOULEVER DES DIFFICULTÉS ? En 1999, il est possible que l'absence de recul rende difficiles les prévisions du trésorier du groupe sur l'évolution future des taux d'intérêt et sur le taux de change des monnaies hors zone ; les opérations de couverture peuvent en être rendues plus délicates. Certains craignent aussi que des risques de liquidité existent sur quelques instruments financiers (billets de trésorerie, obligations) dont le marché serait, au début, trop étroit. Les instances régulatrices des marchés s'occupent de répondre à ces préoccupations.

La stratégie de la grande entreprise en matière de localisation des activités

Même si l'absence d'une société de droit européen et le manque d'harmonisation fiscale demeurent des obstacles réels, l'approche des groupes à partir d'une monnaie unique devrait logiquement conduire à des restructurations.

• *Les situations de compétitivité relative de telle ou telle filiale à l'étranger ou les distorsions* qui peuvent influencer les localisations seront mises en évidence par la disparition du voile monétaire. Le nombre d'investisseurs qui ont choisi l'Irlande et sa fiscalité attractive, malgré le frein que constituent encore les risques de change, permet d'en comprendre la portée.

• *Le regroupement d'un certain nombre de fonctions aujourd'hui éclatées,* comme la gestion des stocks ou des pièces de rechange, ou la recherche et les bureaux d'étude, est probable. Il en sera parfois de même pour les unités de production. En effet, les grandes entreprises s'efforcent actuellement d'équilibrer autant que possible leurs achats et leurs ventes dans chaque pays, afin de neutraliser les risques de variations de change. Le jour où ce facteur monétaire disparaîtra, les choix seront optimisés en fonction d'autres critères.

• *L'unification des systèmes de gestion et de contrôle* grâce à l'instrument de mesure commun qu'est l'euro permettra de clarifier l'organisation interne des groupes. Elle devrait diminuer les coûts de structure, y compris ceux des sièges.

LES CONCURRENTS ÉTRANGERS PRENNENT-ILS DE L'AVANCE ?

Il est important, dans un environnement qui sera encore plus concurrentiel demain qu'aujourd'hui, de regarder ce qui se fait à l'étranger ; nos entreprises ne doivent pas être pénalisées par une adaptation trop tardive à la nouvelle règle du jeu monétaire.

La France par rapport à l'Europe

À première vue, la situation française semble convenable. Selon un « baromètre » publié par la CEGOS en 1996, les entreprises françaises seraient à peu près aussi préparées que les italiennes à utiliser l'euro (56 % contre 58 %). En revanche, elles auraient du retard par rapport aux entreprises allemandes et surtout espagnoles, prêtes à 64 et 68 %. Une enquête plus récente (octobre 1997) de Price Waterhouse, portant sur 485 entreprises multinationales, montre paradoxalement un niveau de prise de conscience globale plus limité (47 % seulement), avec des performances proches de la moyenne pour les sociétés françaises (taux de préparation faible dans 50 % des cas, élevé dans 24 % des cas).

La France et l'Allemagne

Malgré les réticences de leur opinion publique à abandonner le mark, les entreprises allemandes se préparent activement à la monnaie unique. La plupart des organisations patronales et même les syndicats ont signé la « déclaration de Godesberg » en faveur de l'euro. Cette attitude favorable (partagée, selon un sondage SOFRES de septembre 1997, par 88 % des patrons européens) s'explique par la forte tradition exportatrice du pays et par le désir de limiter la concurrence des pays à monnaie faible.

Les entreprises allemandes ne sont cependant pas encore vraiment en avance sur les nôtres, si l'on en juge par les résultats d'une enquête réalisée en mars 1997 par les chambres de commerce et d'industrie allemandes auprès de 25 000 entreprises : 20 % seulement des firmes interrogées avaient entamé les premiers préparatifs (une nouvelle enquête d'octobre confirme cette proportion).

Toutefois, les contraintes administratives qui freinent l'adaptation ont été allégées. Ainsi, les entreprises ayant décidé de passer à l'euro dès janvier 1999 auront la possibilité légale de verser leurs cotisations sociales en monnaie européenne, et le projet de loi déposé en septembre 1997 par le gouvernement allemand les y encouragera. Outre des dispositions permettant de fonder une entreprise en euros dès 1999 et remplaçant les seuils en marks par des chiffres arrondis, ce projet de loi facilite la conversion à la monnaie européenne des opérations de toute nature des entreprises existantes et va jusqu'à faire de l'euro, de préférence au mark, le principe normal de leur fonctionnement.

Les grandes entreprises allemandes ont commencé à investir des sommes importantes non seulement dans leur mise à jour interne, mais aussi dans l'information de leur clientèle[1]. De grandes sociétés comme Daimler-Benz, BMW et Siemens ont entamé leur préparation dès 1995.

---

1. C'est encore plus vrai des banques, comme nous le verrons au chapitre suivant — si bien que les efforts faits par celles-ci pour se préparer à l'euro font penser qu'aujourd'hui une sorte de point de non-retour a été atteint, car on ne pourrait se permettre d'avoir fait ces investissements en pure perte.

La première compte — comme les groupes Fiat en Italie et Philips aux Pays-Bas — faire de l'euro sa monnaie de comptabilité interne et l'imposer à ses 60 000 fournisseurs comme monnaie exclusive de facturation dès le 1er janvier 1999, tandis que la seconde a introduit la monnaie unique au cœur de son « horizon de planification ». Les estimations du coût de la conversion à la monnaie unique varient de 200 à 300 millions de francs pour chacun de ces grands groupes d'outre-Rhin, mais ils comptent récupérer cette mise en deux ou trois ans par l'économie obtenue sur leurs coûts de transactions.

Les organisations professionnelles ne sont pas en reste. Dès l'été 1996, la Fédération de l'industrie allemande (équivalent du CNPF) publiait un rapport intitulé « L'euro : une chance pour l'industrie allemande ». Ce texte contient — outre un plaidoyer sur les apports positifs de l'union monétaire — une « check-list » précise des actions à conduire. Concluant que « l'euro est un impératif », il met en garde les « retardataires, (qui seront) sanctionnés par le marché ». On ne saurait être plus clair !

> Sans avoir encore pris trop de retard, nos grandes entreprises doivent donc veiller à ne pas se laisser distancer. Il faut se réjouir que nombre d'entre elles l'aient maintenant compris et agissent en conséquence.

L'euro et les banques

Il n'est pas d'entreprise, pas de ménage, de nos jours, qui n'ait un ou plusieurs comptes en banque. C'est par ces comptes que transiteront nécessairement toutes les opérations en euros, jusqu'à l'introduction des nouveaux billets et pièces dans le public, en 2002.

C'est un formidable défi à relever, car retranscrire toutes les opérations monétaires ou financières des 60 millions de Français et des 2,3 millions d'entreprises de notre pays suppose la mobilisation de moyens colossaux. Les banques doivent par exemple, chaque année, « lire » et traiter plus de 5 milliards de chèques, 1,6 milliard de virements et 2,8 milliards d'opérations sur cartes bancaires. Leurs 400 000 agents, aidés par des ordinateurs puissants et des progiciels sophistiqués, doivent faire face à l'afflux quotidien des ordres, sans en égarer en route ni prendre un retard qui deviendrait vite aussi ingérable en termes comptables qu'insupportable au client.

Le terme de « banques » sera ici pris au sens le plus large : banques commerciales inscrites à l'AFB, sociétés financières et autres établissements de crédit, établissements mutualistes comme le Crédit Agricole et le Crédit Mutuel, Banques populaires, Crédit coopératif, établissements financiers parapublics et tous organismes faisant métier de manier, transférer, conserver l'argent[1]. Il faut également inclure les services financiers de la Poste, dont les comptes-chèques postaux représentent 12 % des dépôts français.

Comment cet ensemble va-t-il réussir à faire passer une telle masse

---

1. Tous ces établissements de crédit sont regroupés par la loi bancaire du 24 janvier 1984 au sein de l'Association française des établissements de crédit et des entreprises d'investissement (AFECEI), dont l'Association française des banques (AFB) n'est que l'un des membres. L'AFECEI, à présidence tournante, a pour directeur général Pierre Simon, coauteur du rapport CNPF/AFB concernant les entreprises et du « schéma de place » qui concerne plus directement les banques.

d'opérations à une nouvelle unité monétaire ? La gageure est d'autant plus difficile à tenir qu'il faut opérer dans des délais très brefs : le calendrier prévoit le basculement en euros de tous les marchés spécialisés (marché monétaire, marché financier, marché des changes) et de toutes les opérations interbancaires dès le 4 janvier 1999, premier jour ouvrable de l'année. À la date de parution de cet ouvrage, il ne restera aux banques qu'environ 200 jours ouvrables pour se préparer à ne plus échanger entre elles, avec leurs correspondants européens et avec la Banque de France que des virements, listings et bandes magnétiques en euros.

Cette situation explique deux phénomènes d'apparence contradictoire, que nous examinerons pour commencer. Le secteur bancaire est, de loin, le plus avancé dans la préparation concrète des échéances européennes. Il est en même temps le plus réticent quant au passage anticipé à l'euro de ses clients, entreprises et particuliers, car cela signifierait pour lui la nécessité de tenir en double tous ses comptes pendant les trois années de la période de transition 1999-2001.

QUEL EST L'ÉTAT DE PRÉPARATION DE NOS BANQUES ?

Après avoir assez longtemps hésité à s'engager, courant le risque de voir leurs concurrents étrangers les distancer, les banques françaises ont pris la mesure des échéances. Elles ont, en quelque sorte, mis les bouchées doubles pour se préparer à l'euro.

Le schéma de place

Un premier « scénario de référence » avait été établi en 1995 par la profession. Il a été complété par un travail fondamental de confrontation des points de vue et de résolution des problèmes techniques, conduit en 1996 au sein d'un groupe de concertation de la place de Paris.

Ce groupe, présidé par Hervé Hannoun, sous-gouverneur de la Banque de France, associait les représentants des établissements de crédit, de la Banque centrale, des administrations et du patronat. Il a abouti à la publication en février 1997, sous l'égide conjointe de la Banque de France et de l'AFECEI, d'un « schéma de place bancaire et financier ».

Ce document détaillé et consensuel, qui a été approuvé par le Comité national de l'euro présidé par le ministre des Finances, sert désormais de référence commune pour guider la préparation de chaque établissement. Conforme au cadre général défini par l'Institut monétaire européen, il garantit que les options techniques retenues seront compatibles entre elles et que le « big bang » de 1999 ne se traduira pas par un gigantesque court-circuit informatique avec blocage de toutes les opérations[1]... Des cahiers des charges diffusés par l'AFECEI définissent (en 1 000 pages !) les modalités pratiques détaillées du basculement.

Le schéma de place note que les banques « doivent engager dès maintenant les investissements nécessaires », en vue des deux temps forts que seront le passage à l'euro pour les opérations financières (janvier 1999) et la mise en circulation des billets et pièces en euros dans le public (début 2001).

La programmation des investissements bancaires

Dès janvier 1999, date du passage à la monnaie unique de l'ensemble des marchés de capitaux et des opérations entre banques :

- conversion à l'euro des virements interbancaires et des opérations avec la Banque centrale ;
- mise en conformité des contrats commerciaux et des rapports soumis aux organes de tutelle ;
- passage à la monnaie européenne des opérations sur titres et de la gestion d'actifs ; opérations de change (qui passent désormais obligatoirement à travers l'euro) ;

---

1. L'hypothèse n'est pas purement théorique. Deux exemples récents le montrent : le retard de la prise en charge des opérations boursières en 1991, au moment du passage au système RELIT de remise/livraison des titres ; et le blocage initial du système informatisé de réservation SOCRATE, à la SNCF, en 1993.

- offre des premiers services en euros à la clientèle, notamment les entreprises : celles qui décideront de passer tôt à l'euro devront pouvoir faire traiter toutes leurs opérations ;
- programmes de formation du personnel.

Avant début 2002, date de mise en circulation des billets et pièces en euros dans le public et de l'abandon des comptes et moyens de paiement scripturaux en francs :

- préparation du passage à l'euro de la gamme complète des services bancaires à la clientèle ;
- campagnes d'information du public ;
- adaptation sur grande échelle des opérations de télétransmission et des terminaux points de vente, lecteurs de cartes à puce et distributeurs automatiques de billets ;
- mise au point d'un système permettant de traiter en parallèle un volume important de règlements résiduels en monnaie nationale au premier semestre 2002.

Les travaux en cours

Cet éclaircissement de la marche à suivre, ajouté à la proximité de la première étape, a conduit les banques à accélérer leurs préparatifs.

Les grands investissements informatiques ont été engagés dès 1996 pour certaines, en 1997 pour la plupart. La mise en œuvre de ce changement sera suivie par le groupe de concertation de place, qui prolonge ses travaux, et par le comité de pilotage de la profession avec l'appui de groupes de travail spécialisés et du Comité français d'organisation et de normalisation bancaires (CFONB). Deux cents personnes travailleront sur ce qui est désormais un véritable projet industriel.

> Malgré l'ampleur de la tâche, on peut aujourd'hui considérer qu'à part certains petits établissements encore en retard, la plupart des banques seront prêtes dans les temps.

QUAND MONSIEUR TOUT-LE-MONDE POURRA-T-IL TIRER DES EUROS SUR SON COMPTE ?

Cette question appelle en principe une réponse toute simple : quand il le voudra, à partir du 4 janvier 1999 !

L'euro sera, dès le 1er janvier, la monnaie légale des dix ou onze pays participant à la monnaie unique, les monnaies nationales n'en étant que des fractions non décimales (voir « Le calendrier de l'euro »). On voit donc mal comment les banques pourraient refuser à leurs clients l'ouverture d'un compte en euros, sur lequel ils pourront faire passer tout ou partie du solde de leur compte en francs et opérer versements ou retraits lorsqu'ils trouveront des partenaires eux-mêmes prêts à traiter en monnaie européenne.

La réalité est plus complexe. En effet, les banques craignent beaucoup d'avoir à gérer, pendant les trois longues années de la période de transition 1999-2002, une multitude de petits comptes en euros. Ceux-ci s'ajouteraient aux comptes en francs au lieu de les remplacer, puisque chacun continuera d'avoir besoin de la monnaie nationale, ne serait-ce que pour ses opérations en espèces. Le risque serait donc d'avoir à faire face à un alourdissement important des charges, tant par l'allongement de la liste des comptes à tenir que par la complexité supplémentaire des multiples conversions à opérer de francs en euros et d'euros en francs. Ce danger de glissement anticipé des clients vers l'euro est appelé « porosité ».

Les réticences bancaires devant la « porosité »

Face à ce risque d'alourdissement des charges, les banques freineront les demandes des particuliers — la position étant plus ouverte en ce qui concerne les entreprises. On pourrait dire en somme que la porosité du client induit la morosité du banquier...

Un schéma de « big bang » unique, dans lequel la monnaie scripturale (écritures des banques) et la monnaie fiduciaire (billets et pièces) auraient basculé en même temps en euros, aurait certainement mieux convenu à la place financière. Initialement envisagé, il a été abandonné par les gouvernements en 1995, tant par désir de laisser aux particuliers plus de temps pour s'adapter que du fait du délai technique jugé nécessaire par les Banques centrales pour imprimer les nouveaux billets.

Dès lors, il ne reste plus qu'à gérer ce « double bang », en s'efforçant de réduire la porosité au minimum. Pour y parvenir, il faut édifier une barrière solide entre les opérations des marchés financiers (qui mettront inévitablement les particuliers plaçant leur argent en contact avec l'euro dès 1999) et les opérations bancaires courantes.

L'approche adoptée par le « schéma de place bancaire et financier » fait donc une place très limitée aux opérations en euros de la clientèle pendant les trois années de la période de transition. Le texte met en avant plusieurs arguments en ce sens :

• *les opérations en espèces et les relations des administrations avec le public* resteront en francs jusqu'à fin 2001 ;

• *les salaires et les prix de détail* « resteront selon toute probabilité exprimés en francs » ;

• *le secteur de la distribution* aura besoin de plusieurs années pour adapter ses terminaux et ses caisses ;

• *le grand public* attendra sans doute l'apparition des billets et pièces pour exprimer un réel besoin de paiements en euros.

> Dès lors, la profession organisera « le passage global à l'euro du grand public, en fin de période, dans un délai aussi court que possible, pour limiter dans le temps l'usage par un grand nombre des deux unités monétaires ».

Pourquoi l'usage anticipé de l'euro est-il inévitable ?

Cette profession de foi n'est cependant pas convaincante, pour deux raisons principales : les obligations européennes et la pression de la concurrence.

Les obligations juridiques de conversion

Si les banques peuvent s'efforcer par une communication bien orientée de dissuader leurs clients de recourir à l'euro dès 1999, elles ne peuvent pas le leur interdire. On trouve là un autre point d'application du fameux « ni obligation ni interdiction » qui est la règle d'or de la période de transition.

Le projet de règlement sur l'introduction de l'euro[1] impose en effet aux banques, dans son article 8.3, de faire les conversions nécessaires : « Toute somme [...] peut être payée par le débiteur dans l'unité euro ou dans l'unité monétaire nationale de l'État membre concerné. La somme est portée au crédit du créancier dans l'unité monétaire dans laquelle ce compte est libellé, toute conversion étant opérée au taux de conversion » officiel. La conversion se fait donc à taux fixe et sans commission de change — ce qui n'interdit toutefois pas à la banque qui opère le transfert de prélever une somme représentant le coût purement administratif de l'opération, comme on le verra plus loin.

> Autrement dit, une entreprise dont le client souhaite régler les livraisons en euros pourra très bien faire créditer son compte en francs de la contre-valeur ; à l'inverse, un particulier qui préfère tenir son compte en euros pourra y faire virer son salaire, même si son employeur l'a versé en francs à la banque.

La pression de la concurrence

En dehors même de ce point juridique, la vivacité de la concurrence devrait accélérer l'effet de « porosité », dans des proportions encore difficiles à mesurer aujourd'hui. Le schéma de place reconnaît lui-même qu' « une demande de moyens de paiements en euro est possible dès le début de la période de transition. Elle pourrait émaner principalement d'entreprises, pour des règlements intragroupe, inter-

---

1. Rappelons que l'adoption définitive de ce règlement, qui s'imposera en droit interne français sans avoir besoin d'être transposé par une loi comme le prévoit l'article 189 du traité de l'UE, interviendra en mai 1998, juste après la décision relative aux États membres adoptant l'euro (voir « Le calendrier de l'euro »). Il a cependant déjà été publié au *Journal officiel européen* du 2 août 1997, conformément à la volonté du Conseil européen d'informer à l'avance les futurs utilisateurs.

entreprises, ou à destination de pays étrangers » (voir « L'euro et les PME » et « L'euro et les grandes entreprises »).

Le rapport Simon-Creyssel a d'ailleurs jugé « indispensable que les établissements de crédit mettent à leur disposition l'ensemble des moyens de paiement scripturaux en euros, y compris les chèques, dès le début de 1999 ». Mais les particuliers pourraient bien aussi en être tentés, par goût de la nouveauté, effet de mode, désir de mieux se préparer au changement, ou tout simplement par contagion, puisque leurs opérations financières seront, elles, traitées de toute façon en euros depuis le 4 janvier 1999.

Une enquête réalisée en juin 1997 par le Centre de recherche sur l'épargne et publiée par l'AFB montre que 42 % des 813 personnes interrogées auraient probablement ou certainement, en tant que particulier, le désir d'ouvrir un compte en euros, dès 1999 ; 30 % environ souhaiteraient obtenir un crédit bancaire en monnaie unique.

LES BANQUES DE LA PLACE POURRONT-ELLES RÉELLEMENT REFUSER L'OUVERTURE D'UN COMPTE EN EUROS À UN BON CLIENT, OU RÉSISTER À LA TENTATION DE MARQUER DES POINTS SUR UN CONCURRENT en offrant la première un service en euros au grand public ? On constate déjà aujourd'hui que certaines banques populaires (BRED, Savoisienne de crédit, réseaux d'Alsace et de Lorraine ou de l'Ouest) indiquent sur les relevés de compte-courant bancaire et de compte-titres de leurs clients la contrevaleur en euros de leurs avoirs. De grandes banques classiques comme le Crédit Lyonnais comptent emboîter le pas, à partir de 1999. La Société Générale annonce même que ses clients pourront, dès le 1er janvier 1999, recevoir et engager des opérations indifféremment en francs et en euros sur leur compte de dépôts et, s'ils le souhaitent, faire passer à l'euro ce compte à vue lui-même. La BNP, pour sa part, vient de lancer une grande campagne de promotion : des « eurokiosques » seront ouverts dans toutes les agences ; ils fourniront de la documentation et permettront de faire sans aucun frais la conversion franc-euros ; les clients (qu'il s'agisse de particuliers ou d'entreprises) pourront, dès janvier 1999, ouvrir un compte en euros et obtenir chéquiers (non facturés), cartes, formules de virement ou d'avis de prélèvement en monnaie européenne. Le Crédit Agricole, en revanche, réserverait plutôt l'ouverture de comptes en euros aux entreprises.

QUEL SERA L'EFFET DE LA PRESSION DE LA CONCURRENCE ÉTRANGÈRE ? Les règles de la libre prestation de services permettent aux établissements de crédit de toute l'UE de faire de chez eux des propositions à des clients français. Or toutes les banques belges[1], la plupart des banques néerlandaises et un certain nombre de banques allemandes comme la Dresdner seront en mesure de proposer à leurs clients (et à ceux des autres...) de traiter leurs opérations en monnaie européenne dès 1999. Les banques privées allemandes ont déjà conclu un accord sur leur futur système de compensation en euros, démarrant en 1999, et font des campagnes actives de promotion en direction du grand public et des PME, en dépit de la réticence des banques populaires et coopératives. Même des banques anglaises ont publié des guides sur la monnaie unique — voir le bilan des préparatifs des banques commerciales dans toute l'UE publié par la Fédération bancaire européenne en juillet 1997.

> Ainsi, la concurrence émanant tant des établissements de crédit français que des banques étrangères devrait conduire les offres de prestations en euros — comptes, chéquiers, prêts, produits d'épargne — à se multiplier.

Comment les nouveaux moyens de paiement se présenteront-ils ?

Nous examinerons successivement chacun des moyens de paiement permettant de traiter concrètement ces nouvelles opérations avec la clientèle.

Les chèques

Les chèques tirés sur un compte de dépôts à vue bancaire ou un compte-chèque postal seront traités avec les mêmes techniques et les

---

1. La place belge a défini son schéma national de passage à l'euro en décidant que les banques proposeront l'ensemble de leurs services en euros, y compris aux particuliers, dès le 1er janvier 1999. Cette possibilité, très publicisée, sera offerte sans frais, même pour les opérations de petit montant. La position a été prise malgré la décision des administrations belges de continuer à travailler en monnaie nationale jusqu'à 2001 — tout en acceptant paiements et déclarations en euros dès 1999.

mêmes matériels que la filière-chèque actuelle[1]. Les banques qui souhaiteront permettre à leurs clients de rédiger directement des chèques leur remettront des carnets de chèques en euros.

Les nouvelles formules-chèques ont été très précisément définies selon une norme adoptée par le CFONB, qui devrait être homologuée par l'AFNOR et rendue obligatoire par un arrêté interministériel (voir cahier hors-texte).

Caractéristiques des nouveaux chèques euros

– *Le montant à payer* est placé en position médiane (et non plus en haut) dans la partie droite du chèque ; il n'est plus précédé de la mention « BP » (bon pour).

– *Un pictogramme bleu, jaune ou noir* d'au moins un centimètre reproduisant le sigle de l'euro (€) le surmonte, afin de rappeler visuellement au client qu'il rédige une somme en euros et d'éviter toute confusion ou escroquerie.

– *Un avertissement interdisant la « mutation »*, c'est-à-dire le fait de rayer l'euro pour le remplacer par le franc ou une autre monnaie, figurera sur la formule de chèque ; une clause antimutation sera aussi introduite sur les formules de chèques en francs.

– *Un indicateur* (le chiffre 9) figurant au bas de la vignette, sur la ligne réservée à la lecture magnétique, permettra de bien distinguer les chèques en monnaie européenne des autres lors de leur traitement automatisé par les terminaux de paiement des commerçants et l'informatique des banques.

Lorsque le chèque en euros sera reçu par une banque, il sera présenté à la banque tirée (celle qui doit débiter le compte de son client) après avoir été « postmarqué » par la banque qui l'a reçu ; cela signifie qu'elle doit traduire en écriture magnétique au bas du chèque la somme inscrite à la main par le signataire. Les chèques en euros seront

---

1. Ceci concerne aussi les chèques emploi-service, les lettres-chèques d'entreprises, les chèques de voyage, les chèques sur formules étrangères ou sur formule libre, qui sont tous échangés en chambre de compensation. Les chèques libellés dans une monnaie tierce resteront traités par chaque établissement ou par le « club d'échange chèques en devise ». L'obligation de payer par chèque et non en liquide au-dessus de certains montants, qui n'existe pas dans les autres pays, disparaîtra sans doute.

en effet « scannerisables », c'est-à-dire lus par les nouveaux systèmes de traitement d'image et de reconnaissance automatique des caractères.

LA MONNAIE dans laquelle le chèque est libellé sera tout à fait indépendante de la monnaie dans laquelle fonctionne le compte du bénéficiaire : si ce compte est en francs, il sera crédité de la contre-valeur en monnaie nationale, après conversion, du chèque reçu en euros par sa banque.

LES BANQUES traiteront entre elles (et avec la Banque de France) en euros toutes opérations dès le 1er janvier 1999 ; que les chèques échangés en compensation soient libellés en euros ou en francs, les règlements interbancaires se feront en monnaie européenne.

Il appartiendra aux banques de bien informer leur clientèle des nouvelles dispositions qui la concernent.

Précisons que tout chèque émis en euros avant la date de lancement du 1er janvier 1999 sera invalide. La disposition légale limitant l'usage du chèque aux sommes de plus de 100 francs, soit 15,38 euros, devra être revue pour fixer une somme plus ronde en euros.

Les virements

Les règlements par virement sont le mode de paiement le plus courant pour les entreprises, mais les particuliers peuvent toujours, à défaut de chèque ou par préférence, régler une dépense par virement. Ceci se fait au vu d'une simple lettre ou d'un fax adressé à la banque détentrice du compte.

Le schéma de place prévoit qu'il n'y aura, à partir de 1999, aucune contrainte sur la monnaie utilisée pour libeller le virement. Celui-ci pourra donc être rédigé directement en euros, sans emploi d'une formule spéciale. En revanche, comme pour les chèques, des ordres émis en euros avant le 1er janvier 1999 seraient invalides.

L'unité monétaire du virement devra être clairement spécifiée et l'on ne pourra en faire coexister deux sur le même virement. Par contre, elle pourra être différente de l'unité utilisée pour la tenue du compte tant du bénéficiaire que de l'émetteur : le premier sera crédité, et le second débité, dans la monnaie qu'il a choisie pour son compte courant, après conversion par la banque si nécessaire.

Attention ! Il faudra veiller, en cas de changement de la monnaie de tenue du compte bancaire lui-même, à ce qu'il n'y ait pas de rupture dans l'exécution des ordres de virement permanents, mais que leur montant ait subi la conversion appropriée.

Les effets de commerce

Les mêmes règles générales prévaudront pour les effets de commerce, étant entendu que (comme pour le virement, mais à la différence du chèque) il n'y aura pas création de supports différenciés pour les effets libellés en francs et ceux libellés en euros. Il est simplement recommandé d'ajouter sur le document papier une zone devise indiquant clairement la monnaie de libellé.

Les fichiers de remise devront être séparés par monnaie. La restitution des informations se fera en principe dans la monnaie de tenue du compte de l'entreprise — avec éventuellement indication de la monnaie d'origine de l'ordre. Cette précision n'étant que facultative, il sera important pour l'entreprise de l'obtenir de son banquier pour faciliter ses propres contrôles comptables.

Les avis de prélèvement

Le passage à l'euro ne remet pas en question la validité des autorisations de prélèvement automatique émises par les clients de la banque (pour la mensualisation des impôts, par exemple). En effet, celles-ci ne comportent pas d'indication de montant ou de monnaie.

Les avis de prélèvement seront donc exécutés dans la monnaie demandée par l'émetteur et débités dans la monnaie de tenue du compte du client. Toutefois, leur usage très fréquent (les banques ont traité, en 1996, 1 254 millions d'opérations sur avis de prélèvement) nécessitera quelques précautions.

• *La monnaie de libellé de l'avis de prélèvement* devra être identique à celle de la facture, car c'est le seul moyen de vérification en cas de réclamation du client. Cela suppose qu'en cas de double affichage sur la facture, comme cela sera le cas pour EDF et GDF par exemple, la monnaie de règlement soit clairement indiquée.

• *L'émetteur devra informer le débiteur* (notamment lorsque le prélèvement résulte d'un échéancier de remboursement, dont le montant peut varier de plus ou moins trois centimes du fait de l'arrondi) et présenter à la banque des fichiers de remise distincts par monnaie.

• *Le client devra fournir à sa banque* les éléments nécessaires à la réactualisation des autorisations de prélèvement en cours s'il prend l'initiative de créer un nouveau compte en euros (avec, donc, une nouvelle identification informatique et un nouveau RIB). Si le compte d'un particulier bascule à l'euro en bloc ou automatiquement, ce qui se fera pour tous au plus tard au 1er janvier 2002, rien ne sera à modifier.

Les titres interbancaires de paiement (TIP)

Les TIP sont une forme particulière d'avis de prélèvement, ils appellent donc les mêmes remarques que ceux-ci. Toutefois, un « nouveau TIP » a été mis au point pour éviter toute confusion par les débiteurs à réception de la facture ou par les façonniers lors de son traitement (voir cahier hors-texte).

Caractéristiques des nouveaux TIP euros
– *le pictogramme de l'euro* ;
– *la mention « montant en euros »* ;
– *l'indice placé dans la ligne réservée à la lecture optique,* pour permettre le tri automatique par monnaie ;
– *la proscription de la « mutation » d'une monnaie à l'autre* par le client.

Des TIP libellés en euros avant le 1er janvier 1999 seraient nuls. Des TIP émis en francs avant le 1er janvier 2002 resteront valides après cette date, mais seront réglés en euros.

Une difficulté demeure : il s'agit du cas assez fréquent (30 à 40 % des formules émises, selon le rapport de la place bancaire) de TIP utilisés non comme instrument de règlement direct, mais à l'appui d'un règlement par chèque de la somme due. Il sera tentant pour le particulier qui doit régler un TIP en euros, mais ne dispose encore que de chèques en francs, de transgresser la règle de non-mutation en substituant la monnaie européenne au franc sur son chèque ; on ne peut que recommander d'éviter cette pratique.

Les cartes de crédit et de paiement

LES CARTES DE CRÉDIT OU DE PAIEMENT émises par des banques — « Carte bleue », Visa, Eurocard, MasterCard... — font partie du réseau des cartes bancaires (logo « CB »)[1]. Le passage à l'euro n'imposera pas de remplacer les cartes en circulation avant le terme normal de leur renouvellement, soit habituellement tous les deux ans.

En effet, la « puce » contenue dans chacune de ces cartes (sauf les cartes American Express ou Diner's Club, qui ne font pas partie du réseau « CB ») sert uniquement à identifier son détenteur et la banque émettrice par un code d'accès électronique. La monnaie dans laquelle s'effectue l'achat n'est spécifiée que sur la facturette, au moment de la transaction. C'est ainsi que le voyageur peut aujourd'hui régler un achat ou une note de restaurant partout dans le monde, en signant simplement, après l'avoir vérifiée, une facturette rédigée dans la monnaie appropriée (si celle-ci est convertible et si le commerçant accepte ce mode de règlement). De même, il peut se procurer les devises dont il a besoin en insérant sa carte de crédit dans un automate de change. Point ne sera besoin d'échanger les quelque 27 millions de cartes actuellement en circulation.

LES LOGICIELS des 550 000 terminaux de paiement détenus par les commerçants devront, en revanche, être modifiés, en commençant par ceux qui souhaiteraient accepter des paiements en euros par carte de crédit dès 1999 (si leur banque, qui est libre d'offrir ou non ce service, y consent). Il faudra leur fixer de nouveaux plafonds en euros pour gérer les demandes d'autorisation correspondantes (de même que pour les retraits en espèces). En dehors du cas, probablement minoritaire, d'usage d'un terminal séparé pour chaque monnaie, les terminaux points de vente adaptés devront pouvoir gérer en parallèle monnaie nationale et monnaie européenne pendant toute la période de migration à l'euro. Ils devront aussi permettre l'édition en double affichage du ticket de paiement.

---

1. Le nombre moyen annuel d'opérations réalisé sur chaque carte CB est de 110 (82 achats chez les commerçants et 28 retraits dans des distributeurs automatiques de billets), ce qui a conduit les banques à traiter 2,8 milliards d'opérations CB en 1996. En outre, 180 000 publiphones acceptent ces cartes.

Cette mise à niveau nécessitera le changement de 15 % des appareils en place et s'étalera sur toute la période de transition. Après juin 2002, le code euro pourra demeurer seul dans les microcircuits.

Les paiements transfrontières

À L'INTÉRIEUR DE LA ZONE EURO. Les paiements s'effectueront en euros entre banques, éventuellement après conversion au cours officiel d'ordres de paiement rédigés en monnaie nationale, puisque l'article 4-4 du règlement européen du 17 juin 1997 impose le passage par la monnaie unique de toute opération de change : « Toute somme d'argent à convertir d'une unité monétaire nationale dans une autre doit d'abord être convertie dans un montant exprimé dans l'unité euro[1]. »

À la différence des opérations F/euro, ces opérations plus complexes pourront donner lieu à la perception de commissions. De même, une dépense réglée par carte de crédit dans un pays de la zone euro sera débitée dans la monnaie de tenue du compte, après conversion, sans commission de change, mais avec perception d'une commission de service due au coût de l'interconnexion des systèmes cartes nationaux. Les obligations monétaires réciproques seront légalement compensables, quelle que soit la monnaie de libellé, puisque le passage par l'euro offre un dénominateur commun.

AVEC LES PAYS EXTÉRIEURS À LA ZONE EURO. La BCE diffusera chaque jour les cours de change de référence indicatifs de l'euro en dollars, yens, francs suisses, etc. Le marché des changes passera entièrement à l'euro dès le 4 janvier 1999. Les banques coteront donc l'euro, au comptant et à terme, contre devises tierces et cesseront de coter le franc ou le mark[2] ; elles convertiront en monnaie européenne les comptes de correspondants libellés en devises de la zone.

Les entreprises de pays tiers auront cependant à régler des factures

_____

1. Le rapport Simon-Creyssel recommande toutefois le maintien des comptes d'entreprises exprimés dans les anciennes unités nationales (par exemple, en marks) pendant la période de transition ; cela permettra d'éviter de modifier les procédures de lettrage existantes et de convertir progressivement contrats et chaînes de facturation à la monnaie unique.

2. Toutefois les opérations en cours sur devises (couvertures à terme, options, swaps) ne seront pas dénouées en euros le 4 janvier 1999, mais seulement au fur et à mesure de leur arrivée à échéance.

en devises nationales pendant la période transitoire. Des cours de change bilatéraux (sterling/franc ou dollar/mark) seront donc affichés à leur intention ; mais ils ne seront en réalité que la traduction des cours de ces monnaies tierces en euros.

À QUEL TAUX PRÊTS, EMPRUNTS ET DÉPÔTS SERONT-ILS RÉMUNÉRÉS ?

Au-delà de la technique utilisée pour échanger des sommes d'argent, il importe pour les particuliers comme pour les entreprises de savoir quel sera le coût des ressources empruntées, ou le produit de leurs placements. Ce facteur est gouverné par les taux d'intérêt. Il faut bien comprendre que si les entreprises et les particuliers restent entièrement libres de prêter ou d'emprunter à leur banque en francs ou en euros pendant toute la période de transition 1999-2002, les taux d'intérêt des deux unités seront strictement les mêmes à partir du 1er janvier 1999 : elles ne seront en fait que des expressions différentes de la même monnaie.

• *Au 1er janvier 2002, les soldes créditeurs ou débiteurs de comptes courants seront convertis automatiquement,* au cours officiel : il n'y aura ni gagnant ni perdant. C'est en effet à cette date que toutes les opérations avec la clientèle basculeront à l'euro (pour certains types de financements, comme les billets de trésorerie des entreprises, le basculement se fera bien avant).

• *Pour les emprunts en cours au 1er janvier 2002, c'est la continuité qui prévaudra.* L'article 3 du règlement européen du 17 juin 1997 prévoit en effet que « l'introduction de l'euro n'a pas pour effet de modifier les termes d'un instrument juridique ou de libérer ou de dispenser de son exécution ».

Les emprunts à court et moyen termes

Nous examinerons à ce stade les emprunts de la clientèle des banques sur durées courtes (jusqu'à 18 mois) ou moyennes (2 à 5 ans). On se reportera à « L'euro et les épargnants » pour ce qui concerne les marchés financiers et donc les taux d'intérêt à long terme.

Il s'agit ici de financer les investissements ou le fonds de roulement des entreprises et l'équipement des ménages, ou bien de couvrir un déficit temporaire de trésorerie (découverts bancaires). L'enjeu est considérable. Par exemple, l'encours des prêts bancaires aux PME s'élève à 2 200 milliards ; une baisse d'un point seulement du taux de l'ensemble de leurs emprunts améliorerait donc les résultats de ces entreprises de 22 milliards par an.

Quels seront les taux du futur marché unifié ?

Les taux de référence pour les concours bancaires à court terme sont ceux du marché monétaire — les prêts à moyen terme étant, eux, influencés à la fois par ces taux et par ceux du marché financier. Ils sont fixés par l'offre et la demande, sous la régulation de la Banque de France qui ne les détermine pas directement, mais les influence forte-ment par ses interventions et les encadre entre un plafond et un plancher (voir ci-après, p. 208).

Cette règle du jeu ne changera pas fondamentalement avec la monnaie unique, mais l'offre et la demande de liquidités se confronte-ront sur un seul marché élargi à l'ensemble de la zone euro, et c'est la Banque centrale européenne, relayée par ses membres nationaux, qui donnera l'orientation aux taux. On admet en général que les taux du futur marché unifié seront à peu près au niveau des taux français actuels, qui anticipent déjà sur la participation à la monnaie unique.

En fait, les taux pourraient être un peu plus élevés à très court terme (donc, entre 3,5 et 4 % au jour le jour), compte tenu de la nécessité d'intégrer les taux espagnols et sans doute italiens, actuellement plus élevés, et un peu plus bas à moyen terme (moins de 5 % à cinq ans), le terme d'un an s'établissant autour de 4 %. En effet, l'offre de fonds sera abondante et l'euro inspirera confiance. Cependant, on ne peut exclure une tendance à la remontée en cas de tensions inflationnistes ou si l'euro est considéré par les marchés, à son lancement, comme plus faible que prévu (voir « L'euro et les épargnants »). À l'inverse, la crise financière asiatique de fin 1997 fait craindre un ralentissement de la croissance et conduit des capitaux à se réfugier en Europe ; ces deux facteurs jouent dans le sens de la baisse des taux.

Les emprunts à taux fixes

Dans le cas d'emprunts à intérêts fixes, le passage à l'euro ne changera pas le taux du prêt.

C'est ce que dit expressément l'article 7 du préambule du règlement précité : « Pour les instruments à taux d'intérêt fixe, l'introduction de l'euro ne modifie pas le taux d'intérêt nominal payable par le débiteur. »

‖ On convertira donc purement et simplement en euros le montant de l'échéance précédemment due en francs.

La question du remboursement anticipé pourra se poser, afin de bénéficier des nouveaux taux en euros, s'ils sont plus favorables. Cependant, ces remboursements, qui coûtent au prêteur, sont normalement assortis de pénalités ; on entre là dans le domaine d'éventuelles négociations avec la banque.

Les emprunts à taux variable

Dans le cas d'emprunts à taux variable, ce sont les nouveaux index en euros qui remplaceront — dès 1999 — les index équivalents des marchés actuels, y compris pour les encours existants au 1er janvier.

L'EURIBOR (European Interbank Offered Rate) succédera dans toute la zone euro aux fameux PIBOR (taux moyen des transactions entre banques à Paris) et LIBOR (même taux à Londres) comme taux de référence pour les opérations bancaires à court terme.

Selon les propositions retenues par l'IME, l'Euribor sera établi quotidiennement par la BCE, avec une précision de 5 décimales, à partir des taux effectivement pratiqués sur le marché, pour une gamme de durées allant de 1 à 12 mois et publié par la Fédération bancaire européenne à

Bruxelles (chaque jour à onze heures, avec valeur J+2). Son échantillon de base, qui comprend actuellement 58 banques (dont 10 françaises) pour les quinze pays de l'Union européenne et 6 banques extérieures opérant dans l'UE, sera limité aux banques des pays de la zone euro.

L'EONIA pourrait être le nouvel indice européen applicable aux contrats indexés sur le TMP, indice synthétique des taux du marché monétaire au jour le jour calculé par la Banque de France (en pondérant les chiffres des principaux opérateurs du marché par les montants effectivement travaillés) ou sur le TMM, moyenne des TMP du mois.

La décision de publier cet équivalent en euros, qui se heurtait à des réticences allemandes, n'a été prise que récemment. L'EONIA, étudié par la Fédération bancaire européenne et l'Association cambiste internationale pour succéder au TMP, sera calculé et publié de la même façon que l'EURIBOR.

> Ces nouvelles références, qui refléteront les taux du marché monétaire sous l'influence de la BCE, serviront pour calculer le coût des emprunts à taux variable à partir du 1er janvier 1999. Il pourra donc, dans ce cas, y avoir
> un nouveau cours dans l'évolution d'échéances qui sont
> de toute façon ajustables (souvent dans la limite d'un
> plafond).

Certains juristes craignant que cette modification des index ne soit source de contestations — car l'EURIBOR paneuropéen sera tout de même différent du PIBOR dans sa base comme dans sa monnaie de cotation —, nous suggérons d'insérer dans les contrats de prêt à taux variable une clause sur l'euro et le basculement des indices. Le projet de loi prévu pour le printemps 1998 confortera en tout cas ces contrats en légalisant le passage aux nouveaux indices.

Les placements à terme

Si bien des particuliers sont endettés, d'autres (ou parfois les mêmes) disposent d'avoirs placés à court ou à moyen terme, pour des montants considérables. L'encours des livrets de Caisse d'Épargne avoisine 800 milliards de francs, celui des plans d'épargne-logement approche 1 000 milliards. Il faut y ajouter les différents livrets (LEP, livret jeunes), les comptes à terme, les bons de caisse et bons du Trésor... [1] De même, les entreprises placent leurs excédents de trésorerie en comptes à terme ou en certificats de dépôt par exemple.

> Comme pour les emprunts, la rémunération de ces placements sera fonction de taux d'intérêt de l'euro, à partir du 1er janvier 1999. Les taux d'intérêt applicables aux contrats en cours seront maintenus.

Ainsi, un dépôt de 100 000 F consenti le 1er novembre 1998 au terme de six mois avec un intérêt de 4 % l'an sera remboursé le 1er mai 1999 pour sa contre-valeur en monnaie unique (soit 15 384,62 euros), augmentée des intérêts courus, au même taux pour la période antérieure et pour la période postérieure au 1er janvier 1999 (soit en l'occurrence 307,69 euros, contre-valeur exacte de 2 000 F).

Le problème de la rémunération des dépôts et des services bancaires

Les comptes de dépôt vont-ils être rémunérés ?

Le passage à l'euro va inévitablement ranimer une controverse qui a fait couler beaucoup d'encre ces dernières années : celle de la rémunération des dépôts à vue par les banques.

La France, où une telle rémunération est interdite par une décision du Conseil national du crédit remontant à 1969 — même si cette interdiction est quelque peu tournée par les systèmes de virement instantané des soldes à vue sur des livrets rémunérés, offerts par certaines banques —, fait figure d'exception en Europe. Il semble que cette exception ne pourra pas être maintenue au-delà de 1998.

---

1. Nous ne parlons ici que de la « quasi-monnaie » ou de l'épargne liquide, dont les taux de rémunération dépendent des taux d'intérêt à court ou moyen terme. L'épargne longue est à rattacher aux marchés financiers, dont nous traiterons dans « L'euro et les épargnants ».

En effet, il est juridiquement impossible d'interdire la rémunération des comptes libellés en monnaie européenne, qui est autorisée actuellement dans tous les pays (France incluse). Dès lors, à partir du 1ᵉʳ janvier 1999, la concurrence entre des comptes de dépôts à vue en euros rémunérés et des comptes en francs non rémunérés deviendrait intenable, les deux monnaies étant interchangeables.

> Bon gré mal gré, les banques devront donc satisfaire la revendication de nombre de leurs clients en acceptant de rémunérer le solde de leurs comptes courants.

N'en attendons pourtant pas des pactoles. En effet, une enquête SG2/Publinews réalisée à l'été 1997 montre que la grande majorité des banquiers français (huit sur dix) situe le taux d'intérêt qui serait servi à 1 % au plus, et que 59 % des sondés ne verseraient cette rémunération qu'aux dépôts dépassant un certain solde moyen.

Il est possible que la concurrence les conduise à se montrer plus généreux. Cependant, dans les pays où elle existe, la rémunération des dépôts à vue est généralement voisine du 1 % précité, voire inférieure à ce niveau (autour de 0,5 % seulement dans la plupart des cas, semble-t-il, en Allemagne comme en Grande-Bretagne).

Allons-nous payer les chèques et les autres services bancaires ?

Il n'y a pas de miracle : même limitée à 1 %, la rémunération de 1 800 milliards de dépôts à vue coûterait 18 milliards de francs par an aux banques, qui ne peuvent supporter un tel prélèvement sur leurs marges.

> La rémunération des dépôts aura donc pour contrepartie inévitable (comme à l'étranger) la rémunération de certains services bancaires actuellement gratuits.

Cette évolution, certes peu populaire auprès des consommateurs, est envisagée par 95 % des banquiers. Elle porterait sur les services suivants :

• *Les frais de tenue de compte* : ils seraient facturés annuellement (50 à 100 F ?) par 71 % des banquiers interrogés. La Cour de cassation belge a cependant plafonné le forfait de tenue de compte à l'équivalent de 30 francs français, pour ce pays.

- *Les chèques* : ils seraient facturés par 86 % des sondés, selon des modalités très variables d'un établissement à l'autre. Dans la plupart des cas, cela ne s'appliquerait qu'à partir d'un certain nombre de chèques. En Allemagne par exemple, le nombre de chèques « gratuits » est de 5 par mois.

- *L'ensemble de la grille tarifaire*, les marges étant relevées, dans les limites permises par la concurrence, pour couvrir le manque à gagner.

- *Les retraits en liquide* par carte de crédit dans les distributeurs automatiques d'autres banques (ce service, qui a un coût pour la banque, n'est actuellement souvent pas facturé).

- *Les commissions* perçues au coup par coup pour diverses opérations. Ce dernier point est particulièrement sensible, dans la mesure où certaines banques pourraient envisager de facturer des frais « administratifs » pour les opérations — nécessairement nombreuses — de conversion du franc à l'euro et vice versa. Les nouvelles règles européennes leur font certes obligation d'assurer la conversion à tout moment à cours fixe, sans délais et sans frais, puisqu'il s'agit en fait d'expressions différentes de la même monnaie. Mais, si cela interdit la perception de commissions de change, il ne paraît pas exclu que d'autres commissions puissent être perçues[1], ce qui aurait pour effet de gêner notablement la fluidité du passage d'une monnaie à l'autre pendant toute la période de transition. Il est vrai que ces prélèvements pourraient justement être utilisés dans le but de dissuader les particuliers de passer trop vite à l'euro...

Il n'y a pas de réponse simple à ce problème, dans la mesure où la facturation de frais suppose en théorie — dans ce cas comme dans les autres — l'accord préalable du client. Elle fait donc partie du domaine des négociations privées. On peut simplement souhaiter que la concurrence limite de tels prélèvements, à moins qu'un accord national entre la profession bancaire et les associations de consommateurs ne règle le problème (un groupe de travail l'examine aussi à Bruxelles).

---

1. Outre le cas des virements transfrontaliers évoqué plus haut, il en sera notamment ainsi pour le règlement de chèques émis depuis un autre pays membre : ils obligent à contacter des correspondants, à faire des déclarations (pour la tenue de la balance des paiements) et des opérations de conversion de format informatique. Toutefois, le coût global des opérations transfrontalières devrait être réduit de moitié.

COMMENT LES BANQUES TRAVAILLERONT-ELLES ENTRE ELLES ET AVEC LA BANQUE DE FRANCE ?

Le basculement en monnaie européenne de toutes les opérations interbancaires début janvier 1999 appellera de nombreux changements techniques. On en trouvera ci-après un rapide aperçu, complété par quelques indications sur les nouvelles relations qui s'instaureront avec les banques centrales.

Les règlements interbancaires

Le dispositif interne de chaque banque

POUR SES OPÉRATIONS INTERNES, chaque établissement pourra (grâce à la modification en cours de l'article 16 du Code de commerce) opter à partir du 1er janvier 1999 pour l'euro ou pour le franc comme monnaie-pivot comptable. Chacun choisira donc sa date de basculement.

POUR LA PUBLICATION DES COMPTES, le schéma de place, tout en laissant le choix aux établissements, exprime une préférence pour une publication précoce en euros ; celle-ci serait accompagnée de la « traduction » en monnaie européenne des comptes en francs des deux années précédentes.

LES OPÉRATIONS AVEC LA CLIENTÈLE demeureront en francs, au moins au début de la période transitoire. La fongibilité totale des deux monnaies permet cette situation, puisqu'une dette en euros peut être éteinte par un règlement en francs, et réciproquement.

Le passage de la sphère financière à la sphère du détail, frontière intérieure à chaque banque, nécessitera l'utilisation de convertisseurs franc/euro aux points de contact. Ainsi, les flux de données en francs arrivant des entreprises ou des comptes des particuliers seront convertis en euros avant passage dans la comptabilité générale de la banque, une fois celle-ci passée à la monnaie européenne. En sens inverse, les données en euros issues des opérations interbancaires seront converties en francs pour se déverser dans les comptes des clients[1].

Les Banques centrales étudient actuellement le moyen de fournir un service de conversion aux petites banques qui peineraient à établir leur convertisseur interne.

Les opérations entre banques

Le principe est que ces opérations se feront (comme sur les marchés financiers) pour l'essentiel en euros dès le début 1999.

LE « SCHÉMA DE PLACE » a retenu une approche souple en deux temps, en séparant les opérations de gros et de détail.

Les opérations de gros montant seront effectivement traitées directement en euros dès le 4 janvier 1999 (premier jour ouvrable), soit à travers le système « Transferts Banque de France » (TBF) qui enregistre les opérations en temps réel, soit à travers le « Système net protégé », concurrent mis en place par la profession, dont les soldes en euros ne se déversent qu'en fin de journée dans TBF.

Les opérations plus modestes continueront dans un premier temps à s'échanger en francs par l'intermédiaire du Système interbancaire de télécompensation (SIT). Les opérations initiées en euros devront donc être converties en francs pour remise au SIT (l'indication de la monnaie d'origine étant cependant conservée à chaque maillon de la chaîne pour pouvoir reconstituer d'éventuels écarts), avant d'être reconverties en euros lors du transfert des soldes au système TBF en fin de journée[2].

_____

1. Compte tenu du risque d'apparition d'un écart d'un à trois centimes lors de toute conversion d'euros en francs, les convertisseurs émettront dans la mesure du possible un message permettant de repérer la monnaie d'origine de l'opération et le montant de l'éventuel écart d'arrondi.

2. La « recommandation sur les arrondis » approuvée par le Comité national de l'euro le 25 juin 1997 donne l'exemple suivant : un client doit payer une facture de 1 323,35 F à partir de son compte en euros ; il convertit ce montant (au cours supposé de 6,47551 F pour un euro), trouve 204,36 euros et donne ordre à sa banque de les régler. La banque reconvertit la somme en francs pour la passer dans le SIT et trouve 1 323,335, arrondi à 1 323,34 F, ce qui donne un écart d'arrondi (dû au passage par l'euro) de 1 centime avec la somme initiale. Elle transmettra la

Cette bizarrerie devrait cesser par une décision de place lorsque le volume des opérations initiées en euros sera suffisant.

LE RECOUVREMENT DES CHÈQUES EN EUROS sera effectué à travers un point d'échange unique. La compensation des chèques en euros restera séparée de celle des chèques en francs ; elle se fera à Paris au début, puis localement (comme pour les chèques en francs) lorsque la part des chèques en euros atteindra au moins 5 % du total.

LES PRÊTS ET EMPRUNTS DES BANQUES ENTRE ELLES seront convertis à l'euro dès le 1er janvier 1999, de même que les encours de bons du Trésor, qui s'élèvent à 1 200 milliards de francs. Seuls certains titres de créance négociables (TCN) émis par ou pour des entreprises pourront demeurer libellés en francs. Mais le fait que ces titres soient dématérialisés (c'est-à dire qu'ils ne sont pas représentés par des coupures, mais gérés en compte courant à la SICOVAM) et détenus en majorité par des gestionnaires de fonds basculant rapidement à l'euro facilitera leur conversion.

Les relations avec les Banques centrales

Le traité de Maastricht (articles 105 et 106) a expressément confié au Système européen de Banques centrales (SEBC), « dirigé par les organes de décision de la Banque centrale européenne » (BCE) de Francfort le soin de « définir et mettre en œuvre la politique monétaire » de l'Europe unie (voir « L'euro et le citoyen »).

Dès le début de 1999, la BCE introduira la stratégie et les instruments que son prédécesseur, l'Institut monétaire européen, prépare activement pour elle. Les Instituts d'émission nationaux comme la Banque de France (qui, réunis, forment avec la BCE le SEBC) agiront concrètement sur les marchés dans le cadre ainsi défini. Cette organisation multipolaire permet à chacune de rester l'interlocuteur naturel des banques de son pays.

Le Projet de règlement européen sur l'introduction de l'euro précise

_____

somme à régler au SIT, accompagnée d'une indication magnétique « monnaie d'origine est l'euro » et de l'indication de l'écart d'un centime.

(article 4) que « l'euro est l'unité de compte de la BCE et des Banques centrales des États membres participants » — ce qui ne les empêchera pas, pendant la période transitoire, de tenir des comptes en monnaie nationale pour leur personnel ou pour les administrations publiques — et (article 9 du préambule) que le SEBC « effectue en euros les opérations relevant de la politique monétaire ».

‖ La totalité des relations entre la Banque de France et les banques sera désormais conduite exclusivement en euros.

La nouvelle configuration technique des rapports entre banques et SEBC

LES COMPTES DES BANQUES sur les livres de la Banque centrale seront convertis en euros au 1er janvier 1999 et tenus de même par la suite. Tel sera d'ailleurs aussi le cas pour le compte central du Trésor et pour la comptabilité générale de la Banque de France.

LES INTERVENTIONS destinées à piloter les taux d'intérêt à court terme seront conduites en euros. Il y aura une palette élargie d'opérations, avec émission de certificats de dette et adjudications hebdomadaires et mensuelles, à taux fixe ou variable.

LES TAUX DU MARCHÉ MONÉTAIRE au jour le jour seront encadrés entre une « facilité de dépôt » et une « facilité de refinancement marginal ». La facilité de dépôt rémunéré à très court terme servira au placement des excédents de trésorerie, formant la partie basse de la fourchette (à la place de l'actuel « taux des appels d'offre » de la Banque de France). La facilité de refinancement marginal au jour le jour doit satisfaire en dernier ressort — contre garanties — les besoins temporaires de liquidités des banques qui en manquent sur le marché monétaire. Cette seconde facilité formera la branche haute de la fourchette, succédant à l'actuel « taux des prises en pension » de la Banque de France et au « taux Lombard » de la Bundesbank.

Le taux de l'escompte, qui existe encore en Allemagne, disparaît. À l'intérieur de la fourchette des taux officiels qui vient d'être définie, les Instituts d'émission membres du SEBC interviendront par des prises en pension courtes (« repo »).

D'autres interventions d'« open market » sous forme de refinancements à échéance de deux semaines ou de trois mois pourront être conduites dans le cadre d'appels d'offres restreints ou bilatéraux.

LES CONCOURS ACCORDÉS DEVRONT ÊTRE GARANTIS par des titres remis au préalable à un dépositaire central. Les titres de « niveau I », utilisables dans toute la zone, devront répondre aux critères d'éligibilité fixés par la BCE (si sévères qu'ils n'admettront en pratique que les créances sur l'État). Les titres de « niveau 2 », répondant aux critères définis par les Instituts d'émission nationaux, comprendront des créances sur le secteur privé présentant des caractéristiques très strictes de sécurité juridique.

Un établissement de crédit pourra obtenir un refinancement de la Banque centrale de sa place en apportant en garantie des titres (même de niveau 2) détenus dans le système de conservation d'un autre membre du SEBC. Par exemple, une banque française obtiendra un financement à Paris en remettant des créances sur des entreprises allemandes en garantie par l'intermédiaire de la Bundesbank, qui jouera le rôle de « Banque centrale correspondante ».

Le SEBC pourra soumettre les banques au dépôt de réserves obligatoires (non rémunérées).

LES COTATIONS SUR LE MARCHÉ DES CHANGES seront exprimées exclusivement en euros et les opérations à l'égard des devises tierces (notamment les interventions demandées par la BCE) seront conduites en monnaie européenne.

LES BILLETS DES PAYS DE LA ZONE EURO seront échangés contre francs au pair et en quantités illimitées. À partir du 1er janvier 2002, les Banques centrales retireront les monnaies nationales (voir « Le calendrier de l'euro »).

LES STATISTIQUES MONÉTAIRES, financières et de balance des paiements transmises par les banques (BAFI, états prudentiels, etc.) seront, à partir du 31 juillet 1998, modifiées en fonction des besoins de la politique monétaire unique : tous les établissements ayant un total de bilan de plus de 4 milliards de francs devront désormais fournir une déclaration mensuelle, et les délais de production seront réduits. Ces états seront établis en euros à partir du 1ᵉʳ janvier 1999. Dès 1998, la BCE s'efforcera d'établir une balance des paiements globale de la zone euro.

À quoi correspond le système « TARGET » ?

Un système de transfert automatisé en temps réel appelé TARGET a été mis au point pour permettre le règlement instantané et irrévocable des ordres de paiement de gros montant dans toute la zone euro. Déjà en cours de tests, il permettra, dès janvier 1999, de garantir l'unicité du marché monétaire européen, car il rendra les paiements transfrontières aussi faciles que les paiements internes.

Ce système, dont l'utilisation sera obligatoire pour les paiements relatifs aux opérations de politique monétaire du SEBC, sera branché sur le système « TBF » (Transferts Banque de France) opérationnel depuis fin 1997. Il ne sera pas offert aux agents non bancaires ni en principe, malgré les vives protestations des banques anglaises, aux pays de l'UE ne participant pas à l'euro. Nous verrons dans « L'euro et le monde » que les banques suisses par exemple s'organisent en conséquence.

QUEL SERA LA COÛT DE LA RÉFORME ?

Pourquoi le coût sera-t-il élevé ?

Chacun s'accorde sur l'idée que le coût du passage à l'euro sera élevé pour notre système bancaire. Il tient à trois éléments différents :

• *Le coût direct des transformations* à réaliser, comme pour toutes les entreprises mais avec des spécificités additionnelles. Il s'agit en premier lieu de l'adaptation des systèmes comptables et informatiques — qui, pour une banque, forment l'ossature de son activité. On a estimé que la mutation indispensable, à réaliser pour une bonne part avant 1999, porterait sur plus de 60 % du système d'information et représenterait la moitié du coût total du passage à l'euro. Il faut y ajouter les dépenses de formation du personnel. Fin 2001 et début 2002, les banques encourront aussi des frais pour le stockage et la sécurité des nouvelles espèces en euros, leur circulation et leur comptabilisation en double, et la conversion des automates de banque.

• *Le manque à gagner* résultant notamment de la disparition des commissions de change entre monnaies de la zone et des opérations de couverture associées. L'agence d'audit Standard and Poors évalue ce manque à gagner à 5 milliards de dollars pour l'Union ; pour la France seule, une étude de l'AFB estime que l'activité de change a représenté un chiffre d'affaires de plus de 9 milliards de francs en 1995, soit 3 % du produit net bancaire. Le passage à l'euro entraînerait une baisse de 40 à 60 % de ces recettes. Il s'y ajoutera une perte, difficile à évaluer, résultant de la simplification de l'organisation des réseaux internationaux des grandes entreprises, qui réduiront le nombre de leurs « banques correspondantes » (voir « L'euro et les grandes entreprises »).

• *Le coût des campagnes de marketing et d'information* qui devront être lancées pour présenter la monnaie unique. Chaque produit, chaque formulaire devra être repensé.

À combien s'élèvera-t-il ?

Les estimations divergent sur le montant final de la facture.

Selon la Fédération bancaire européenne, il serait de 8 à 10 milliards d'écus (environ 60 milliards de francs) pour l'ensemble des banques de l'Union, ce qui représente une augmentation d'1,5 à 2 % des charges d'exploitation pendant plusieurs années.

Selon l'Association française des banques et l'AFECEI, le coût à couvrir serait de 20 milliards de francs pour les établissements de crédit de notre seul pays : par exemple 2 milliards de francs environ pour une grande banque commerciale classique (mais le chiffrage révisé de la BNP est d'1,5 milliard), 2,5 milliards pour les Caisses d'Épargne, 3 milliards pour le Crédit Agricole.

L'évaluation est peut-être pessimiste, car les chiffres avancés pour les grandes banques allemandes sont nettement inférieurs : 0,7 milliard de francs pour la Dresdner, 1,5 milliard pour la Deutsche Bank, 10 milliards de francs seulement au total pour les cent premières banques du pays.

Qui supportera ce coût ?

La concurrence obligera les établissements financiers à en prendre une bonne part sur leurs marges ; mais celles-ci ne sont pas indéfiniment compressibles ; une part sera sans doute répercutée au consommateur. Selon le commissaire européen Yves-Thibault de Silguy, ce dernier ne devra en tout cas pas supporter de « charges indues » ; le propos paraît volontairement vague...

Quel sera le traitement comptable et fiscal des charges d'adaptation ?

Voici les principaux points à retenir.

• *Les dépenses d'adaptation à l'euro* sont normalement à passer soit en charges courantes, soit en immobilisations selon leur nature (la partie relative au processus de production peut être immobilisée).

• *Les surcoûts exceptionnels* peuvent être étalés, sur 5 ans au maximum. Ils peuvent aussi être provisionnés à l'avance lorsqu'ils sont prévisibles tout en présentant un caractère exceptionnel. Ayant commencé leur adaptation plus tôt, les banques ont été conduites à déduire certaines provisions, avec l'accord du Conseil national de la comptabilité, dès l'exercice 1996[1].

• *En matière informatique*, les progiciels acquis à l'extérieur peuvent faire l'objet d'un amortissement soit sur douze mois, soit sur leur durée probable d'utilisation. Les logiciels créés par l'établissement pour lui-même peuvent être passés en charges ou amortis linéairement en 3 ou 5 ans selon les cas.

• *Les écarts de conversion* enregistrés sur les créances et dettes en devises de la zone euro ne passeront pas au compte de résultats. Ils seront soit maintenus à leur poste comptable actuel (où ils resteront figés jusqu'à cession éventuelle de l'actif correspondant), soit imputés immédiatement sur la situation nette afin d'apurer le bilan.

_____

1. Les provisions effectivement constituées à ce titre ont atteint 600 millions de francs pour le Crédit Agricole, 500 pour la Société Générale, 350 pour la BNP, par exemple.

• *Les écarts dus aux arrondis* seront cumulés dans un compte unique de charges et produits d'exploitation bancaire pour ne présenter qu'un solde compensé, qui sera passé en résultat à la clôture de chaque exercice.

Nos banques seront-elles prêtes à affronter une concurrence plus vive ?

L'unification du marché des services bancaires due au passage à l'euro aura pour effet d'exacerber la concurrence.

Une compétition bénéfique

Cela ouvre de nouvelles perspectives aux banques les plus dynamiques : elles auront directement accès à un marché très élargi, liquide et attractif, où les transactions devraient s'intensifier. Les réseaux déjà internationalisés ou disposant de savoir-faire spécifiques (banque « à distance » par téléphone ou Internet par exemple) seront bien placés dans cette compétition. À l'inverse, elle permettra aussi à de petits établissements de prospérer sur certains créneaux, en particulier technologiques : titrisation de créances, analyse et couverture du risque de crédit, obligations à haut rendement par exemple.

> D'une façon générale, on s'attend à un glissement des activités commerciales vers les activités de banque de marchés et d'investissement, les entreprises ayant de plus en plus recours aux marchés financiers.

La compression des marges et les regroupements

Cette concurrence élargie fait aussi craindre aux banques une pression accrue à la baisse de leurs marges — dont bénéficieront, d'ailleurs, leurs clients. Cela accélérera sans doute le rythme des regroupements[1]

---

1. Rappelons en France les fusions Crédit Agricole/Banque Indosuez, Crédit National/BFCE/ Banques Populaires, Société Générale/Crédit du Nord, ou à l'étranger les rapprochements Bayerische Vereinsbank/Hypobank, Ambroveneto/CARIPLO, ING/Bruxelles Lambert, UBS/SBS.

permettant de réaliser des économies d'échelle et conduira à l'émergence d'un petit nombre d'acteurs bancaires à taille véritablement européenne — peut-être une vingtaine de grands groupes à l'échelle de la zone euro : selon l'homologue italien de l'AFB, le nombre actuel des établissements bancaires de toutes tailles en Europe serait appelé à se réduire d'un tiers.

Nos banques seront-elles à armes égales avec l'étranger ?

Les banques françaises redoutent d'être handicapées par le poids de la fiscalité. Aussi le rapport de place juge-t-il « impératif que soient immédiatement supprimés les prélèvements spécifiquement français que constituent la taxe sur les salaires et la contribution des institutions financières ». Nul ne peut dire aujourd'hui si cette demande sera entendue...

D'autres inégalités de concurrence, dues à une réglementation plus protectrice du consommateur, inquiètent certains établissements. En cas d'opérations transfrontières, la loi applicable reste en effet celle, éventuellement plus souple, du pays de l'établissement prêteur. Ainsi, les sociétés françaises de crédit à la consommation craignent d'être défavorisées par la « loi Scrivener » garantissant à l'emprunteur un délai de rétractation de sept jours. De même, les établissements de crédit immobilier redoutent l'arrivée de concurrents venus d'Allemagne ou de Grande-Bretagne, comme les « building societies ». Ces rivaux bénéficient de règles moins contraignantes en matière d'affichage et de révision du taux d'intérêt, et surtout du non-plafonnement des indemnités de remboursement anticipé.

L'emprunteur aura-t-il finalement intérêt à renoncer aux garanties propres à la législation française pour accéder à des taux d'apparence plus attractive ? Chacun en jugera pour son compte.

COMMENT LES BANQUES INFORMERONT-ELLES LEURS CLIENTS ?

Les attentes sont grandes à l'égard des banques en matière d'information et de préparation de leurs clients. Les enquêtes d'opinion révèlent d'ailleurs que les personnes interrogées leur font confiance, de préférence à l'État ou aux organisations professionnelles, pour jouer ce rôle de pédagogue. Ainsi l'enquête du Centre de recherche sur l'épargne menée en juin 1997 confirme que les banques et Caisses d'Épargne (citées en premier par 22 % des sondés) viennent en tête des sources d'information sollicitées, juste après la télévision et la radio, et elles dépassent de loin ces dernières (avec 28 % de citations en tête) en ce qui concerne la confiance faite pour la qualité de cette information.

Les banques semblent conscientes de la nécessité de se préparer à répondre à ce besoin[1] et l'intègrent dans leurs programmes d'investissement, aux côtés de la formation de leur propre personnel.

LES BANQUES COMMERCIALES ont lancé une communication en direction des clients, sous forme de bulletins généraux ou de brochures à destination des différents types de clientèle, de réunions-débats ou colloques et de campagnes d'information plus larges, y compris à l'égard de la clientèle hors Union européenne. C'est ce que font par exemple la Société Générale (qui a réuni de nombreux entrepreneurs dans des « Forums de l'euro » tournant dans les régions en 1997), le Crédit Lyonnais, les Banques populaires. Des guichets d'information internes et externes seront mis en place, avec des conseillers spécialisés. C'est ce qu'a notamment annoncé la BNP qui, outre les actions destinées aux entreprises, offrira un « espace euro » de documentation (dépliants, bulletin périodique, fiches pratiques et calculette euro) et de traitement des opérations dans chacune de ses agences.

Des services en ligne se mettent également en place. Une banque comme le CCF offre plusieurs pages sur le Web pour expliquer à ses clients et partenaires comment elle se prépare à l'euro. Le Crédit Lyonnais a mis en place un numéro « SVP euro ». Le coût de tels services peut pourtant être élevé : les Caisses d'Épargne allemandes, avec leurs 60 millions de clients, ont estimé que si chacun d'entre eux sollicitait

---

1. Des progrès restent à accomplir même à l'égard des entreprises : une enquête faite début 1997 par le cabinet Deloitte et Touche indique que 57 % des patrons de PME attendent avant tout de leur banque des conseils, et 46 % une assistance opérationnelle, pour passer à l'euro, alors que 11 % seulement (moitié moins qu'en Allemagne) ont reçu des offres de services en ce sens.

15 minutes de conseil, cela accroîtrait le coût du passage à l'euro d'un milliard de marks.

Outre le schéma de place, plutôt réservé aux spécialistes, la profession bancaire française a déjà diffusé largement un dépliant intitulé *Demain l'euro* et contribué activement à l'élaboration d'un numéro spécial très complet de la revue *Banque*, paru en mai 1997. Elle a organisé un congrès sur les PME et l'euro en novembre 1997 et diffuse un code de bonne conduite banques/entreprises. Une stratégie particulière de communication va être définie à destination des actionnaires et porteurs de parts de SICAV. D'autres actions seront lancées en cohérence avec le plan de communication pluriannuel du gouvernement.

La BANQUE DE FRANCE, de son côté, assurera sa mission d'information sur les domaines de sa compétence, notamment la politique monétaire, les systèmes de règlement, l'émission et la circulation des nouveaux billets. Elle relaie aussi les informations de l'Institut monétaire européen et organise environ 300 réunions-débats locales chaque année. Une brochure destinée au grand public a été éditée fin 1997.

> Dans l'ensemble, le secteur bancaire est ainsi en train d'assumer pleinement le rôle stratégique qui est le sien dans l'Union monétaire, tant par sa mutation technique que par sa fonction d'intercesseur auprès du grand public.

L'euro et les épargnants

L a monnaie unique européenne est une innovation qui concernera
tous les épargnants, puisque, dans un proche avenir, c'est en euros
que la préservation de leurs avoirs sera assurée. Les épargnants seront
même les premiers, avec les banques, à être en contact avec l'euro sur
grande échelle dès son lancement début 1999.

Outre les placements liquides ou à court terme comme les livrets de
Caisse d'Épargne, les bons du Trésor ou les divers instruments offerts
par les banques (voir « L'euro et les banques »), des millions de Français, fortunés ou non, ont aussi placé à long terme une partie de leur
épargne. Il peut s'agir d'actions — les privatisations ont fortement
accru le nombre de détenteurs, qui dépasse 5 millions —, d'obligations
— emprunts d'État, emprunts internationaux, émissions privées —,
d'assurance-vie ou autres couvertures ; de SICAV, de fonds communs
de placement, PEP, PEA, eux-mêmes investis en actions et obligations
pour l'essentiel[1].

C'est sur les marchés financiers, c'est-à-dire les Bourses de valeurs et
de produits dérivés et le réseau téléphonique et électronique des
échanges entre banques, compagnies d'assurances et autres intermédiaires financiers, que sont placés ces avoirs. Leur sécurité et le niveau
de leur rémunération dépendent de la bonne santé et de l'évolution
de ces marchés. Ils sont eux-mêmes largement interconnectés — c'est
le « round the world market » — et souvent influencés autant par les
anticipations ou les rumeurs que par les évolutions économiques
réelles. Dès lors, la perception que les opérateurs auront de l'euro — sa

---

1. Selon l'INSEE, le patrimoine total des Français, évalué à 14 200 milliards de francs, se répartis-
sait comme suit en 1996 : 28 % pour les actions (cotées ou non) ; 7 % pour les obligations
détenues en direct ; 29 % pour l'épargne liquide ou contractuelle ; 16 % pour l'assurance-vie ;
20 % en immobilier.

solidité, sa liquidité, son attractivité, l'évolution des attitudes des gouvernements et de la Banque centrale européenne — sera un facteur déterminant.

QUAND ET COMMENT LA COTATION DES ACTIONS SE FERA-T-ELLE EN EUROS ?

La décision de faire passer à la monnaie européenne toutes les opérations financières dès début 1999 a été prise par le traité de Maastricht et confirmée par les Conseils européens ultérieurs. Elle doit entraîner presque nécessairement le basculement à la même date des Bourses et des marchés financiers.

C'est d'ailleurs ce qui a été décidé, en France comme dans la plupart des autres pays de l'Union, conformément à la recommandation de la Fédération des Bourses européennes. À une petite réserve près, toutefois : le 1er janvier, jour férié, tombant un vendredi, c'est en fait le lundi 4 janvier 1999 que le basculement se concrétisera.

Dès la première heure ouvrable, les cotations, mais aussi les suspens[1], les créances, les dettes, toutes les opérations financières, apparaîtront en euros sur les écrans des opérateurs. Les tableaux de cours des éditions du 4 janvier des journaux financiers sortiront, eux aussi, en monnaie européenne (*La Tribune Desfossés* indique dès aujourd'hui les contre-valeurs en écus de ses cotations).

L'opération n'aura que l'apparence d'un tour de magie... Elle aura été longuement planifiée et préparée par la mise au point de tous les progiciels et systèmes d'information[2]. Le week-end de trois jours (que certains parlent de faire débuter plus tôt en fermant les marchés dès le

_____

1. Les ordres étant obligatoirement libellés en francs jusqu'au 31 décembre 1998 inclus et en euros ensuite, le schéma de place rappelle que les intermédiaires devront mettre en place des dispositifs permettant de dénouer tout ordre en francs « à cheval » sur le 1er janvier 1999.

2. Il est prévu que les systèmes de place et ceux des banques devront être prêts dès juin 1998, afin de participer à une série de trois tests de basculement au cours du second semestre 1998 avec la SICOVAM, la SBF, la Banque de France et le Matif. Pour alléger la charge du week-end fatidique, les établissements feront l'analyse des tâches habituellement traitées en fin d'année pour les répartir sur les semaines suivantes.

jeudi 31, afin de disposer d'un peu plus de temps) sera une période d'activité intense pour les techniciens chargés de la reprogrammation des ordinateurs et ceux des « backoffices » traitant les marchés de capitaux.

Comme pour les opérations bancaires, le cheminement à suivre a été établi par la profession dans le cadre du schéma de place bancaire et financier de février 1997, accompagné de cahiers des charges détaillés.

On peut distinguer, pendant la période de transition 1999-2001, trois ensembles : la sphère financière ; la sphère de détail et la sphère des entreprises.

La sphère financière

Elle comprend les opérations de gros, traitées par les banques. Celles-ci seront gérées en euros dès le début, comme pour le marché monétaire, le marché obligataire ou le marché des changes.

Le basculement sera intégral, définitif et simultané pour l'ensemble des marchés d'actions : règlement mensuel, comptant, gré à gré, Second Marché, Nouveau Marché.

Les actions et valeurs assimilées (titres participatifs, obligations convertibles) seront donc toutes cotées en euros ; les transactions s'opéreront en monnaie européenne, seul le cours en euros faisant juridiquement foi pour la transmission des ordres en Bourse.

À l'intérieur de cette sphère financière, toutes les chaînes de traitement de valeurs mobilières passeront donc à l'euro, qui sera seul utilisé non seulement pour la cotation, mais aussi pour les opérations de règlement/livraison des titres entre professionnels.

Le basculement à l'euro du système RELIT s'effectuera également pendant le week-end du 1er janvier 1999, pour fonctionner ensuite dans les mêmes conditions que le système règlement/livraison en francs d'aujourd'hui.

La sphère de proximité

Jusqu'en 2002, la plupart des activités de banque de détail resteront traitées en monnaie nationale, sauf pour les particuliers, commerçants ou autres entreprises qui auront choisi d'anticiper leur passage à l'euro.

C'est la banque qui sera le point de passage obligé entre les comptes fonctionnant en francs et le marché financier fonctionnant en euros. Ainsi, le particulier qui passera ses ordres d'achat ou de vente en francs à sa banque ou à sa société de Bourse verra celle-ci les « traduire » en euros pour pouvoir les exécuter. En revanche, les produits de son portefeuille perçus en monnaie européenne — cessions ou dividendes — continueront à être versés en francs à son compte par l'intermédiaire du « convertisseur » interne de la banque, qui assure le contact entre les opérations financières et les opérations de détail.

Les éléments bruts qui constituent l'« avis d'opéré » (montant de l'achat ou de la vente, courtage, commissions, TVA et impôt de Bourse) seront calculés et exprimés en euros ; le montant net sera ensuite imputé en francs, après conversion, au compte du client si celui-ci n'a pas de compte en euros.

Afin d'éviter les erreurs grossières, la Bourse se dotera de filtres qui permettront de rejeter les ordres passés avec des limites aberrantes de prix, du fait d'oublis ou d'erreurs de conversion.

La sphère des entreprises

Comment libeller capital et actions ?

La situation des entreprises cotées, émettrices des actions, est intermédiaire.

Elles peuvent choisir de libeller leur capital social et le nominal de leurs actions en euros, afin d'être « en prise directe » sur le marché financier. C'est ce que suggère le schéma de place, rejoignant le rapport Simon-Creyssel et nos propres recommandations (voir « L'euro et les PME » et « L'euro et les grandes entreprises »), pour permettre de traiter en monnaie unique dès la période de transition tous les flux financiers correspondants. Ce passage peut être fait si nécessaire par la mise en place de convertisseurs internes, avant le moment où l'entreprise basculera sa comptabilité générale à la monnaie européenne.

En revanche, il restera possible, pour les émetteurs qui n'auront pas choisi de convertir en euros leur capital social, de continuer à réaliser leurs opérations sur titres en francs. On sera alors dans la situation étrange d'actions dont le cours n'est coté qu'en euros à la Bourse, mais dont seule la contre-valeur en francs figurera dans les comptes de l'émetteur et les relevés de portefeuille du détenteur (si celui-ci n'est pas lui-même passé à l'euro). Cela nécessitera une double conversion, du franc à l'euro pour entrer dans les comptes de la banque, puis de l'euro au franc pour versement au client, avec un écart d'arrondi de + ou − 3 centimes.

Y aura-t-il des conséquences pour les dividendes ?

Le passage à l'euro n'entraînera modification ni de la date de paiement ni du montant, à l'arrondi près. Ainsi, une société versant un dividende de 10 francs par action verrait ce montant converti en 1,538 euro par titre, arrondi à 1,54 ; une fois retraduit en francs, ce montant donne 10,01 francs, soit un écart d'un centime.

> Afin d'éviter ces écarts — certes faibles —, il est conseillé de faire voter le montant à distribuer directement en euros par l'assemblée générale de la société. Plus généralement, la recommandation sur les arrondis adoptée en mai 1997 par le Comité national de l'euro recommande de définir, autant que possible, le montant des opérations sur titres directement et uniquement en euros.

Pour faciliter toutes ces opérations, la communication de la Commission européenne de juillet 1997 sur l'impact de l'introduction de l'euro sur les marchés de capitaux recommande fortement le passage à des actions sans valeur nominale. Ainsi ces titres pourraient voir leur valeur ajustée par simple division, sans aucun échange physique des certificats ni ajustement du montant du capital. Nous avons vu (p. 176) que leur création en France sera rendue possible par la révision de la loi sur les sociétés programmée pour le printemps 1998.

COMMENT SE PRÉSENTERONT LES TITRES OBLIGATAIRES ?

Les décisions prises en matière d'émission et de détention de valeurs à revenu fixe (obligations) sont le pendant des décisions pour les valeurs à revenu variable : leur marché passera entièrement à l'euro dès le 4 janvier 1999.

Les nouvelles émissions

Les emprunts d'État

Les nouvelles émissions des États sur les marchés financiers se feront exclusivement en euros.

Cette règle s'appliquera à toute l'Union monétaire. Elle est reprise dans les considérants du projet de règlement européen sur l'introduction de l'euro : « La nouvelle dette publique négociable est émise dans l'unité euro à partir du 1er janvier 1999 par les États membres participants. » Le Trésor français a déjà indiqué que le premier emprunt à long terme nouvelle formule sera lancé le 7 janvier 1999 (après une émission de bons du Trésor à court terme dès le 4).

Au demeurant, les opérations en euros se multiplient déjà, bien que seul l'écu existe officiellement à ce stade. Après 3,7 milliards en 1996, plus de 8 milliards d'emprunts libellés en future monnaie européenne ont été émis en 1997. L'Italie (qui a inauguré la liste) et l'Espagne (qui a lancé en juillet 1997 un emprunt international d'1,5 milliard d'euros) ont pris les devants, rejoints, curieusement, par... le Mexique !

Beaucoup d'États — la France, l'Italie, l'Espagne, le Royaume-Uni, mais pas l'Allemagne — sont d'ailleurs des habitués des émissions en écus, qui se poursuivent parallèlement aux émissions en euros. Il en est de même pour certaines institutions internationales. La communication précitée de la Commission européenne recommande « une certaine coordination informelle » entre les émetteurs d'emprunts d'État, pour éviter des chevauchements de calendrier sur un marché qui sera unifié à partir de 1999.

Les émissions non étatiques

Les compagnies publiques, les institutions internationales comme la Banque européenne d'investissements (BEI) et les entreprises privées ne sont pas tenues par la règle que l'on vient d'exposer. Cependant, on peut penser qu'elles utiliseront elles aussi assez vite la monnaie européenne pour leurs nouvelles émissions.

La BEI a d'ailleurs anticipé sur le calendrier en lançant — avec grand succès — son premier emprunt libellé en euros dès janvier 1997. Le Crédit Local de France, la Compagnie bancaire, et même des emprunteurs privés étrangers comme General Electric, ont déjà emprunté en euros en 1997.

La BEI et certains États emprunteurs comme l'Autriche ou l'Espagne recourent à la technique des « parallel bonds » ou emprunts confluents : émis au même taux et à même échéance en plusieurs devises européennes appelées à constituer l'euro, ou en même temps en écus et en monnaie nationale, ces emprunts seront ensuite fusionnés et remboursés en bloc en euros.

Le stock de la dette

La conversion des emprunts libellés en écus

Quel que soit leur émetteur, les emprunts libellés en écus seront automatiquement convertis en euros, au pair (1 écu = 1 euro) le 1er janvier 1999.

Le traité de Maastricht (article 109L-4) prévoit déjà que la fixation irrévocable des parités « ne modifie pas, en soi, la valeur externe de l'écu » ; l'article 2 du règlement européen du 17 juin 1997 fixant certaines dispositions relatives à l'introduction de l'euro confirme clairement que « toute référence à l'écu... est remplacée par une référence à l'euro au taux d'un euro pour un écu ».

Attention : le même texte précise toutefois que « cette présomption peut être écartée en prenant en considération la volonté des parties ». Cela signifie que si le contrat se réfère expressément à un écu-panier différent de l'écu officiel, cette référence pourra être maintenue.

La conversion de la dette publique libellée en monnaie nationale

La dette obligataire en francs de l'État, soit 2 000 milliards, sera également convertie en euros début 1999, conformément à l'engagement pris par notre gouvernement à l'issue du Sommet de Madrid en 1995. La Caisse d'amortissement de la dette de la Sécurité sociale suivra la même voie.

Il a été décidé d'y ajouter la conversion des bons du Trésor, qui représentent un encours supplémentaire à moyen terme de 1 240 milliards. En pratique, les OAT (obligations amortissables du Trésor) seront converties en titres de 1 euro chacun, avec versement en liquide d'une soulte d'un montant maximum de 99 cents par détenteur et par émission[1]. Les porteurs de ces titres recevront leurs coupons en euros dès le début de la période de transition.

Compte tenu de l'ampleur de cette dette, dont les titres servent de référence au marché monétaire et à celui des options (3 800 milliards d'écus pour onze pays), son passage à l'euro contribuera significativement à l'obtention de la « masse critique » nécessaire pour concrétiser le basculement du marché financier.

Cependant, le projet de second règlement européen sur l'introduction de l'euro publié au *Journal officiel des communautés européennes* le 2 août dernier (voir « Le calendrier de l'euro ») ne fait pas de cette conversion une obligation. Son article 4 prévoit que « chaque État membre *peut* prendre les mesures nécessaires pour "relibeller" (traduire) en unité euro l'encours des dettes émises par (ses) adminis-

---

1. Prenons l'exemple d'un particulier détenant 10 OAT de 2 000 F (soit 307,69 euros l'une) échéant en 2005. Il recevra, début 1999, 3 076 titres d'un euro à cette échéance, plus une soulte de 90 cents (5,85 F). Le total fait bien 20 000 F, à 15 centimes près. Le recours à ce procédé est dû à la difficulté qu'il y aurait eu à convertir à une comptabilisation en valeur les chaînes-titres des intermédiaires financiers, qui comptabilisent actuellement les portefeuilles en nombre de titres.

trations publiques». D'autres pays auraient donc pu continuer pendant un certain temps à coter le stock de leurs emprunts publics en monnaie nationale.

L'Allemagne, longtemps hésitante, a décidé en septembre 1997 de franchir le pas : la totalité des 730 milliards de marks (2 500 milliards de francs) de la dette fédérale sera convertie en euros dès le 1er janvier 1999. Il en sera sans doute de même pour la dette des Länder (régions). En pratique, tous les États participant à l'union monétaire, sauf le Portugal, sont actuellement décidés à suivre cette voie.

La conversion des stocks de titres privés

Les encours de dette d'emprunteurs non étatiques libellés en francs ou en autres devises de la zone euro ne seront pas convertis d'emblée, mais seulement à mesure d'éventuelles décisions des émetteurs. Cela s'applique aux obligations comme aux titres de créances négociables (TCN) de plus courte durée, étant entendu que les titres d'une durée résiduelle inférieure à trois mois ne seront pas convertis.

Une enquête IPSOS/CPR Finance de septembre 1997 montre les émetteurs hésitants : 29 % auraient l'intention de convertir leur dette obligataire en euros dès début 1999, 38 % ne convertiraient que leurs emprunts venant à échéance après 2002, et un tiers sont hors d'état de se prononcer.

La conversion devrait, comme pour les obligations d'État, se faire par fractionnement de la valeur des titres. Une disposition légale devra d'ailleurs être prise pour permettre aux entreprises qui le souhaitent de convertir en euros leurs titres en circulation avant 2002 sans avoir à obtenir l'accord préalable des représentants de la masse ou de l'Assemblée générale des porteurs de ces obligations. À partir de 2002, en revanche, la conversion s'imposera à tous.

Les opérations techniques

• *Les cotations et négociations de titres sur le marché financier se feront exclusivement en euros dès le 1er janvier 1999*, la place de Paris ayant décidé le basculement à l'euro de l'ensemble des marchés de taux à cette date. Les obligations non encore converties devront donc être traduites (avec cinq décimales) par un équivalent, appelé « nominal de marché en euros ». Par exemple, à une obligation de 5 000 F correspondra un nominal de marché de 769,23 euros. C'est à cette contre-valeur en euros que s'appliqueront les cotations de marché, exprimées en taux d'intérêt ou en pourcentage du nominal.

• *Les opérations techniques de règlement et livraison des titres en gros et au détail seront effectuées en monnaie européenne,* comme pour les actions. Les flux d'espèces correspondants passeront exclusivement en euros à travers les systèmes RELIT et RELIT-Grande Vitesse (RGV). Ces systèmes sont étroitement liés à celui des « Transferts Banque de France » (voir « L'euro et les banques »), qui sert d'intermédiaire pour le règlement en euros des soldes en fin de journée[1] et, à travers TBF, au réseau européen TARGET. Ils devraient être interconnectés avec les autres systèmes nationaux ou internationaux comme Cedel ou Euroclear à Luxembourg ; l'Institut monétaire européen se préoccupe du retard actuellement pris dans ce domaine, important pour le bon fonctionnement du marché.

• *De nouveaux indices européens devront être définis* pour succéder aux références actuellement utilisées pour les contrats financiers indexés sur les taux d'intérêt à long terme (TMO et TME). Le schéma de place suggère aux établissements financiers de s'abstenir dès à présent de proposer des contrats indexés sur ces indices, voués à disparaître après amortissement des titres qui s'y rapportent.

• *Les opérations des particuliers et des entreprises seront traitées avec la plus grande souplesse.* Les ordres pourront être exprimés en francs ou en euros, quelle que soit la monnaie d'intitulé du compte de départ (ils seront, de toute façon, exécutés en euros) ; les avis d'opéré seront libellés en euros avec indication de la contre-valeur en francs ; les relevés de portefeuille seront probablement donnés dans les deux monnaies par la plupart des banques (qui n'y sont cependant pas obligées).

_____

1. Le système TBF a été développé par la Banque de France et la Centrale des règlements interbancaires (CRI) pour assurer le règlement en temps réel, en cours même de journée, des gros montants en espèces ; il est opérationnel depuis novembre 1997. Le système RELIT grande vitesse, développé par la SICOVAM, assure à partir de 1998, également en temps réel, le règlement et la livraison des gros montants de titres de créance et d'obligations du Trésor.

QUELLES SERONT LES CONSÉQUENCES POUR LES AUTRES PLACEMENTS ?

Sans pouvoir couvrir ici l'infinie diversité des produits d'épargne à long terme intermédiés, nous traiterons des principales formes que sont les assurances, les PEA, les OPCVM. Nous aborderons aussi les problèmes des marchés à terme et des marchés des changes, qui concernent à la fois le court terme et le long terme.

Les produits d'assurance

Comment les différents types de polices passeront-ils à l'euro ?

L'assurance-vie est le placement à long terme préféré des Français — en dehors de l'immobilier, touché par la crise mais qui pourrait être ranimé par des opérations européennes d'investissement, grâce à la suppression des risques de change. Ses encours atteignent 2 200 milliards de francs. Si l'on y ajoute les assurances-dommages au bénéfice des particuliers ou des entreprises (qui, sans être des produits d'épargne, conduisent aussi les compagnies garantes à placer une part de leurs réserves sur les marchés financiers) et les branches santé et prévoyance, transports, réassurance, les encours totaux des organismes de prévoyance atteignaient 3 100 milliards fin 1996.

Le passage de toutes ces polices d'assurance à l'euro ne se fera pas d'un seul coup, mais progressivement à partir de 1999, lorsque les compagnies et leurs clients le décideront.

Le schéma de place bancaire et financier prévoit en effet la liberté pour les assureurs de tenir ou non leur comptabilité en euros et de proposer des polices établies en monnaie nationale ou en monnaie européenne, pendant toute la période transitoire 1999-2001. En fait, la concurrence amènera les compagnies — surtout celles qui sont filiales de banques — à proposer rapidement des contrats en euros.

C'est ce que confirment les travaux lancés par la Fédération française des sociétés d'assurance, qui a publié en juillet 1997 pour ses membres un « vade-mecum euro ». Elle y estime très probable l'émergence précoce d'une demande en euros, notamment dans les branches vie et capitalisation et, en assurance-dommages, pour les grands risques.

Les recommandations de la Fédération française des sociétés d'assurance

La Fédération française des sociétés d'assurance recommande à ses membres d'être en mesure, dès le début de la période de transition, de répondre aux demandes de contrats libellés en euros émanant du marché ; et d'accepter si possible, au moins dans la branche dommages, les demandes de transformation, ou au moins de gestion, en euros d'un contrat préexistant en francs. La technique les y obligera pour les contrats actuellement libellés en unités de compte (ou en devises de la zone). Pour les autres, il faudra concilier le fait que la plupart des placements et une fraction de la clientèle (les grandes entreprises, les PME exportatrices) devraient passer rapidement à l'euro, tandis que particuliers et autres PME ne les rejoindraient que vers 2001.

Quelles seront les caractéristiques des nouveaux contrats d'assurance ?

• *Aucune police ne pourra être remise en cause* du fait du passage à l'euro. Par exemple, en assurance-dommages, le rapport entre la sinistralité et les primes ne dépend pas de la monnaie dans laquelle on s'exprime. Toutefois, une lettre d'information ou un avenant seront proposés pour certains contrats anciens. Pour les nouveaux contrats, une clause précisera qu'à compter du 1er janvier 2002, leur valeur sera automatiquement traduite en euros.

• *Pour les assurés industriels, un formulaire type sera proposé pour convertir un contrat en euros au cours de la période transitoire* en faisant l'économie de sa réécriture ; le basculement à l'euro devra être irréversible.

• *Le double affichage devrait être introduit rapidement sur les avis d'échéance des cotisations,* notamment pour le montant de la prime totale, jusqu'à la fin de la période de retrait des pièces et billets en francs (mi-2002). Une double publication, en francs et en euros, devrait être assurée pendant la période transitoire, pour les indices valorisés en francs.

• *Les séries historiques seront converties en euros en même temps que les contrats* ; une attention particulière devra être portée au traitement de ces séries en assurance-vie, où elles sont longues.

• *Comme pour les autres opérations, les banques assureront la conversion du franc à l'euro et réciproquement.* Pour le paiement des primes et le versement des indemnisations, chacune des parties sera donc réglée dans la monnaie qu'elle a choisie. La facturation des chèques, envisagée par les banques comme nous l'avons vu au chapitre précédent, conduira sans doute les sociétés d'assurance à se reporter sur d'autres moyens de paiement (TIP).

• *Des tableaux de correspondance franc/euro devraient être publiés par l'administration dès janvier 1999,* notamment pour l'établissement des seuils et plafonds des contrats d'assurance collective (branches santé et prévoyance).

Le rendement des assurances en euros restera-t-il intéressant ?

La disparition des indices de référence nationaux et l'unification du marché financier de la zone euro conduiront inévitablement à revoir les bases des polices d'assurance, et notamment les clauses de réévaluation minimum garantie.

Si les taux d'intérêt en euros sont plus bas qu'en francs (ce qui n'est d'ailleurs pas certain, comme nous le verrons), il ne sera plus possible de maintenir les mêmes performances financières. En sens inverse, une réallocation plus dynamique des actifs et la meilleure transparence du marché devraient améliorer la rémunération des assurés.

Où en sont les assureurs dans leur préparation ?

Ils sont moins avancés que les banques, mais sans retard excessif. Une étude réalisée en août 1997 auprès de 216 organismes de prévoyance pour la société de services Cap Gemini indique que les trois quarts des grandes sociétés pensent être prêtes pour 1999, alors que deux petits assureurs sur trois profiteront de la période de transition pour terminer leur ajustement.

Les dépenses envisagées, dont 62 % tiennent à l'adaptation des systèmes informatiques, sont élevées : le basculement devrait coûter 45 à 50 milliards de francs à l'ensemble des compagnies d'assurance européennes, soit (selon une étude Andersen Consulting) entre 2 et 2,5 % de leur chiffre d'affaires. Les chiffres affichés individuellement par les grandes sociétés semblent plutôt inférieurs : 1 à 2 % du chiffre d'affaires pour la Caisse nationale de prévoyance, 1 % selon AXA-UAP.

Les plans d'épargne en actions

Les PEA et PEP (plans d'épargne populaire) jouent aussi un rôle important dans le « bas de laine » des Français, avec un encours total de 600 milliards de francs fin 1996.

Ces plans d'épargne pourront être gérés dans les deux monnaies jusqu'en 2002, bien que les titres dans lesquels ils sont investis soient tous cotés en euros à partir du 1er janvier 1999. Le traitement des ordres de Bourse et la tenue de l'historique des valeurs d'acquisition dépendront de l'organisation interne de la banque. Pour les comptes-rendus d'opérations et les états de portefeuille à adresser au client, on peut supposer que le choix le plus fréquent sera de les établir dans les deux monnaies pendant la période de transition.

Les seuils réglementaires et fiscaux applicables en euros devront être précisés par les pouvoirs publics. C'est notamment le cas pour le plafond limitant les sommes investies (en franchise d'impôt sur les plus-values) dans le PEA à 600 000 F : converti, ce plafond donne le montant bizarre de... 92 307,69 euros !

Les SICAV et les fonds communs de placement

La tenue de la comptabilité de ces OPCVM se fera en euros dès le 4 janvier 1999. La valeur liquidative de la part exprimée en euros sera la seule faisant foi (elle pourra être accompagnée d'un montant en francs, mais qui n'aura qu'une valeur indicative).

Les avis d'exécution seront libellés en euros. Comme pour les titres directement détenus par les particuliers, ces valeurs en euros seront (jusqu'à fin 2002) « traduites » en francs par la banque pour l'établissement des relevés de portefeuille ou pour les rachats, tandis que les souscriptions nouvelles seront converties du franc à l'euro.

Les documents périodiques réglementaires seront établis en euros ; les dernières statistiques à produire en francs seront celles du 31 décembre 1998.

L'administration fiscale doit encore préciser de quelle manière sera établi l'« imprimé fiscal unique » (IFU, à tenir en francs) à partir de ces informations toutes en euros. Les données historiques permettant de calculer les performances devront être traitées pour assurer la continuité des séries : on retraduira en euros les cours passés, ou en francs les chiffres postérieurs à 1998.

La politique de placement suivie par ces fonds devra elle-même intégrer davantage la dimension européenne dans ses choix. Il sera en effet possible d'acquérir sans risque de change tous les titres cotés de l'Union monétaire. On commence déjà à voir se développer des SICAV et fonds communs spécialisés en valeurs de la zone euro : la BNP, par exemple, propose depuis juin 1997 trois SICAV et un fonds commun de placement de ce type.

Les marchés à terme

Les marchés à terme offrent aux investisseurs de se couvrir contre le risque de variation de la valeur de leurs placements : variation de cours ou de taux d'intérêt (l'une est le reflet de l'autre, les cours montant quand les taux baissent), ou variation de change. Ils permettent donc soit d'acheter ou vendre des titres à un terme fixé à l'avance, soit de prendre des options sur ces mêmes titres (qui seront dénouées ou non à l'échéance, moyennant paiement d'une soulte).

En France, ces marchés sont le MATIF et le MONEP, ce dernier étant plus spécialement chargé des options sur indices et sur actions.

Le plan stratégique retenu avec les acteurs de la place est de pouvoir offrir dès le début de 1999 une gamme complète de produits couvrant tous les points importants de la courbe des taux, du court terme au très long terme. La conversion de l'intégralité de la dette publique à l'euro dès début 1999 facilitera cette opération, puisqu'elle offrira le gisement de titres sur lequel pourront se fonder les contrats.

Le plan vise aussi à assurer le transfert progressif de la liquidité des contrats en francs vers les contrats en euros.

Les nouveaux produits des marchés à terme

– *Un contrat « euro 3 mois »* sera lancé mi-1998, une fois la liste des pays participants connue ; les intervenants seront incités à basculer leurs positions dès ce moment (et au plus tard en juin 1999) du PIBOR 3 mois vers ce nouveau contrat référencé sur l'EURIBOR à 3 mois [1].

– *Un contrat à terme sur les taux d'intérêt obligataires euros, centré sur une échéance à dix ans*, est préparé par le Notionnel en francs de même durée, modifié à partir de décembre 1997 avec un coupon de référence de 5,5 %. Il devrait jouer un rôle de leader en Europe. Ce contrat s'appuiera sur le « gisement » de 600 milliards constitué par les OAT (obligations du Trésor) à 10 ans converties en euros, qui sera éventuellement complété par des titres émis par d'autres États : leurs caractéristiques convergeront probablement avec les nôtres, les rendant assimilables.

– *Un contrat à terme de 5 ans* — échéance à moyen terme correspondant à 35 % du financement de la dette française — est ouvert à la négociation depuis septembre 1997, avec un coupon de référence de 4,5 %. Il passera à l'euro en 1999.

– *Une échéance à 30 ans*, autre durée conforme aux standards internationaux, devrait aussi être ouverte.

NB : Ces deux derniers contrats pourraient eux-mêmes être appuyés sur des gisements multiémetteurs.

---

1. Le contrat PIBOR 3 mois est actuellement négociable sur les échéances de 1999 à 2003, d'ores et déjà ouvertes (3 mois est la durée du taux de référence et non l'échéance visée). L'EURIBOR qui remplacera le PIBOR comme indice de référence sera une moyenne représentative des taux d'intérêt de marché, publiée par la Fédération européenne des banques (voir « L'euro et les banques »).

Pour les couvertures sur actions, les indices boursiers — CAC 40, SBF 120, SBF 250, MidCAC —, établis en euros, serviront de base pour les produits référencés sur un panier de valeurs. C'est ainsi qu'un nouveau contrat à terme de nominal 30 euros (à peu près 200 F) assis sur l'indice CAC 40 sera lancé. Le passage à l'euro n'entraînera aucune discontinuité : les premiers indices de 1999 seront égaux aux derniers indices de 1998.

D'une façon générale, tous les contrats encore en cours au 31 décembre 1998 sur le MATIF et le MONEP seront convertis en euros, en assurant la permanence de leurs caractéristiques. Par exemple, un contrat d'option sur le CAC 40 de quotité de 50 F sera converti en 7 contrats d'un euro (soit 45,50 F), plus un nouveau contrat de 69 cents correspondant au solde de 4,50 F. Pour faciliter la transition, la commission de compensation perçue pour toutes les échéances postérieures au 1er janvier 1999 sera réduite de 30 %.

Les nouveaux contrats en euros seront ouverts dès le soir du 31 décembre 1998. Attention ! Les ordres exprimés en francs juste avant la date limite, mais non encore exécutés en totalité le 31 décembre au soir, risquent d'être purement et simplement éliminés.

LA PLACE FINANCIÈRE DE PARIS CONSERVERA-T-ELLE SON RÔLE ?

Les perspectives d'ouverture des marchés

L'arrivée de l'euro n'entraînera pas de bouleversement fondamental dans la manière dont seront traités les épargnants, mais la suppression du risque de change, la convergence des économies et l'unification du marché financier européen autour d'une seule courbe des taux leur offriront de nouvelles opportunités.

> Avec l'aide des nouvelles technologies, qui permettent l'offre de services et leur gestion à distance, les épargnants pourront investir plus facilement hors frontières, sur toutes les valeurs de la zone euro.

La monnaie unique parachève ainsi les changements apportés par l'Acte unique européen de 1986 et les textes qui en découlent, notamment la directive européenne de 1993 sur les services d'investissement.

La libre prestation de services introduite par ces textes prévoit que les services financiers offerts en France depuis l'étranger sont acceptables si la réglementation de leur pays d'origine — éventuellement plus souple que la nôtre — est respectée. Appliqué à la lettre, ce principe pourrait faire perdre rapidement des parts de marché à nos organismes financiers. En réalité, des obstacles réglementaires limitent fortement la possibilité pour un assureur étranger d'offrir directement ses produits en France.

Malgré ces restrictions, la concurrence entre places financières va s'intensifier, d'autant plus que la monnaie unique facilitera les comparaisons sur les qualités des produits proposés : sécurité, rendement, régime fiscal.

À cet égard, le récent alourdissement de la fiscalité de l'épargne en France peut faire craindre un glissement vers des placements à l'extérieur. Cependant, d'une part, la protection de ces placements n'est pas forcément aussi bonne qu'en France et, d'autre part, les avoirs détenus à l'étranger doivent être déclarés au fisc et sont donc soumis à taxation : un contrat d'assurance-vie auprès d'une compagnie britannique ou un portefeuille de titres déposé à Luxembourg sont soumis à l'ISF ; leurs revenus doivent (sauf s'ils ont subi une retenue à la source) supporter la CSG et le prélèvement libératoire sur le revenu.

Cela pose toutefois la question des moyens d'assurer un contrôle efficace sur ces revenus. L'accord d'harmonisation fiscale conclu le 2 décembre 1997 entre les Quinze est une percée importante en ce sens, puisque les États seront tenus par une future directive européenne soit d'opérer une retenue à la source minimale (par exemple 15 %, mais la France plaide pour 25 %), soit de communiquer aux autres membres de l'Union les informations nécessaires sur les revenus de leurs nationaux.

Les atouts comparés des places financières

Comment les différentes places européennes vont-elles se situer dans cette concurrence que, selon un sondage IPSOS de septembre 1997, 85 % des émetteurs s'attendent à voir s'aviver ?

Un argument essentiel dans leur rivalité sera l'ampleur de chaque marché financier : le volume des transactions réalisées, le nombre de titres cotés, la liquidité et la profondeur du marché, c'est-à-dire sa capacité à absorber des transactions importantes sur un titre sans trop bouleverser les cours, sont les éléments déterminants.

LA BOURSE DE PARIS dispose d'atouts certains en Europe continentale : une capitalisation élevée (3 600 milliards de francs, dont 40 % détenus par des investisseurs étrangers), une épargne abondante[1], une politique d'émissions d'État transparente, des encours obligataires importants et bien répartis sur toutes les échéances, le premier marché à terme du continent, des systèmes modernes de cotation et de règlement/livraison des titres... La France a le second marché de gestion collective (SICAV et autres OPCVM) dans le monde. Elle peut donc jouer un rôle prééminent, malgré la localisation de la BCE à Francfort.

LA CITY DE LONDRES est le véritable « challenger ». Son passé vénérable et son présent dynamique la situent au premier rang en Europe. C'est à Londres que se trouvent les sièges de bien des institutions financières et une part notable des activités de marché de certaines autres, y compris des banques françaises. Un régime fiscal favorable y attire les opérateurs.

La Bourse de Londres détient la plus grosse capitalisation en actions, avec 1 880 milliards de dollars au 30 juin 1997 contre 620 pour Paris et 780 pour Francfort, selon la Fédération internationale des Bourses de valeurs. Son avance est beaucoup plus faible en termes de capitalisation obligataire, mais la City est le point de lancement de la majorité

---

1. Le taux d'épargne français est l'un des plus élevés d'Europe : 12,8 % en France en 1996, contre 11,6 % au Royaume-Uni, 5,4 % en Suède, et 1,3 % seulement aux Pays-Bas.

des euro-émissions et tient même, paradoxalement, le haut du pavé sur le marché de l'écu. Enfin, son marché à terme, le LIFFE, concurrence dangereusement notre MATIF et ses équivalents continentaux.

Malgré la non-participation annoncée de son pays au lancement de la monnaie unique, la place financière de Londres n'entend pas perdre cette position ; elle se prépare déjà activement à l'euro (voir « L'euro et le monde »). Cependant, l'abstention britannique offre une fenêtre d'opportunité aux marchés continentaux, s'ils savent s'unir.

Les efforts de coopération des places continentales

Les responsables de nos places, après avoir échoué dans des tentatives de rapprochement précédentes, semblent avoir compris l'intérêt d'une alliance.

• *Les Bourses de Paris, Francfort et Zurich (cette dernière pourtant hors zone euro) ont annoncé en septembre 1997 un accord de coopération.* Ces trois places, réunies, représentent la moitié de la capitalisation boursière européenne en actions et les deux tiers des marchés européens de dérivés d'actions. Avec environ 200 millions de contrats à terme et options et 18,8 milliards de francs échangés en 1996, elles dépassent le LIFFE et le Stock Exchange de Londres. Leur alliance ouvre la voie d'un grand marché continental des produits financiers.

• *La Société des Bourses françaises, qui contrôlait déjà le MONEP, a également repris la totalité du capital de MATIF SA (sans fusionner avec elle)* pour mieux adosser le marché à terme des produits financiers et la Bourse des valeurs[1]. Un rapprochement analogue est déjà réalisé en Allemagne depuis 1994, avec la fusion de la Termin Börse et de la Deutsche Börse ; une filiale commune, Eurex, va prochainement fusionner le marché des produits dérivés de Francfort avec celui de Zurich.

---

1. Une société de participation, gérée par la SBF, regroupera les activités du MATIF et du MONEP, notamment sur l'indice CAC 40. Le MATIF a adopté le système de transaction électronique hors séance NSC de la SBF, au lieu du Globex qu'il utilisait précédemment. Par ailleurs, il a noué des liens de coopération avec le Chicago Mercantile Exchange et le marché à terme de New York ; tous utiliseront le même système de compensation et de négociation, Clearing 21.

Paris-Francfort-Zurich

L'accord de coopération conclu en septembre 1997 prévoit :
- *l'interconnexion de leurs systèmes de négociation et compensation et l'harmonisation de leurs règles,* pour permettre le libre accès des adhérents des trois Bourses aux produits de leurs partenaires ;
- *la mise en place, dès mai 1998, d'une gamme commune de produits dérivés de taux d'intérêt en euros* ; chaque produit sera négocié sur une seule place mais accessible à tous les membres du réseau ;
- *le lancement conjoint, en février 1998, d'une famille d'indices boursiers européens* (la Bourse de Londres, en coopération avec celle d'Amsterdam, a déjà lancé un contre-projet, baptisé Eurotop) ; deux indices de référence globaux couvriront l'un toute l'Europe, l'autre seulement la zone euro avec 350 valeurs, soit 80 % de la capitalisation boursière ; complétés par 19 indices sectoriels et 2 indices de 50 valeurs-phares (« blue chips »), ils serviront de supports à une gamme de produits dérivés sur actions ; leur commercialisation sera assurée par... la société américaine Dow Jones, qui a adhéré à la structure commune.

Ces grandes manœuvres le montrent : la bataille engagée pour le contrôle des nouveaux marchés financiers en euros sera sévère. La place de Paris a de très bons atouts, en jouant la carte de la coopération ; la monnaie unique pourrait alors la consolider comme première place financière du continent.

L'ÉPARGNE EN EUROS SERA-T-ELLE BIEN RÉMUNÉRÉE ET PRÉSERVÉE ?

La préoccupation de tout épargnant est qu'au moins la valeur de son avoir soit préservée de l'inflation et des autres risques qui pourraient la ronger, et si possible qu'elle soit accrue grâce à des taux d'intérêt rémunérateurs.

Le risque inflationniste

Sur le front de la hausse des prix, l'investisseur semble pour le moment avoir peu de raisons d'être inquiet.

En effet, l'inflation n'a jamais été aussi faible en Europe — sans doute en partie du fait des efforts accomplis pour se conformer aux fameux critères de Maastricht : 2 % en 1997, 2,2 % prévus en 1998 pour la moyenne européenne. Risque-t-elle de redémarrer par la suite ? Certains le craignent, notamment en Allemagne. Pourraient jouer en ce sens : la reprise en cours de la croissance, toujours plus favorable à la hausse des salaires et des prix ; des dérapages budgétaires dans des États membres qui auraient respecté les critères de Maastricht en 1997 et 1998, mais sans avoir redressé durablement leurs finances publiques ; la hausse des prix des produits importés, significative en 1997 du fait de la montée du dollar (un euro faible, par exemple à cause de l'intégration de nombreux pays du Sud, pourrait relancer ce phénomène) ; l'éventualité de décisions monétaires « laxistes » de la Banque centrale européenne, si celle-ci était trop influencée par des considérations économiques ou politiques.

Cette crainte explique la résistance farouche de nos voisins d'outre-Rhin aux idées de « gouvernement économique » comme à tout ce qui paraîtrait porter atteinte à l'indépendance de la BCE.

En réalité, seuls les deux premiers de ces quatre motifs d'inquiétude ont une substance qui appelle à la vigilance. En effet, la reprise indispensable de la croissance suppose de veiller à ce qu'elle ne s'accompagne pas de dérapages de prix. La concurrence avivée au sein de la zone euro y contribuera fortement, ainsi que la désindexation de nos économies, obtenue au cours des années 1980. L'exemple américain actuel montre qu'une croissance non inflationniste prolongée est possible. D'autre part, le redressement des finances publiques peut être compromis par des problèmes structurels mal réglés, comme la réforme des retraites en Italie, ce qui justifie certaines craintes des pays du Nord. Les efforts spectaculaires de rigueur conduits par les candidats du Sud paraissent néanmoins durables. En tout état de cause, les règles strictes de surveillance et de sanction des dérapages posées par le traité de Maastricht et complétées par le Pacte de stabilité et de croissance (voir « L'euro et le citoyen ») fournissent des garde-fous sérieux. Cependant la reprise en cours n'écarte pas totalement le risque d'une crise politique grave dans tel ou tel pays, qui mettrait en danger l'équilibre de l'ensemble.

Quant aux deux autres facteurs d'inquiétude, ils peuvent, nous semble-t-il, être écartés. En effet, il y a peu de chances que l'euro soit une monnaie faible (on craint le plus souvent l'inverse — voir « L'euro et le monde ») ; et l'essentiel de la hausse du dollar paraît déjà acquise : + 20 % contre franc et mark, de 1995 à 1997. Quant à l'éventualité d'un laxisme de la BCE, elle fait plutôt sourire, même s'il est vrai que les gouverneurs de pays dont la réputation de rigueur est moins grande y seront à égalité avec les autres. L'insistance du traité de Maastricht sur le rôle de gardien des prix stables conféré au Système européen de Banques centrales, toutes indépendantes, conjugué à ce que l'on sait de la sociologie de tels organismes, assurent de la sagesse de la politique monétaire.

Au total, on peut donc considérer que l'épargne en euros des particuliers et des entreprises sera bien protégée de l'inflation.

Et les risques de sécurité ?

• *La monnaie unique va faire disparaître le risque de change,* danger tout à fait réel pour l'investisseur d'aujourd'hui dès qu'il s'aventure hors des frontières nationales. Bien des épargnants, attirés par les taux d'intérêt plus élevés offerts pour des placements en devises faibles, ont constaté que leur capital était amputé par les dévaluations successives de ces monnaies. Même entre les devises du « noyau dur » européen, les fluctuations de change ont posé des problèmes, puisque, au cours des cinq dernières années, les cours du franc et du mark, actuellement stabilisés dans une fourchette de variation de 1 % au maximum, ont varié de plus de 5 % (3,36 F pour un mark en 1992, et moins de 3,35 F actuellement, mais 3,54 F en mars 1995).

La fixation définitive et irrévocable des parités entre les devises européennes et l'euro (et par conséquent des parités bilatérales) au 1er janvier 1999 fait totalement disparaître ces risques de change. En outre, la décision prise en septembre 1997 d'annoncer les futures parités dès mai 1998 fait que les cours de marché devraient, sauf crise inattendue, converger vers ces parités à partir de cette date.

• *Reste le risque systémique,* c'est-à-dire le danger d'un effondrement du marché mettant une partie des émetteurs potentiellement hors d'état de rembourser leurs emprunts — sauf intervention salvatrice de l'État[1] comme on l'a vu en France dans l'affaire du Crédit Lyonnais et plusieurs autres.

Ce risque n'est pas purement théorique, la violente crise financière des pays d'Asie orientale et du Japon fin 1997 le montre. Mais il est limité par le renforcement constant des règles prudentielles imposées aux banques, aux entreprises et aux grands emprunteurs et par les contrôles d'organismes comme la Commission des opérations de Bourse.

Les taux d'intérêt

Une fois la protection de son portefeuille assurée, l'investisseur se préoccupe naturellement d'en obtenir le meilleur rendement.

Dans les pays du « noyau dur »

L'euro changera peu de choses, du moins en ce qui concerne l'épargnant français.

• *Les marchés financiers, qui anticipent toujours les évolutions, se comportent en effet dès aujourd'hui comme si l'Union monétaire était déjà réalisée.* Cela est d'autant plus normal si l'on considère, par exemple, qu'une obligation à dix ans émise fin 1997 vivra 90 % de sa durée sous le régime de l'euro. De ce fait, l'annonce de la monnaie unique et les efforts de rapprochement des économies ont déjà fait baisser substantiellement les taux dans toute l'Europe.

• *Les taux d'intérêt de marché ont d'ores et déjà convergé au point de presque se confondre,* quelle que soit l'échéance envisagée, entre les

---

1. Une intervention de la BCE serait également imaginable, mais ses règles lui interdisent en principe de telles opérations de sauvetage.

monnaies du « noyau dur » européen (France, Allemagne, Benelux, Autriche).

Entre les taux d'intérêt français et allemand, par exemple, il n'y a actuellement qu'un écart de quelques centièmes de point : les taux à très court terme sont un peu supérieurs à 3 % (3,30 % pour le taux au « jour le jour ») ; les taux à long terme sont voisins de 5,25 % ; déduction faite d'une inflation proche, en France, de 1,3 % l'an, cela laisse à l'épargnant une confortable rémunération de 4 % en termes réels. Entre ces deux bornes, la courbe des taux est harmonieuse, la rémunération du placement augmentant avec sa durée. Par exemple, fin 1997, un placement rapporte environ 4,20 % à 2 ans et un peu moins de 5 % à 5 ans : les courbes des taux française et allemande peuvent pratiquement se superposer.

Il existe bien quelques écarts entre ces deux grands marchés financiers et ceux des autres pays du « noyau dur » — par exemple, les taux sont un peu plus élevés en Belgique et en Autriche — mais au total, il est clair que la transition avec le marché unique de l'euro se fera sans mal pour tous ces pays.

Elle devrait aussi se faire sans grand changement de niveau. Certes, après le relèvement intervenu en octobre 1997, les opérateurs craignaient une nouvelle hausse des taux d'intérêt à court terme avant le rendez-vous de mai 1998. Cette hausse interviendrait à l'initiative de la Bundesbank qui, craignant de voir sa marge de manœuvre trop limitée par la suite, exercerait une action préventive pour fortifier l'euro et pour se rapprocher des taux plus élevés des pays du Sud, qui devront se fondre avec les nôtres début 1999. Les répercussions de la crise financière de l'Asie ont sans doute diminué la probabilité de ce durcissement attendu ; en tout état de cause, il ne devrait pas avoir de répercussions durables sur les marchés financiers.

Dans les pays au passé plus inflationniste

La situation est quelque peu différente pour les monnaies des autres pays qui rejoindront la zone euro.

C'est le cas pour la livre irlandaise, dont le cours de change reste durablement supérieur à son cours-pivot au sein du Système monétaire européen, dans l'attente d'une éventuelle réévaluation au moment de la fixation définitive des parités, mais dont les taux d'intérêt (influencés par le sterling) sont paradoxalement plus élevés.

C'est surtout le cas pour les monnaies du Sud, dont les taux d'intérêt demeurent notablement supérieurs à ceux du « noyau dur ». En effet, les investisseurs considèrent les placements dans ces devises comme plus risqués, tant à cause du danger d'une perte de change qui amputerait leur capital que du fait d'une tradition locale plus inflationniste (bien que la hausse annuelle des prix soit maintenant ramenée au-dessous de 2 % en Italie).

Cependant, même pour ces pays, le rapprochement des taux d'intérêt avec ceux du « noyau dur » a été spectaculaire. Les emprunts à long terme étaient payés 5 points de plus en Italie qu'en Allemagne mi-1995 ; fin 1997, cet écart était ramené à moins de 40 centièmes[1]. De même, les taux d'intérêt à long terme espagnols, qui étaient supérieurs de 4 points aux nôtres, n'en divergent désormais que de moins de trente centièmes.

Cette convergence très marquée des taux longs tient à deux facteurs :

• *Les efforts considérables faits par ces pays* pour assainir la situation de leurs finances publiques, ce qui, mécaniquement, diminue la pression de la demande sur leur marché financier ;

• *Le renversement complet des anticipations des marchés* : ceux-ci, qui jouaient l'exclusion des pays du Sud, escomptent depuis mi-1996 la participation à la monnaie unique de l'Espagne et du Portugal, et depuis mi-1997 celle de l'Italie (qui pourtant n'est pas complètement acquise[2]). Cette attitude a été confortée par la décision prise en septembre 1997 de fixer les futures parités dès mai 1998, en même temps que seront choisis les pays participants.

_____

1. Cette baisse de taux est un pactole pour le contribuable italien : avec une dette publique d'environ 10 000 milliards de francs (125 % du PIB), chaque baisse de 1 % du coût moyen de la dette représente une économie annuelle de 100 milliards. La démission donnée puis reprise du gouvernement Prodi (octobre 1997) a cependant fait remonter temporairement de 0,60 à plus d'un point le « spread » des emprunts italiens. Il est revenu depuis à un niveau encore plus bas (0,30 à 0,40).

2. On a très bien vu cet effet jouer dans le cas de l'Angleterre fin septembre 1997 : sur la simple rumeur d'une participation plus rapide que prévu à la monnaie unique, les taux d'intérêt à long terme sur le sterling ont baissé de 0,25 %, ramenant l'écart avec les taux longs allemands à moins d'un point. L'écart sur les taux courts est bien plus élevé : 4 points pour les emprunts au jour le jour, à la même date, et 3 points pour les emprunts à 2 ans : c'est le prix de la non-participation.

> Si l'on suppose qu'une monnaie se fondra dans l'euro dès 1999, il n'y a plus aucune raison de faire supporter une « prime de risque » élevée aux emprunts concernés, puisqu'ils seront rémunérés et remboursés en euros (ou dans une monnaie nationale qui, à partir du 1er janvier 1999, n'en sera plus que la « traduction » non décimale).

Prenons l'exemple d'un emprunt d'État à 6 % en pesetas. À partir du 1er janvier 1999, si l'Espagne fait bien partie de la première vague de la monnaie unique, son coupon sera toujours de 6 %, mais il sera versé en euros à partir d'un nominal de l'action lui-même converti en euros, exactement comme pour un emprunt en marks ou en francs. L'écart de taux qui subsiste n'exprime donc que le risque résiduel d'une non-participation de l'Espagne, ainsi que la prime correspondant à la période qui nous sépare encore de 1999.

Ces anticipations favorables des marchés (qui peuvent, certes, toujours se renverser) contribuent elles-mêmes à favoriser l'entrée des pays concernés dans la monnaie unique. En effet, l'un des critères de participation posés par le traité de Maastricht est précisément l'écart des taux d'intérêt longs, qui ne doit pas dépasser 2 points entre le pays candidat et la moyenne (voir p. 13 ci-dessus). Cette condition, qui faisait difficulté il y a deux ans, est maintenant réalisée, y compris par l'Italie. Toutefois, l'écart qui subsiste sur les taux à court terme est beaucoup plus important : environ 1,5 point pour l'Espagne et 2,25 pour l'Italie, fin 1997[1]. Il devra être résorbé d'ici à 1999 si ces pays entrent dans l'euro ; cela fera baisser les taux au Sud, mais peut les faire remonter quelque peu au sein du « noyau dur ».

---

1. L'écart était même de près de trois points avant la décision de la Banque d'Italie, le 23 décembre 1997, d'abaisser ses taux directeurs de 0,75 % pour les ramener à une fourchette de 5,5 à 7 % (niveau le plus bas depuis 22 ans). Il reste cependant à l'Italie et à l'Espagne — qui a également baissé ses taux directeurs en octobre puis en décembre 1997 — du chemin à parcourir pour ramener leurs taux courts à un niveau commun pour l'ensemble de l'UEM, qui devrait être inférieur à 4 %.

Qu'adviendra-t-il aux taux sur le nouveau marché financier unifié ?

Une orientation favorable

À partir de 1999, les taux d'intérêt de base seront les mêmes sur un grand marché financier couvrant toute la zone euro.

Sauf accident tel qu'une crise politique ou un rejet de l'euro par les populations, on peut penser que les facteurs de fond orienteront les taux à long terme plutôt à la baisse ; cela fera monter le cours des actions et des obligations existantes et continuera à faire bénéficier les Français de taux d'intérêt parmi les plus bas du monde[1]. L'unification monétaire européenne profite ainsi dès aujourd'hui aux contribuables (à travers la baisse de la charge de la dette publique), aux entreprises qui investissent et aux ménages qui, par exemple, empruntent pour acquérir un logement.

Joueront en ce sens : l'ampleur et la fluidité du nouveau marché, qui encouragera l'épargne à s'investir ; et la réduction des appels des gouvernements aux épargnants, grâce à la baisse des déficits budgétaires imposée par les critères de Maastricht.

En conséquence, l'intérêt des investisseurs serait plutôt de placer leurs fonds à long terme dès maintenant, pour profiter des taux d'intérêt réels encore élevés qui sont offerts, assurés qu'ils sont d'être remboursés à bonne date et en euros.

Quels titres choisir pour ses placements ?

Peu importe la monnaie de libellé, si elle est appelée à se fondre dans la monnaie unique. Tous les autres facteurs de différenciation étant neutralisés, c'est désormais la qualité propre de la signature de l'emprunteur qui déterminera le taux d'intérêt du prêt et, partant, la rémunération finale de l'épargnant.

Seules les qualités propres d'un emprunteur feront la différence, en fonction de sa solidité financière (pour une entreprise), des garanties qu'il offre (pour un particulier) ou de son crédit (pour un État).

---

1. C'est en 1997 que, pour la première fois depuis...1920, le coût des emprunts à dix ans est devenu moins élevé en France qu'aux États-Unis. Seuls le Japon et la Suisse font mieux.

• *Si l'emprunteur est une entreprise*, c'est naturellement l'appréciation portée sur sa stratégie, son positionnement, le talent de ses dirigeants, sa solidité financière, les garanties offertes, qui déterminera la cotation. Le rôle des agences de « rating » (notation) devrait encore s'accroître. Les meilleures entreprises pourraient dans l'avenir obtenir des taux inférieurs à ceux offerts à certains États ; ceux-ci ont cependant l'avantage de voir leurs titres pondérés à 0 % dans les ratios de couverture des risques en fonds propres imposés aux investisseurs par les autorités de surveillance bancaire.

• *Si l'emprunteur est un État*, il subsistera des différences entre les prix payés par les gouvernements pour se procurer des capitaux ; elles seront fonction du niveau global de leur endettement (très élevé pour des pays comme la Belgique et l'Irlande) et du jugement porté sur la qualité de leur gestion. On s'attend qu'un pays comme l'Italie, à la fois fortement endetté et moins « sage » que d'autres dans le passé, doive rémunérer ses prêteurs à long terme environ un demi-point plus haut, au moins au début.

Avis aux intéressés

Une opportunité intéressante demeure, pour peu de temps. Il existe encore une prime de risque d'environ 30 centimes entre le taux des emprunts à long terme en écus ou en euros et les taux de référence du marché en devises nationales. Si l'on est certain que l'euro se fera, le risque est nul et ce supplément de rémunération est bon à prendre.

L'INFORMATION DES ÉPARGNANTS SERA-T-ELLE BIEN ASSURÉE ?

Le schéma de place bancaire et financier publié en février 1997 prévoit de définir une action de communication en direction des émetteurs et détenteurs privés de titres. Il s'agit d'expliquer les nouvelles règles de fonctionnement du marché financier « tout en euros », et aussi de les convaincre de choisir la monnaie unique pour leurs nouvelles opérations dès 1999.

• *Le travail d'information* incombe aux intermédiaires financiers, aux sociétés d'assurance et aux émetteurs de valeurs mobilières. La Société des Bourses françaises a lancé une vaste campagne de communication auprès des réseaux bancaires à partir de l'automne 1997, élargie aux actionnaires individuels en 1998 : un supplément « Comprendre l'euro » sera diffusé chaque trimestre dans 63 quotidiens régionaux pendant quatre ans et un numéro d'appel gratuit a été ouvert (voir « Adresses utiles »). Pour sa part, la Caisse des dépôts et consignations, organisme parapublic qui joue un rôle important sur la plupart des secteurs du marché financier, s'est fixé pour objectif d'offrir tous ses services en euros comme en francs, au choix du client, dès le premier jour de l'Union monétaire.

• *En ce qui concerne les publications légales,* les professionnels ont recommandé de laisser à l'émetteur la liberté de choix de la monnaie de présentation. Mais il serait bien perturbant pour les épargnants de voir les sociétés publier leurs informations exclusivement en francs, alors que leurs titres seront cotés en euros. La Commission des opérations de Bourse, autorité du marché, a — la première en Europe — publié en septembre 1997 ses recommandations, qui vont dans un sens différent. Elle demande aux sociétés cotées de « s'engager le plus résolument possible dans la voie de la communication financière exprimée en euros, à partir du 1er janvier 1999 ».

• *Pour faciliter la compréhension des investisseurs,* la COB recommande d'établir, pendant la période transitoire 1999-2001, un tableau de chiffres significatifs (chiffre d'affaires, résultats et soldes intermédiaires, principales masses du bilan, bénéfice net par action, dividende) à la fois en francs et en euros. Ce tableau, appuyé de séries historiques des comptes converties en euros, devrait figurer dans toutes les documentations des sociétés faisant appel public à l'épargne.

> Au total, l'épargnant devrait se sentir bien dans la nouvelle zone euro, qui lui apportera à la fois de nouvelles opportunités et une sécurité accrue. Cela suppose la poursuite des efforts déjà bien entamés pour moderniser la place financière de Paris et la conforter dans la compétition internationale.

L'euro et le monde

P armi les raisons qui ont poussé les pays européens à vouloir l'unification monétaire figure sans nul doute en bonne place le désir de jouer un rôle plus réel dans le jeu économique mondial. « L'Union européenne doit progressivement s'affirmer comme un pôle de puissance... l'euro y contribuera de façon décisive », déclarait le président Chirac en août 1997.

On trouve là l'explication de sacrifices qui paraissent curieux à certains observateurs, notamment anglo-saxons : pourquoi, par exemple, consentir à réduire l'autonomie de chaque nation en mettant en commun la monnaie, attribut essentiel de sa souveraineté ? Tout simplement parce que, dans le monde actuel, peu de devises nationales bénéficient réellement, à leur échelle, de cette souveraineté.

Si une douzaine de monnaies — dont le franc — inspirent assez confiance pour être acceptées en paiement un peu partout dans le monde, chacun peut constater qu'elles sont reçues avec plus de réticence que le « roi-dollar ». Si le franc occupe une place non négligeable dans les émissions sur les marchés internationaux, seuls le yen et le mark ont réellement le statut de monnaies de réserve internationales (encore qu'avec une place très inférieure à celle du dollar) ; c'est d'ailleurs l'une des raisons pour lesquelles nos voisins outre-Rhin comprennent parfois plus difficilement que nous la nécessité de l'union. Enfin, seuls les États-Unis parviennent à faire financer leur dette publique de façon presque illimitée par l'étranger.

Un autre sacrifice, souvent dénoncé par les critiques de l'euro, est la renonciation à la possibilité d'une politique monétaire accommodante — c'est-à-dire, pour parler net, au droit de « faire des bêtises » si l'intérêt national l'exige : par exemple, d'abaisser artificiellement les taux d'intérêt pour stimuler l'économie et l'emploi.

Le malheur est qu'un pays européen isolé n'a aucune chance aujourd'hui d'imposer son point de vue aux marchés, qui ont leur propre jugement et où les capitaux circulent librement. Une politique monétaire nationale jugée laxiste fera assez vite monter et non baisser les taux d'intérêt, du fait des sorties de capitaux et de la « prime de risque » exigée par les prêteurs. *A contrario*, la perspective d'une entrée dans la monnaie unique conduit à des baisses spectaculaires de taux d'intérêt : les exemples de l'Espagne, de l'Italie, de la France même, le montrent.

La seule possibilité de retrouver une certaine autonomie par rapport aux marchés est donc de se regrouper : la Banque centrale européenne aura la dimension et la crédibilité nécessaires non pour imposer en toutes circonstances ses vues aux marchés, mais pour se faire écouter d'eux et leur donner les impulsions nécessaires.

Naturellement, la place de l'Europe monétaire dans le monde sera d'autant plus significative qu'elle aura su consolider ses liens avec son environnement immédiat. Nous procéderons donc par cercles concentriques, depuis la situation des pays abstentionnistes de la première vague jusqu'à la question de l'élargissement de la zone euro à l'Est et au Sud.

LES ABSTENTIONNISTES DE LA « PREMIÈRE VAGUE » REJOINDRONT-ILS L'EURO ?

Les pays membres de l'Union européenne à quinze, mais qui ne devraient pas participer au lancement de l'euro, sont, rappelons-le, au nombre de quatre : Royaume-Uni, Suède, Danemark et Grèce. Rejoindront-ils la monnaie unique par la suite ?

La question est importante, car l'ampleur des activités financières de la City fait qu'une participation du Royaume-Uni à l'entreprise accroîtrait notablement sa portée. Même en simples termes démographiques et économiques, l'Europe des Quinze au complet pèse plus qu'un « noyau dur » élargi à dix ou onze pays : 372 millions d'habitants contre 289 à onze (et 232 à dix, sans l'Italie) et un produit national 1996 de 6 800 milliards d'écus contre 5 400 (4 500 à dix).

Nous raisonnerons ici sur une UEM à onze, puisque les chances de l'Italie d'être de la « première vague » semblent s'accroître de jour en jour (voir p. 19 à 21 ci-dessus), malgré les incertitudes politiques, comme la démission donnée puis reprise, en octobre 1997, du gouvernement Prodi. La volonté italienne de rejoindre l'euro au plus tôt, si par malheur le rendez-vous du 1er janvier 1999 était manqué, ne fait d'ailleurs pas de doute.

Parmi les quatre non-participants initiaux, la Grèce devrait rejoindre la zone au tournant du siècle : le gouvernement Simitis s'est converti à la rigueur et souhaite participer à l'euro dès début 2001. Il a ramené l'inflation à moins de 5 % et les déficits publics à 4,2 % du PIB en 1997 ; mais il ne respecte encore aucun des principaux critères de Maastricht et ne pourra le faire avant quelque temps, malgré de réels progrès.

À l'opposé, la Grande-Bretagne mais aussi les Scandinaves, remplissent pour l'essentiel les critères d'éligibilité de Maastricht (souvent plus facilement même que les pays candidats) sans pour autant souhaiter tous y participer. L'obstacle est ici avant tout psychologique et politique : les dirigeants comme les électeurs de ces pays du Nord, liés entre eux par leur histoire, sont peu européens.

La Grande-Bretagne en questions

« Pourquoi le Royaume-Uni refuse-t-il de participer au lancement de l'euro ? »

Chacun connaît la tradition insulaire, assez méfiante à l'égard des continentaux, des Britanniques, ainsi que leur attirance vers le « grand large ». À cela s'ajoutent un goût traditionnel pour le pragmatisme, le rejet des grandes constructions politico-économiques et la crainte d'un fédéralisme imposé par la « technocratie » bruxelloise.

Il ne faut donc pas s'étonner que l'opinion publique outre-Manche reste largement hostile à l'Union monétaire européenne. Un sondage publié en octobre 1997 par le *Financial Times* montre 61 % de personnes opposées au remplacement de la livre par l'euro, alors que 15 % seulement l'accepteraient. D'autres sondages réalisés par Gallup et par Mori donnent 54 à 57 % « seulement » d'opposants, dont la moitié des électeurs travaillistes. Le solde négatif (opinions positives – opinions négatives) à l'égard de l'Europe atteint 35 % selon l'« Eurobaromètre » de la Commission européenne ; seuls les pays scandinaves — et parfois l'Allemagne (voir p. 75 ci-dessus) — affichent des résultats aussi décourageants.

Sur le plan juridique, les Britanniques se sont donné les moyens de ne pas participer à la monnaie unique, puisqu'un protocole annexé au traité de Maastricht leur permet d'échapper à l'obligation de le faire au 1er janvier 1999 s'ils remplissent les critères[1]. Leur adhésion ne peut donc être que volontaire.

Le gouvernement travailliste de Tony Blair, issu des élections de mai 1997, est certes relativement pro-européen ; il a paru un moment prêt à rejoindre rapidement la « première vague » de l'euro. Mais, après des tergiversations qui ont beaucoup agité les marchés londoniens, une déclaration officielle du ministre des Finances Gordon Brown à la Chambre des communes a, en octobre 1997, clairement confirmé la décision britannique d'exercer le droit d'« opting out ». Le même ministre, qui avait qualifié peu auparavant l'adhésion à la monnaie unique de « bonne décision économique », estime désormais qu'il n'est « pas réaliste de la proposer avant la fin de la législature ».

Cette position réservée a en fait des causes politiques. Malgré la popularité record de Tony Blair, son gouvernement, ligoté par sa promesse électorale d'organiser un référendum (non nécessaire selon la loi britannique) avant tout passage à l'euro, a préféré éviter cet exercice à hauts risques...

Cependant, on admet généralement que le pragmatisme même des Anglais, conjugué au désir de ne pas être marginalisés, les poussera à « monter dans le train en marche », une fois le démarrage de la monnaie unique réussi (ce dont beaucoup d'entre eux doutent encore).

Le chancelier de l'Échiquier a d'ailleurs, dans la déclaration précitée, souligné les bénéfices à en attendre et annoncé que son gouvernement, « le premier à se prononcer en faveur de l'union monétaire », était favorable à son principe et adopterait une attitude constructive à

_____

1. Ce qui est le cas, sauf pour le critère de stabilité des taux de change, qui doit être respecté pendant deux ans avant la participation à l'euro (voir ci-après et « Le calendrier de l'euro »). La participation à l'euro nécessitera aussi une loi sur l'indépendance de la Banque d'Angleterre, conforme d'ailleurs à la pratique instaurée par le gouvernement de Tony Blair dès mai 1997.

son égard : « La période d'indécision est révolue », a avancé M. Brown. Un comité comprenant notamment la ministre du Commerce et de l'Industrie, le gouverneur de la Banque d'Angleterre et les représentants du patronat et des syndicats a été constitué pour commencer à préparer l'opération. Le Premier Ministre a ensuite pris le relais : « Nous voulons participer à une monnaie unique réussie », déclarait Tony Blair aux patrons britanniques en novembre 1997 ; « nous voulons que les entreprises se préparent à cette éventualité et en fassent une réalité pratique ».

« À quelle date une adhésion britannique serait-elle réellement envisageable ? »

Le protocole annexé au traité de Maastricht prévoit (art. 10) que le Royaume-Uni peut « modifier sa notification à tout moment », à condition de respecter les critères économiques fixés. Il est donc assez libre pour choisir sa date.

Toujours selon le discours officiel, la Grande-Bretagne pourrait adhérer à l'euro « au tout début de la prochaine législature » — donc, éventuellement, dès les premiers mois de 2002 (il est usuel d'anticiper quelque peu la date des élections, normalement fixées à mai 2002). Il lui faudra, selon M. Brown, avoir satisfait auparavant à cinq conditions, au reste assez floues[1], et préparé son économie à marcher au rythme des autres.

Mais le véritable choix dépend du jeu des forces politiques et sociales, seules capables de faire changer l'opinion. Compte tenu du poids des services financiers dans l'économie britannique, on peut considérer que la position de la City sera le facteur décisif.

Les forces pro- et anti-euro en Grande-Bretagne

– *Les travaillistes* sont en principe favorables, mais ils sont divisés entre la tendance pro-européenne de G. Brown et la position plus réservée du ministre des Affaires étrangères Robin Clark. Le Premier Ministre Tony Blair, l'œil fixé sur les sondages, reste prudent.

---

1. Une convergence suffisante avec les autres économies ; leur flexibilité ; des effets positifs sur l'emploi ; un climat favorable aux investissements étrangers ; une bonne situation pour la City.

– *Les conservateurs* n'ont cessé, malgré les efforts de M. Heseltine ou de K. Clarke, de durcir leur position. Après la défaite électorale de John Major, le parti s'est donné pour leader William Hague, élu sur une ligne nettement « eurosceptique », mais qui a promis de laisser le vote libre à ses députés sur cette question pendant la durée de la législature.

– *Les libéraux-démocrates* de Paddy Ashdown sont pro-européens, mais ils n'ont que peu de sièges au Parlement.

– *Les grandes entreprises,* très ouvertes sur l'extérieur, sont nettement favorables à la monnaie européenne. La Confederation of British Industries, homologue du CNPF, et les chambres de commerce pressent le gouvernement de « laisser l'option ouverte » pour 2001. Quelques grandes multinationales européennes comme Unilever ou Siemens et des investisseurs japonais comme Toyota ou américains comme General Motors et Ford ont été jusqu'à évoquer une délocalisation ou un gel de leurs investissements si la livre restait durablement à l'écart[1].

– *Les petits patrons,* peut-être plus proches du réflexe du grand public, sont en revanche fort réticents. Ils perçoivent mal, surtout lorsqu'ils exportent peu, l'avantage qu'il y aurait pour eux à quitter la monnaie à laquelle ils sont habitués.

– *Certains économistes* rejoignent leur point de vue, faisant valoir que le Royaume-Uni est une économie pétrolière et que son cycle économique est décalé par rapport au continent. D'autres soulignent, à l'inverse, la part prépondérante de l'Europe dans les échanges extérieurs du pays et le risque de spéculation contre une livre demeurée à l'écart.

– *Les syndicats,* réunis dans le Trade Unions' Congress, voient au contraire dans l'Europe une protection contre les excès de l'ère thatchérienne ; le gouvernement travailliste a d'ailleurs adhéré à la Charte sociale européenne. Ils redoutent aussi les conséquences défavorables à l'emploi d'une livre surévaluée. Leur leader, John Monks, a qualifié le report au-delà de 2002 de « grave erreur ».

– *Les emprunteurs,* nombreux car les citoyens britanniques sont de loin les plus endettés d'Europe, craignent que la monnaie unique ne mette le coût de leurs emprunts, souvent à taux variable, à la

_____

1. L'implantation à Valenciennes de Toyota (qui avait toujours jusqu'ici préféré les îles britanniques), annoncée en décembre 1997, est sans doute à relier pour partie à cette position.

merci de décisions restrictives de la Banque centrale européenne. Leur analyse devrait évoluer, car le fait est que les taux d'intérêt anglais (plus de 7 % à court terme) sont aujourd'hui doubles de ce qu'ils sont dans les pays du « noyau dur » du futur euro : le rejoindre abaisserait substantiellement leurs mensualités. Il a d'ailleurs suffi, fin septembre 1997, de la rumeur infondée d'une participation dès 1999 pour faire baisser les taux d'intérêt de 30 centimes en un jour ; l'inverse s'est produit fin octobre après le report à 2002.

– *La City* est plutôt favorable à la participation. Selon l'Association des banquiers britanniques (qui réclame aux autorités l'établissement d'un calendrier précis), 62 % des banques ont commencé à se préparer à l'euro. Toutefois, beaucoup pensent être en position de rester leaders sur le marché financier européen en agissant de l'extérieur. D'autres en voient les inconvénients, notamment le fait que le gouverneur de la Banque d'Angleterre ne pourra pas siéger au Conseil de la BCE au moment où se mettront en place les nouveaux mécanismes[1].

L'engagement plus net de la City et de l'ensemble des milieux économiques en faveur de l'euro, qui est indispensable pour surmonter les réticences de l'opinion, finira sans doute par prendre corps. L'hypothèse d'une Grande-Bretagne adhérant peu après la mise en circulation des espèces en euros, c'est-à-dire en 2002, paraît donc bien la plus vraisemblable.

« À quel cours la livre rejoindrait-elle l'euro ? »

La question intéresse vivement nos entreprises, très touchées par sa dévaluation en 1992. Le cours-pivot du sterling au sein du Système monétaire européen, auquel il a participé d'octobre 1990 à septembre 1992, était de 2,95 marks et 9,894 F. Cette parité élevée, qui a contribué à la crise de 1992, ne devrait pas être reconduite. Cepen-

---

1. Il y a des inconvénients plus techniques. Notamment, les banques britanniques pourraient être exclues du système TARGET organisé pour le transfert et la compensation des opérations en euros entre les pays de la zone, ce qui les gênerait sur les marchés financiers. Les emprunts d'État en euros émis hors zone pourraient aussi ne pas être admis en garantie des concours de la BCE.

dant, les indications données par les marchés sur le nouveau cours à fixer sont pour le moins confuses, puisque la valeur de la livre a oscillé de 7,53 F (en 1995) à 10,37 F (en 1997) au cours des dernières années.

La tendance actuelle semble être d'aller vers un cours de 2,60 à 2,70 marks, soit un peu moins de 9 F français. Ce cours réaliste serait moins favorable (de 5 % environ) que le cours moyen de 1997 pour nos exportateurs, mais ils y gagneraient d'être assurés de ne plus voir de dévaluations compétitives à l'avenir...

Les pays scandinaves

Le Danemark

Le plus ancien pays scandinave membre de l'Union européenne est aujourd'hui le plus réticent. Le Danemark a rejeté le traité de Maastricht par référendum en juin 1992. Pourtant, un protocole annexé au Traité le dispensait, comme l'Angleterre, de participation automatique à la monnaie unique en 1999. Il a fallu, avec l'accord des autres pays, durcir ce texte (le pays est considéré d'avance comme non participant, sauf notification contraire) pour faire accepter le Traité par un nouveau vote populaire en mai 1993.

De ce fait, les bonnes performances danoises (2,1 % d'inflation et un surplus budgétaire de 1,3 % du PIB en 1997) resteront sans portée pour l'euro. En pratique, le Danemark ne rejoindra la monnaie unique que si la Grande-Bretagne le fait, et probablement en même temps qu'elle.

La Suède

Bien qu'aucune clause d'exception n'ait été prévue pour ce pays, la Suède a adopté une position voisine de celle du Danemark. Face à une opinion publique réticente, le gouvernement (social-démocrate) de G. Persson a exclu la participation de la Suède en 1999 — quitte à réexaminer la question peu après si une trop forte appréciation de la couronne suédoise (face à un euro qu'il considère comme devant être faible) gênait sa compétitivité. Ce refus a été confirmé à une large majorité par un vote du Parlement suédois en décembre 1997, qui laisse toutefois la porte ouverte à un référendum sur l'euro, réclamé par l'opposition conservatrice pour juin 1999.

Le fait que la Suède dépasse le plafond de dette publique fixé par Maastricht, avec 77 % du PIB au lieu de 60 %, et surtout ne respecte pas l'exigence de stabilité des changes pendant deux ans avant l'entrée dans la monnaie unique, puisqu'elle ne fait pas partie du Système monétaire européen (encore qu'on puisse concevoir un flottement contrôlé sans participation directe au SME) fournit un prétexte suffisant pour l'écarter en mai 1998.

La Finlande

Malgré la solidarité scandinave, la Finlande ne partage pas ce point de vue jusqu'à présent. En dépit des réticences de l'opinion publique, les dirigeants finnois, appuyés sur de bonnes performances économiques (1,3 % d'inflation et 4,6 % de croissance en 1997, avec un déficit public limité à 1,4 % du PIB), veulent participer au lancement de l'euro. C'est dans ce but que la markka a rejoint le SME en octobre 1996.

COMMENT S'ORGANISERONT LES RELATIONS ENTRE PAYS « IN » ET « OUT » AU SEIN DE L'UNION EUROPÉENNE ?

Dans l'hypothèse d'une non-participation initiale à la monnaie unique de quatre pays membres de l'Union européenne (et peut-être d'un cinquième, l'Italie), il va falloir gérer les relations entre leurs devises nationales et celles des autres membres, désormais fondues au sein de l'euro.

On ne peut en effet laisser le marché unique fonctionner avec ces pays tout en admettant des fluctuations désordonnées des changes, au détriment de nos entreprises. C'est ce qu'on appelle le problème des pays « out » ou « pré-in » selon l'euphémisme officiel (c'est-à-dire se préparant à adhérer).

Trois de ces membres de l'Union européenne (UE) seront à la fois hors euro et hors SME : la Grande-Bretagne, la Suède et la Grèce. Le quatrième, le Danemark, est dans la situation spéciale d'avoir été un membre fidèle du SME depuis ses débuts en mars 1979, mais de refuser la monnaie unique qui en est l'aboutissement.

Les restes du Système monétaire européen

Le SME, qui compte donc actuellement douze pays participants sur quinze membres de l'UE, a connu en dix-huit ans d'existence bien des péripéties, notamment dix-huit réalignements de parités. Il a surtout traversé une grave crise à l'automne 1992 et au premier semestre 1993. Celle-ci a conduit à la sortie de la lire italienne (qui a réintégré le SME le 24 novembre 1996) et de la livre sterling, ainsi qu'à la refonte du système par la décision du 2 août 1993. Les marges de fluctuation admises entre les monnaies participantes ont alors été très fortement élargies, passant de 2,25 % de part et d'autre du cours central[1] à... 15 %, soit six fois plus.

On peut dès lors considérer que le SME n'est plus vraiment un système de changes « stables mais ajustables », comme il avait été voulu à l'origine, mais un compromis entre un tel régime et celui des changes flottants qui règne ailleurs.

La réalité est qu'à l'intérieur de ces marges très larges, les pays qui se préparent à adhérer à l'euro respectent pour la plupart des bandes de fluctuation beaucoup plus étroites : guère plus de 1 % depuis deux ans entre les pays du « noyau dur » (France, Allemagne, Benelux, Autriche)[2]. La bande élargie sert de garde-fou pour les pays dont les parités sont plus instables, comme la lire italienne ou la punt irlandaise.

---

1. Soit au total 4,5 % par rapport au cours-pivot en écus, et davantage entre deux monnaies données, si leurs cours bilatéraux passaient d'un extrême à l'autre de la bande de fluctuation. Certains pays, comme l'Italie, « bénéficiaient » d'un régime spécial avec des marges élargies à 6 % en plus ou en moins.

2. De fait, la Banque de France et la Bundesbank « pilotent » doucement le cours de leurs monnaies à proximité du cours central fixé il y a dix ans, qui devrait aussi être la parité définitive choisie en mai 1998 : au cours des deux dernières années (1996 et 1997), la valeur du mark en francs n'a guère bougé d'une fourchette de 3,34 à 3,39 F. Les pays du Benelux ont depuis plus longtemps encore borné leurs écarts par rapport au mark à 1 %. L'Italie elle-même parvient depuis son retour dans le SME à limiter les variations de la lire à quelques points, sans utiliser la totalité de la marge autorisée.

COURS-PIVOTS ET COURS LIMITES D'INTERVENTION POUR LES PAYS QUI PARTICIPENT AU MÉCANISME DE TAUX DE CHANGE DU SME

	1 ECU =		100 BEF/LUF* =	100 DKK* =	100 DEM* =	100 ESP* =	100 FRF* =	1 IEP* =	1000 ITL* =	100 NLG* =	100 ATS* =	100 PTE* =	100 FIM* =
BEF/LUF*	39,7191	+	-	627,880	2395,20	28,1525	714,030	57,7445	24,1920	2125,60	340,420	23,3645	787,830
		=	-	540,723	2062,55	24,2247	614,977	49,7289	20,8337	1830,54	293,163	21,1214	678,468
		-	-	465,665	1776,20	20,8795	529,660	42,8260	17,9417	1576,45	252,470	17,3285	584,290
DKK*	7,34555	+	21,4747	-	442,968	5,2064	132,066	10,6792	4,47400	393,105	62,9561	4,32100	145,699
		=	18,4938	-	381,443	4,48376	113,732	9,19676	3,85294	338,537	54,217	3,72119	125,474
		-	15,9266	-	328,461	3,86140	97,9430	7,92014	3,31810	291,544	46,691	3,20460	108,057
DEM*	1,92573	+	5,63000	30,4450	-	1,36500	34,6250	2,80000	1,17290	(103,058)**	16,5050	1,13280	38,1970
		=	4,84817	26,2162	-	1,17548	29,8164	2,41105	1,01010	88,7526	14,2136	0,975561	32,8948
		-	4,17500	22,5750	-	1,01230	25,6750	2,07600	0,869900	(76,4326)**	12,2410	0,840100	28,3280
ESP*	163,826	+	478,944	2589,80	9878,50	-	2945,40	238,175	99,7800	8767,30	1404,10	96,3670	3249,50
		=	412,461	2230,27	8507,18	-	2536,54	205,113	85,9311	7550,30	1209,18	82,9927	2798,41
		-	355,206	1920,70	7326,00	-	2184,40	176,641	74,0000	6502,20	1041,30	71,4690	2410,00
FRF*	6,45863	+	18,8800	102,100	389,480	4,57780	-	9,38950	3,93379	345,650	55,3545	3,79920	128,107
		=	16,2608	87,9257	335,386	3,94237	-	8,08631	3,38773	297,661	47,6706	3,27188	110,324
		-	14,0050	75,7200	288,810	3,39510	-	6,96400	2,91750	256,350	41,0533	2,81770	95,0096
IEP*	0,798709	+	2,33503	12,6261	48,1696	0,566120	14,3599	-	0,486472	42,7439	6,84544	0,469841	15,8424
		=	2,01090	10,8734	41,4757	0,487537	12,3666	-	0,418944	36,8105	5,89521	0,404620	13,6433
		-	1,73176	9,36403	35,7143	0,419859	10,6500	-	0,360789	31,7007	5,07688	0,348453	11,7494
ITL*	1906,48	+	5573,60	30138,0	114956	1351,30	34276,0	2771,70	-	102027	16339,0	1121,50	37816,0
		=	4799,91	25954,2	99000,4	1163,72	29518,3	2386,95	-	87864,7	14071,5	965,805	32565,8
		-	4133,60	22351,0	85259,0	1002,20	25421,0	2055,61	-	75668,0	12118,8	831,700	28045,0
NLG*	2,16979	+	6,34340	34,3002	(130,834)**	1,53793	39,0091	3,15450	1,32156	-	18,5963	1,27637	43,0378
		=	5,46286	29,5389	112,673	1,32445	33,5953	2,71662	1,13811	-	16,0149	1,09920	37,0636
		-	4,70454	25,4385	(97,0325)**	1,14060	28,9381	2,33952	0,980132	-	13,7918	0,946611	31,9187
ATS*	13,5485	+	39,6089	214,174	816,927	9,60338	243,586	19,6971	8,25219	725,065	-	7,97000	268,735
		=	34,1107	184,444	703,550	8,27008	209,773	16,9629	7,10655	624,417	-	6,86356	231,431
		-	29,3757	158,841	605,877	7,12200	180,654	14,6082	6,12032	537,740	-	5,91086	199,305
PTE*	197,398	+	577,090	3120,50	11903,3	139,920	3549,00	286,983	120,240	10564,0	1691,80	-	3915,40
		=	496,984	2687,31	10250,5	120,493	3056,35	247,145	103,541	9097,55	1456,97	-	3371,88
		-	428,000	2314,30	8827,70	103,770	2632,10	212,838	89,1700	7834,70	1254,70	-	2903,80
FIM*	5,85424	+	17,1148	92,5438	353,008	4,14938	105,253	8,51107	3,56570	313,295	50,1744	3,44376	-
		=	14,7391	79,6976	304,000	3,57345	90,6422	7,32960	3,07071	269,806	43,2094	2,96570	-
		-	12,6931	68,6347	261,801	3,07740	78,0597	6,31217	2,64438	232,353	37,2114	2,55402	-
GRD*	295,269 (notionnel)												
GBP*	0,793103 (notionnel)												

Note : le cours-pivot ou taux central est celui qui figure pour chaque devise en face du signe = ; les barres d'intervention sont marquées par le signe + (cours-limite le plus élevé) et le signe − (cours-limite le plus bas).

* BEF : Franc belge ; DKK : Couronne danoise ; DEM : Mark allemand ; GRD : Drachme grecque ; ESP : Peseta espagnole ; FRF : Franc français ; IEP : Livre irlandaise ITL : Lire italienne ; LUF : Franc luxembourgeois ; NLG : Florin néerlandais ; ATS : Shilling autrichien ; PTE : Escudo portugais ; FIM : Mark finlandais ; GBP : Livre sterling

** Ces taux à l'achat et à la vente ne sont pas opérationnels. Conformément à un accord bilatéral entre les autorités monétaires allemandes et néerlandaises les taux suivants continuent d'être appliqués : taux à la vente HFL 100 à Francfort : DM 90,7700 ; taux à l'achat HFL 100 à Francfort : DM 86,7800 ; taux à la vente DM 100 à Amsterdam : HFL 115,2350 ; taux à l'achat DM 100 à Amsterdam : HFL 110,1675

On trouvera page précédente le tableau des cours-pivots, en vigueur au sein du SME, qui seront sans doute aussi les cours retenus en mai 1998 pour les parités définitives applicables à partir du 1er janvier 1999.

Il reste que le SME a permis de lancer l'écu, précurseur de l'euro, et d'habituer les pays membres à la solidarité (pilotage des parités et interventions pour les défendre, mise en commun d'une partie des réserves de change) ainsi qu'à la recherche d'une convergence de leurs économies.

C'est dans le cadre du SME que fonctionne l'Institut monétaire européen, qui prépare l'euro et se transformera en Banque centrale européenne en 1998. C'est donc tout naturellement ce modèle que le Conseil européen d'Amsterdam, en juin 1997, a décidé de reconduire pour les pays « pré-ins ».

Le nouveau « SME-bis »

Le nouveau SME, qui remplacera l'actuel dès le 1er janvier 1999, liera l'euro et les monnaies des pays « pré-in » ainsi que des pays hors Union européenne qui souhaiteraient se joindre au système. En voici les principales caractéristiques.

Le dispositif du « SME-bis »

– *Le cours-pivot de chaque monnaie* sera fixé uniquement par rapport à l'euro, qui est bien l'ancre du système, alors qu'actuellement les limites de variation s'entendent entre devises nationales.

– *Les parités ainsi fixées* pourront être réajustées d'un commun accord en cas de besoin. Nouveauté par rapport aux règles actuelles : la BCE pourra, au même titre que les États membres, prendre l'initiative d'un tel réalignement.

– *La marge maximale de fluctuation* de chaque devise nationale sera de 15 % en plus ou en moins par rapport à son cours-pivot — c'est-à-dire tout de même 30 % au total. Mais certains pays pourront convenir d'une « coopération renforcée » avec marges plus étroites, pour se rapprocher progressivement de l'euro. Ces marges rétrécies pourront être publiées ou tenues secrètes et informelles.

> – *Le respect des marges maximales* officielles de variation sera assuré par des interventions de la BCE[1] et de la Banque centrale du pays concerné sur les marchés des changes. Elles opéreront soit à titre préventif et facultatif à l'intérieur des marges, soit à titre obligatoire pour défendre les limites lorsque celles-ci sont atteintes. Deux types de facilités de crédit (1 mois renouvelable et 18 mois) les accompagnent ; les concours budgétaires à moyen terme ne sont plus prévus. Toutefois, ces interventions obligatoires, qui étaient (théoriquement) illimitées dans l'ancien SME, ne le seront plus : la BCE suspendra ses interventions si celles-ci, trop abondantes, deviennent contraires à l'objectif primordial de stabilité des prix. Le pays dont la parité est attaquée peut donc se retrouver seul pour la défendre.
> – *Des examens périodiques* des programmes de convergence pluriannuels assureront que le pays concerné ne poursuit pas une politique économique à contre-courant.

On voit que ce système bien dessiné offre l'antichambre naturelle d'une entrée future dans l'euro. Le dispositif comporte cependant une lacune de taille : il n'est pas obligatoire ! Rien dans les résolutions des Conseils européens n'oblige vraiment un pays à rejoindre le SME-bis, qu'il souhaite se joindre à la monnaie européenne ultérieurement ou non. La Grande-Bretagne, par exemple, a expressément énoncé, dans sa déclaration de principe d'octobre 1997, son intention de conserver sa liberté en matière de changes jusqu'à la veille de son entrée dans l'euro.

Le traité de Maastricht (article 109J1) fait pourtant obligation aux candidats à la monnaie unique d'avoir assuré « le respect des marges normales de fluctuation prévues par le mécanisme de change du SME (elles étaient alors de 2,25 %) pendant deux ans au moins » précédant l'adhésion, sans dévaluation. Mais il semble que l'on soit prêt, à Bruxelles, à des accommodements tels que la négociation d'une sorte de code de bonne conduite ; le sujet reste aujourd'hui ouvert...

---

1. Ce sont en général (mais pas systématiquement, au gré du Conseil de la BCE) les Banques centrales nationales, membres du SEBC, qui opéreront en coordination sur les marchés des changes, dans le cadre des directives de la BCE. Ce sont elles en effet qui continuent à détenir les réserves de change, partie pour compte de la BCE (à hauteur de 50 milliards d'euros), partie pour compte propre.

LA ZONE EURO S'ÉLARGIRA-T-ELLE
À L'EST ET AU SUD ?

Des pays extérieurs à l'Union européenne actuelle souhaiteront certainement nouer une coopération plus ou moins étroite avec l'euro, si son lancement réussit. Aussi l'Institut monétaire européen, qui y a été invité par le Sommet de Dublin fin 1996, travaille-t-il dès à présent à un concept de convention entre la future BCE et les Banques centrales extérieures.

Quels pourraient être les pays intéressés par une coopération étroite avec l'Union monétaire européenne ? En premier lieu les candidats à l'élargissement de l'Union européenne elle-même, en Europe orientale notamment ; puis d'autres pays européens, non-candidats à l'UE mais souhaitant stabiliser leur monnaie par rapport à l'euro, notamment du fait de l'importance de leurs échanges commerciaux avec cette zone ; enfin, pour la même raison, des pays du Sud, déjà en partie liés à l'Europe par des accords.

Les candidats à l'élargissement

Les pays en cause

La liste des pays concernés par l'ouverture — en avril 1998 — des premières négociations sur un nouvel élargissement de l'Union européenne a été établie par le Conseil européen des 12 et 13 décembre 1997 à Luxembourg.

Cette liste comprend les trois pays de l'ancien bloc de l'Est les plus avancés dans leur reconversion — la Pologne qui respecte dès 1997 les critères de Maastricht pour le déficit public, avec 2,7 % du PIB, et l'endettement, avec 55 % du PIB, la Hongrie et la République tchèque ; la Slovénie, qui est le plus moderne des États issus de l'ancienne Yougoslavie ; l'Estonie ; et, enfin, Chypre.

La priorité donnée à ces six pays par rapport aux six autres pays actuellement candidats à l'élargissement (Roumanie, Bulgarie, Slo-vaquie, Lituanie, Lettonie et Turquie) a été vivement contestée ; mais elle évite de trop charger les négociations. Une « prénégociation » fondée sur un examen annuel de l'acquis de ce second groupe inter-viendra, et une « Conférence européenne » permanente serait instaurée au niveau des chefs d'État et ministres des Affaires étrangères pour entretenir le dialogue avec les candidats — sous réserve de l'op-position allemande et grecque quant à la Turquie, qui a d'ailleurs fort mal pris la mise à l'écart et rejette ce « lot de consolation ».

La coopération économique et les projets d'intérêt commun seront à l'ordre du jour avec tous ces pays, qui bénéficieront d'aides finan-cières pré-adhésion à hauteur de 45 milliards d'euros, soit le double du montant du plan Marshall. La forte réorientation en cours de leurs échanges vers l'UE[1] et leur désir de se préparer à y adhérer les pousse-ront sans doute à s'intéresser à l'euro. Ils devraient donc viser à stabiliser leurs cours de change par rapport à la monnaie européenne et conclure des accords de coopération avec la BCE.

La puissance du mark en Europe de l'Est

Plusieurs pays d'Europe orientale ont d'ores et déjà rattaché leur monnaie au mark allemand.

– *La Bulgarie* a lié son lev au mark (au lieu du dollar précédemment) en juin 1997, dans le cadre d'un accord avec le FMI, au cours fixe de 1000 pour un.

– *La République tchèque* contrôle le flottement de sa couronne en vue d'une parité-cible avec le mark.

– *La Hongrie et la Slovaquie* ont rattaché leur devise à des paniers de monnaies comprenant respectivement 70 % et 60 % de mark.

Le mark circule aussi en Roumanie, en Russie et dans les répu-bliques issues de l'ex-Yougoslavie (qui, en 1989, avait aligné son « nouveau dinar » sur la monnaie allemande). Selon une étude de la Bundesbank, 30 à 40 % des 250 milliards d'espèces en marks se trouvent à l'étranger, notamment en Europe orientale.

---

1. La part de l'UE dans le commerce extérieur (moyenne des importations et des exportations) était en 1995 de : 67 % pour la Pologne ; 54 % pour la Tchéquie ; 63 % pour la Hongrie ; 48 % pour la Roumanie ; 51 % pour la Bulgarie ; 38 % seulement pour la Russie.

La monnaie unique héritera de toutes ces positions allemandes et devrait les élargir, car les pays souhaitant y participer à terme seront poussés à ancrer leur monnaie sur l'euro et à financer leurs déficits extérieurs de même.

Quant aux six pays du premier cercle de l'élargissement, leur adhésion à l'UE comportera tout ce que l'on appelle l'« acquis communautaire », non compris la monnaie unique. En effet, il leur faudra d'abord respecter les critères de Maastricht (voir « Le calendrier de l'euro »), et ce sur une base permanente.

Cependant, dès leur adhésion à l'UE, elles auront l'obligation de coopérer, le traité de Maastricht (art. 109m) faisant de la politique de taux de change une « question d'intérêt commun » et obligeant à coordonner les politiques économiques dans le sens de la convergence (art. 103-1 et 103-2). Les arrangements spéciaux qui devront être conclus, sans pour autant obliger tous ces pays à se joindre au « SME-bis » les pousseront nécessairement à avoir des taux de change de plus en plus stables par rapport à l'euro.

À quelle date pourraient intervenir ces adhésions ?

Les adhésions sont normalement prévues vers 2002, avec sans doute de longues périodes transitoires.

La date exacte dépend des négociations sur l'élargissement. Celles-ci doivent en principe débuter en avril 1998, selon l'« agenda 2000 » de la Commission européenne. Mais l'insuccès relatif de la Conférence intergouvernementale (CIG) sur la réforme institutionnelle de l'Union, qui en était le préalable[1], pourrait retarder l'échéance.

La France, la Belgique et l'Italie ont d'ailleurs déposé en juillet 1997 une déclaration demandant que la réforme institutionnelle intervienne préalablement à la conclusion des négociations d'adhésion. La difficulté des décisions à prendre sur la révision de la politique agricole commune et de l'aide aux régions défavorisées pourrait aussi allonger les délais.

Au total, les dates prévisibles d'adhésion et le délai nécessaire pour

---

1. Le traité d'Amsterdam préparé par la CIG enregistre des progrès dans plusieurs domaines comme la politique extérieure, la sécurité, la citoyenneté ; mais il reporte à plus tard les principaux problèmes institutionnels comme le vote à la majorité qualifiée, la pondération des voix, la composition du collège des commissaires. Sa ratification, discutée, sera soumise au Parlement en 1998.

respecter les critères font que *l'euro ne devrait être introduit dans ces pays qu'au milieu ou à la fin de la prochaine décennie, selon un calendrier qui dépendra de la rapidité de leur rapprochement avec nos économies.*

Les nouveaux membres issus de l'élargissement rejoindront, lors de leur adhésion, ceux des membres actuels de l'UE qui resteraient durablement à l'écart de la monnaie unique. On verra alors clairement apparaître cette Europe « à deux vitesses » ou « à géométrie variable », honnie par certains, mais qui est sans doute une étape nécessaire.

La coopération renforcée prévue, en matière de sécurité et de droit des personnes, par les accords de Schengen permettant le libre passage aux frontières entre pays participants est d'ailleurs en train de coïncider géographiquement avec la zone euro, à l'exception irlandaise près. Le Traité conclu à Amsterdam en juin 1997, actuellement en cours de ratification, étend le principe de ces coopérations renforcées. Il faut s'en réjouir, car la construction européenne peut ainsi s'approfondir entre ceux qui le souhaitent, tout en gardant leur place à ses membres temporairement plus frileux et en s'ouvrant à de nouveaux acteurs.

Les pays européens non-candidats

Pour des raisons variées, certains pays sont proches de l'Union européenne sans pour autant souhaiter y adhérer jusqu'à présent.

Le cas de la Suisse

Totalement enclavée dans l'UE, avec laquelle elle fait l'essentiel de ses échanges, la Suisse a néanmoins préféré s'abstenir, par fidélité à sa neutralité traditionnelle et en raison des bénéfices tirés du rôle de valeur-refuge de son franc. Toutefois, elle ne peut se désintéresser de l'évolution de sa parité face aux pays voisins. De fait, le franc est étroitement lié au mark depuis des années, avec un objectif implicite de taux de change de 85 centimes suisses pour un mark. Des entrées de capitaux allemands, effrayés par les polémiques sur un euro plus faible que le mark, se produisent déjà et pourraient pousser la devise suisse à une surévaluation excessive.

C'est pourquoi les autorités helvétiques chercheront sans doute un accord de stabilisation avec la BCE. Fin octobre 1997, le ministre des Affaires étrangères suisse déclarait même à Madrid que le Conseil fédéral « est en train d'examiner l'opportunité d'ancrer le franc suisse à l'euro » ; « pourquoi être comme la souris devant le serpent, ajoutait-il... un pays absent finit par se punir lui-même ».

Dès à présent en tout cas, les banques privées comptent installer une Swiss Euro Clearing Bank employant une centaine de personnes à Francfort, pour faciliter les transactions (environ 30 milliards de francs suisses par jour) avec la zone euro ; cette filiale de compensation négocierait aux côtés de la Banque nationale suisse — ou si nécessaire à sa place — un accès direct au système de compensation intra-européen TARGET (voir « L'euro et les banques »).

Ces discussions iront-elles un jour au-delà ? Jusqu'à présent, les « votations » populaires ont toujours rejeté, mais à des majorités décroissantes, l'idée d'une intégration à la construction européenne.

La Norvège

Le cas de la Norvège semble plus simple. Ce pays pétrolier est, avec la lointaine Islande, le seul pays scandinave non membre de l'Union européenne. Il a en effet rejeté par référendum la perspective d'une adhésion à la Communauté économique européenne, envisagée dès les années 1970. Mais il avait, en 1990, rejoint officieusement le SME en décidant de respecter la marge de fluctuation de 2,25 % autour d'un cours-pivot en écus[1]. Il devrait choisir un jour de rejoindre ses voisins scandinaves ; nous avons vu toutefois qu'ils ne sont eux-mêmes guère pressés de participer à la monnaie unique.

L'ancienne Union soviétique

La Russie et les onze pays héritiers de l'Union soviétique (pays Baltes mis à part) posent un problème plus ardu. Le rouble et ses émules sont en général totalement dépréciés, malgré des réformes monétaires parfois heureuses, comme en Ukraine. Le dollar et le mark circulent

---

1. La Norvège est ressortie du SME en décembre 1992, après la livre sterling et la lire. Depuis mai 1994, elle applique unilatéralement une politique de stabilisation de sa devise par rapport à l'écu, mais sans annoncer de cours central ni de marge de fluctuation.

largement et sont préférés aux monnaies locales. Par ailleurs, certaines expériences d'usage de l'écu avaient été conduites par l'URSS, notamment à Yelabuga, en Tartarie, où une importante usine d'automobiles Fiat fonctionnait avec un statut extra-territorial, et pour de grands contrats, des joint-ventures ou la gestion d'unités hôtelières. Dans la confusion politique et économique actuelle, il est difficile de prévoir quelle pourrait être l'évolution.

Voici les mesures qu'on peut néanmoins imaginer :

• *Le choix de l'euro comme référence* pour déterminer les objectifs de parité de ces devises (ce qui implique de détenir des réserves de change en monnaie européenne) ; ce choix a toutefois été écarté pour le moment par la Russie, qui a décidé en novembre 1997 d'ancrer son « nouveau rouble » au dollar pendant trois ans ; mais les pays voisins pourraient retenir des options différentes.

• *La conclusion d'accords avec la BCE* pour stabiliser le cours des devises, ou plutôt contrôler leur glissement (ce qui implique l'éventualité d'interventions coordonnées) ;

• *La détermination en commun d'une stratégie* ou d'objectifs de change par rapport aux devises tierces ;

• *La conclusion à terme plus lointain* d'un accord de type SME pour arrêter des parités stables mais ajustables.

Les pays du Sud

Tant par la proximité géographique que par leur histoire, les pays situés directement au sud du continent européen sont liés à celui-ci. L'importance de la part de leurs échanges extérieurs qui se dirige vers l'Europe des Quinze ou en provient le montre : 60 % pour le Maroc, 62 % pour l'Algérie, 42 % pour le Nigeria, 53 % pour la Côte-d'Ivoire, 37 % pour le Kenya et l'Afrique du Sud par exemple (chiffres de 1995).

Certes, le niveau plus faible de développement économique et la nature différente de leurs problèmes ne permettent pas d'appliquer strictement les mêmes règles des deux côtés de la Méditerranée. Cependant, de bonnes raisons militent pour un lien étroit entre ces pays et l'euro.

Les pays du Maghreb sont déjà, malgré les écarts de développement, liés à l'UE par un accord commercial qui prévoit, d'ici 2010, d'instaurer avec elle et entre eux un libre-échange intégral. La stabilité des rapports de change en est le complément naturel. L'importance de flux financiers (aide, investissements, transferts des travailleurs émigrés) entre l'UE et le Maghreb conforte cette analyse. Le Maroc et la Tunisie ont tous deux, depuis 1993, des monnaies convertibles ; ils ont ramené leur taux d'inflation à 4 % environ en 1997. Ils ont entrepris avec l'Algérie l'étude de la création d'une monnaie unique.

LES QUINZE PAYS D'AFRIQUE NOIRE MEMBRES DE LA ZONE FRANC ont déjà aujourd'hui une parité fixe avec le franc, donc demain avec l'euro ; cette continuité a expressément été prévue par les accords de Maastricht. Les pays concernés feront donc en réalité partie de la zone euro, même si ce n'est pas la BCE qui émettra leurs billets et dirigera leur politique monétaire[1]. Ils ne se trouvent pas mal, au contraire, de la situation. En revanche, la question de savoir si nos partenaires européens accepteront un jour de reprendre à leur compte nos engagements, c'est-à-dire de transformer officiellement la zone franc en zone euro, reste posée.

LES AUTRES PAYS D'AFRIQUE auront aussi des raisons de se rapprocher de l'euro. On constate déjà aujourd'hui que le franc CFA circule largement dans les pays voisins comme le Nigeria, le Ghana, l'ex-Zaïre, etc. L'attractivité de l'euro sera encore beaucoup plus forte, en dehors du « cône Sud » de l'Afrique où le rand devrait continuer à jouer un rôle prédominant.

Au total, une bonne partie du continent africain devrait ainsi, aux côtés de l'Europe orientale, faire plus ou moins étroitement partie de la zone d'influence de l'euro.

_____

1. La garantie du franc CFA (et comorien) est en fait donnée par le Trésor français à travers le mécanisme du compte d'opérations, qui perdurera après 1999. En contrepartie, l'émission monétaire est contrôlée dans des conditions qui évitent les dérapages et maintiennent l'inflation à un bas niveau.

L'EURO SERA-T-IL DEMAIN UNE GRANDE MONNAIE INTERNATIONALE ?

L'un des buts clairement affirmés de l'unification monétaire européenne est de rendre à ses membres, face au tout-puissant dollar, une place de choix dans le concert international. L'opinion publique partage ce vœu : 72 % des personnes interrogées par la SOFRES en octobre 1997 attendent de l'euro un poids accru face aux États-Unis et au Japon. Cette nouvelle donne devrait se constater aussi bien sur les marchés que dans les négociations internationales.

L'euro et le dollar sur les marchés

Malgré les progrès significatifs du yen et des devises européennes et l'apparition de l'écu, le dollar continue depuis un demi-siècle à être l'instrument de règlement le plus utilisé dans les échanges commerciaux et à dominer les marchés internationaux de l'argent. Les chiffres ci-dessous en témoignent.

La force du dollar sur les marchés internationaux				
Part des principales devises dans :	Dollar	Yen	Mark	Autres Europe
– le libellé du commerce mondial :	48 %	5 %	15 %	18 %
– les transactions de change :	42 %	12 %	19 %	16 %
– les émissions d'obligations :	38 %	18 %	16 %	9 %

Source : CEPII (la catégorie « Autres Europe » comprend notamment le franc, la livre et l'écu).

Or la place considérable (quoiqu'en légère régression, puisque sa part dans le libellé du commerce mondial était de 56 % en 1980 contre 48 % actuellement) qu'occupe le dollar ne correspond pas à la répartition des échanges internationaux, ni à celle des réserves de change, ni à l'importance relative de l'épargne disponible : tous ces facteurs donnent le premier rang à l'Europe. Il est donc clair que les devises européennes souffrent collectivement, du fait de leur émiettement, d'une image moins forte que ne le voudrait leur importance commerciale.

L'euro peut-il concurrencer le dollar comme unité de compte et instrument des échanges ?

Tout utilisateur souhaite disposer pour son usage courant — que ce soit pour acheter une machine-outil, régler une facture de transport ou payer une note d'hôtel —, d'un instrument bien connu, aisément accepté, facile à échanger partout et stable dans sa valeur.

La monnaie américaine possède ces caractéristiques. Le dollar est l'unité de compte admise pour la cotation de la plupart des matières premières et pour la facturation des échanges, même lorsque ceux-ci n'impliquent aucune entreprise américaine ; elle est acceptée dans le monde entier et circule même concurremment aux monnaies nationales dans certains pays d'Europe de l'Est, d'Amérique latine ou du Moyen-Orient. La Banque de réserve fédérale estime que les dollars en circulation à l'étranger représentent 60 % de la masse monétaire (fiduciaire) totale.

Les devises européennes, même fortes, ne bénéficient que partiellement de tels avantages : essayez donc de payer votre taxi à Mexico en billets français ou de vous faire livrer des radio-cassettes payables en francs par un commerçant de Shanghai !

Seul le mark allemand parvient quelque peu à tirer son épingle du jeu. Il est largement accepté comme monnaie de facturation dans les échanges, comme le montre le chiffre de 15 % du commerce mondial figurant dans le tableau ci-dessus ; il attire les placements étrangers, pour 1 400 milliards de marks en 1996 (40 % de la dette publique du pays, contre moins de 20 % en France) ; il circule dans certains pays d'Europe centrale plus largement que le dollar. Ce privilège reste toutefois relatif, car si l'on exclut le commerce intra-européen (qui représente la majorité de nos échanges et de ceux de nos voisins) et les transactions entre monnaies européennes, qui disparaîtront avec l'unification, la part du dollar devient encore plus prépondérante. En tout état de cause, il ne s'étend pas au franc.

Ainsi, un exportateur français devra souvent accepter de voir ses livraisons réglées en dollars ou dans la devise de son acheteur plutôt qu'en francs ; il court dès lors un risque de change, alors que son concurrent américain pourra aisément imposer une facturation dans sa propre monnaie. De même, le touriste français doit le plus souvent accepter de régler ses dépenses en monnaie étrangère, tandis que l'américain règle notes de restaurant ou menus achats en dollars, à des prix souvent fixés directement dans cette monnaie.

Cette situation inégale devrait changer, malgré l'inertie due aux habitudes acquises, lorsque les devises européennes regroupées par l'euro mettront leurs forces en commun, au lieu de les disperser comme aujourd'hui. Le tout sera plus grand que la simple addition de parties. Rappelons que cela se produira à partir de 1999 pour les opérations financières ; au fur et à mesure du basculement à l'euro des facturations des entreprises pour les transactions commerciales ; à partir de la disponibilité d'espèces en euros (2002) pour les dépenses touristiques.

Les raisons en faveur de l'euro pour les transactions commerciales

– *L'euro, dans sa version à onze participants, sera la monnaie interne d'une zone dont le produit national est égal aux quatre cinquièmes de celui des États-Unis* et représente près de 17 % du PIB mondial (son PNB s'élevait à plus de 6 000 milliards de dollars en 1997). Son acceptabilité sera donc à terme analogue à celle du dollar.

– *Il sera la monnaie d'origine d'une région qui représente à elle seule plus du tiers (37 %) du commerce mondial.* Même si l'on déduit les flux intra-européens, les échanges avec la zone euro représentent encore un sixième du total du commerce mondial ; le volume des opérations spontanément initiées en euros sera donc élevé.

– *La zone euro a un commerce extérieur largement excédentaire* (de 46 milliards d'écus en 1996), ce qui lui permettra d'imposer plus facilement sa monnaie.

– *La monnaie européenne sera doublement garantie* : par les réserves de change les plus importantes du monde (400 milliards de dollars pour toute l'UE, 320 milliards à onze pays) ; et par une politique monétaire sage assurée par une Banque centrale européenne indépendante (voir « L'euro et le citoyen »). L'euro inspirera donc confiance.

L'usage externe accru de l'euro fera que le risque de change et le coût des couvertures, qui aura disparu à l'intérieur de la zone, sera nettement réduit aussi dans les échanges avec les pays tiers. Nos entreprises, et donc l'emploi en Europe, en bénéficieront.

L'euro peut-il concurrencer le dollar sur les marchés financiers ?

Les marchés financiers devraient réserver, probablement dès 1999, une large place à l'euro. Aux raisons qui précèdent s'ajoutent en effet deux éléments importants.

LES MARCHÉS FINANCIERS SONT DÉJÀ HABITUÉS, depuis le début des années 1980, à traiter des émissions en écus. Les émissions obligataires en écus ont atteint jusqu'à 10 % du total des nouvelles émissions sur les euromarchés, soit le quatrième rang mondial, en 1990. Les emprunts internationaux en écus en cours au 1er janvier 1999, qui s'élèvent à une centaine de milliards, seront convertis en euros au cours de 1 pour 1, ce qui fournira une base pour les opérations de couverture.

LE PASSAGE À L'EURO DES NOUVEAUX EMPRUNTS PUBLICS à partir du 1er janvier 1999 donnera une vaste dimension à ce marché où les emprunteurs publics sont encore dominants. La décision prise par les principaux États émetteurs de convertir à la même date le stock de leur dette ira aussi dans ce sens. Au total, 3 700 milliards d'euros de dette seront concernés.

Ainsi, les opérateurs auront à leur disposition un marché répondant à leurs vœux : large, « profond », bien alimenté, offrant une gamme complète d'échéances et de modalités.

• *Les placeurs seront assurés d'une forte liquidité de leurs avoirs et d'une faible volatilité des cours.* L'abondance de l'épargne européenne (qui représente 23 % de l'épargne mondiale) et l'attirance probable des investisseurs étrangers pour les placements en euros assure que l'offre de fonds demeurera importante à l'avenir. La capitalisation boursière européenne s'élevait en 1996 à 4 500 milliards de dollars, et le marché obligataire européen à 7 400 milliards, soit plus du quart d'un total mondial de 27 000 milliards de dollars. Dans les deux cas, ces chiffres représentent à peu près 60 % de la dimension du marché américain.

• *Les émetteurs trouveront de l'argent au meilleur coût (5 à 5,5 % à long terme) grâce à cette offre de fonds abondante.* D'ailleurs, nombre de grands émetteurs ont, dès à présent, lancé des emprunts multidevises destinés à se fondre en une souche commune en euros (voir « L'euro et les épargnants »).

> On peut donc raisonnablement penser que l'euro sera d'emblée la deuxième monnaie de libellé des grandes émissions internationales, et peut prétendre devenir la première[1].

L'euro et le dollar dans le système monétaire international

Le regroupement des devises européennes au sein de l'euro, sa stabilité et le rôle qu'il devrait assumer dans les pays périphériques lui donneront une forte attractivité. Cela lui permettra de partager ce que l'on appelle, d'un mot technique éloquent, le seigneuriage monétaire — cette capacité de faire accepter sa propre dette en paiement par un tiers[2] — en jouant le rôle de réserve de valeur qui est, au-delà de la fonction d'intermédiaire des échanges, celui de toute bonne monnaie.

L'euro devrait en effet être un instrument recherché pour le placement des réserves de change des Banques centrales. Par ailleurs, l'Europe monétaire, contrainte à parler d'une seule voix, devrait faire désormais jeu égal avec les États-Unis dans la négociation monétaire internationale.

---

1. Selon Fred Bergsten, directeur de l'Institut d'économie internationale à Washington, « mille milliards de dollars d'investissements internationaux vont être transférés de dollars en euros » et « le système monétaire centré sur le dollar... sera remplacé par un régime bipolaire ».

2. Plus précisément, le seigneuriage est le bénéfice tiré de la détention par des tiers d'avoirs monétaires américains non rémunérés ; 250 à 300 milliards de dollars échangés de la main à la main circulent à l'extérieur des États-Unis, ce qui économise 15 à 18 milliards d'intérêts au Trésor américain. Cet effet d'aubaine (0,2 % du produit national américain) est limité, mais il a l'avantage d'être constamment renouvelé.

L'euro sera un placement recherché
pour les Banques centrales des pays tiers

On sait que les Banques centrales détiennent leurs réserves de change — une soixantaine de milliards de dollars pour la France, environ 1 500 milliards dans le monde — essentiellement en or ou en dollars. Selon le FMI, la monnaie américaine représente actuellement non moins de 61 % des réserves de change publiques, contre 7 % pour le yen et 20 % (dont les deux tiers en marks) pour les quinze devises de l'Union européenne.

Ces dollars, placés sur les marchés (souvent à New York) afin de porter intérêt, contribuent à financer le déficit extérieur et budgétaire américain, substituant en somme une épargne extérieure à l'effort propre des Américains : 30 % de la dette publique américaine est détenue à l'étranger. Le même phénomène se produit, par exemple, lorsque les compagnies d'assurances japonaises achètent massivement des bons du Trésor américains pour placer les réserves de leurs souscripteurs. Il intervient aussi, bien que cela soit moins visible, lorsque les fournisseurs des États-Unis acceptent d'être réglés en dollars et à crédit. C'est l'un des aspects de ce seigneuriage monétaire que nous venons d'évoquer.

> Néanmoins, les Banques centrales doivent, comme tout investisseur, se préoccuper de diversifier leurs avoirs. L'euro offrira une alternative crédible au dollar et devrait donc être utilisé dans ce but — même si son usage sera gêné par le fait qu'il n'existera pas au départ de dette fédérale (grands emprunts obligataires à long terme et bons à court terme type bons du Trésor), mais seulement une dette des États membres libellée en euros.

Bien entendu, l'ampleur du transfert vers l'euro des réserves publiques dépendra du jugement porté sur sa solidité. Nous avons déjà abordé ce débat. Faut-il s'attendre (c'est la tendance de bien des épargnants allemands) à une monnaie unique plus faible que le mark, parce que la crédibilité de la Banque centrale européenne n'égalerait pas celle de la Bundesbank ? Faut-il au contraire croire à un euro fort, voire trop fort, comme le craignent bien des Français, du fait de la rigueur imposée par les règles de Maastricht et de l'afflux de capitaux extérieurs, qui ferait baisser les taux d'intérêt mais monter le cours de change ? Le plus probable nous semble un démarrage prudent (notamment du fait de la présence des monnaies du Sud), suivi d'un renforcement progressif qui tendra à s'auto-alimenter du fait des entrées de capitaux et pourrait contraindre, à terme, la BCE à diminuer les taux d'intérêt.

En tout état de cause, un pays comme la Chine s'est déjà, en septembre 1997, déclaré prêt à diversifier ses considérables avoirs de change (130 milliards de dollars) en plaçant une partie en euros. La grave crise financière des pays d'Asie du Sud-Est, issue de difficultés de change, les amène aussi à réfléchir sur les inconvénients d'un ancrage trop exclusif sur la monnaie américaine.

L'Europe devrait équilibrer l'Amérique dans les négociations monétaires internationales

Le phénomène marquant aujourd'hui est ce qu'on appelle le « benign neglect » (négligence indulgente) des États-Unis pour l'évolution des marchés des changes et pour les efforts d'organisation du système monétaire international.

Partisans des changes flottants, les Américains sont en général réservés quant à toute intervention pour influer sur l'évolution spontanée des cours, même si cette position d'abstention se transforme parfois en activisme lorsque le yen baisse à l'excès, risquant d'accroître encore les excédents commerciaux japonais. Une formule résume bien cette position, assez logique pour une monnaie dominante : « Combien vaut un dollar, demande-t-on à un expert américain ? Réponse : un dollar ! »

> Demain, une telle position ne sera plus possible, car le dollar ne sera plus la seule référence internationale. Grâce à l'Union économique et monétaire, il aura un concurrent sérieux : l'euro.

Certains de nos voisins d'outre-Atlantique pourraient s'en affliger. Nombre d'entre eux admettent cependant que ce rééquilibrage est souhaitable. C'est ainsi que le secrétaire-adjoint au Trésor américain, Lawrence Summers, auditionné en 1997 par un Sénat perplexe, l'a rassuré : l'introduction de l'euro, « le plus grand changement dans le système monétaire international depuis la chute (de 1971) », est dans l'intérêt des États-Unis. Cela va certes « instantanément créer un très grand nombre d'actifs libellés en euros » et faire concurrence aux emprunts américains ; mais l'euro « n'est pas près de remplacer rapidement le dollar comme monnaie de réserve mondiale », ne déstabilisera pas les marchés et fournira un « interlocuteur fiable ».

• Le rééquilibrage attendu permettra à la BCE d'être moins préoccupée par la valeur externe de sa monnaie et de consacrer plus de soin au réglage de l'économie interne de sa zone.

• Il aura aussi des conséquences en matière de taux d'intérêt, poussant ceux de la zone euro à la baisse et ceux des États-Unis à la hausse.

• Il devrait surtout avoir pour effet de permettre un véritable redémarrage de la négociation monétaire internationale. Celle-ci est enlisée depuis plus d'un quart de siècle, malgré des efforts louables mais peu suivis d'effets réels comme les accords du Louvre et du Plaza en 1985 et 1987, qui visaient à poursuivre des « zones d'objectifs » communes en matière de change. Une nouvelle organisation pourrait donc émerger autour de trois pôles monétaires : l'Amérique avec le dollar, l'Europe avec l'euro, l'Asie orientale avec le yen[1].

Sans prétendre revenir au régime de changes fixes supervisés par le FMI qui a prévalu de 1945 à 1971, cette organisation viserait à prévenir les fluctuations désordonnées et déstabilisatrices en organisant les relations de change entre ces trois grands « continents monétaires ». Elle pourrait aussi établir des règles communes en matière de supervision des risques bancaires, de lutte contre le blanchiment des capitaux ou de prévention des risques de krach boursier...

Cela suppose, bien entendu, que l'Europe parle désormais d'une seule voix. Elle y sera quelque peu contrainte en matière monétaire : c'est bien la BCE qui sera l'interlocuteur logique du Federal Reserve

---

1. « Nous devons prendre des mesures dès à présent pour que le yen soit prêt à relever le défi de l'euro, sinon nous serons coiffés par les deux monnaies géantes », indiquait un ministre japonais après une réunion du G7 en automne 1997. Le Premier ministre Hashimoto a d'ailleurs déclaré que son pays s'employait à former ses fonctionnaires et ses cadres d'entreprise à l'euro.

System américain. En sera-t-il de même en matière de politique économique ? Il faudrait pour cela que le célèbre G7 (devenu G8 en 1997 avec la Russie) se transforme en G3 ou G4, c'est-à-dire qu'un délégué commun représente ses membres européens. On touche là à un débat politique, qui reste à conduire, sur le thème du fédéralisme européen.

Conclusion : l'euro et l'Europe

O n a beaucoup dit de l'euro qu'il s'agissait d'une expérience sans précédent.

Elle ne l'est en réalité que par son ampleur, puisqu'elle va toucher quelque 300 millions de citoyens. Mais l'histoire, même récente, a connu bien d'autres réformes monétaires : en 1948 (remplacement du reichsmark par le deutschemark) et en 1990 (fusion des marks Est et Ouest) en Allemagne ; en 1960 en France (naissance du « nouveau franc ») ; en 1971 au Royaume-Uni (passage de la livre au système décimal). Des pays plus éloignés comme l'Ukraine ou le Brésil ont totalement changé de monnaie à plusieurs reprises au cours des dernières années, sans drame, bien que la dernière conversion brésilienne ait consisté à diviser la valeur des billets par... 2 750.

Les obstacles techniques mis en avant par les adversaires, toujours actifs, de l'euro, sont donc en réalité de peu de portée. Des réponses de qualité sont apportées, par exemple en termes de sécurité juridique par le principe de la continuité des contrats, ou en termes de sécurité financière par la conversion écu/euro au taux de un pour un, l'intervention de la Banque centrale européenne et l'annonce des futures parités fixes dès mai 1998.

Le véritable débat, sur lequel reposent les chances de réussite durable de la monnaie unique, est politique et se ramène à deux questions : celle du *fédéralisme* et celle de *l'emploi*.

Les Européens veulent-ils vraiment, à terme, d'une Europe de type fédéral ? Si oui, l'euro est un grand pas dans cette direction : il rend tangible l'ouverture des frontières ; il oblige déjà à de nouveaux progrès comme le rapprochement des politiques budgétaires et conduira à d'autres comme l'harmonisation fiscale ou une stratégie commune à l'égard des monnaies tierces. Si non, les limitations à la souveraineté que la monnaie unique implique paraîtront rapidement intolérables : on n'acceptera pas de voir des décisions aussi importantes que les taux d'intérêt, la quantité de monnaie en circulation, sa valeur, décidées de Bruxelles ou de Francfort. C'est d'ailleurs bien la raison profonde de l'abstention britannique, derrière les motifs économiques mis en avant.

Un clivage géographique se manifeste dès lors entre ceux qui veulent plus d'Europe et ceux qui en ont suffisamment. Les premiers veulent développer entre eux des « coopérations renforcées », explicitement prévues par le traité d'Amsterdam de juin 1997 ; celles-ci existent déjà en matière de sécurité et de droit des personnes ; il s'en constituera, demain, d'autres. Les seconds préfèrent s'en abstenir.

On aurait ainsi, vers le tournant du siècle, un noyau central d'une douzaine de pays évoluant vers une sorte de fédération et une périphérie de type plus confédéral, élargie aux nouveaux membres de l'Union européenne. En réalité, à travers l'Union monétaire, c'est le rapprochement des peuples et la consolidation de la paix sur un continent bouleversé par les guerres tout au long du XXe siècle qui sont recherchés.

Ces vastes perspectives ne se confirmeront cependant que si la monnaie unique devient l'affaire de tous les citoyens. Pour cela, il faut que l'euro se montre favorable à l'emploi.

Contrairement à une idée reçue, ce devrait être le cas. La perspective de l'Union économique et monétaire a déjà permis d'abaisser les taux d'intérêt à court et à long terme, qui déterminent l'investissement et l'emploi. On comprend facilement que les économies considérables de coûts de transactions permises par l'euro (près de 1 % de la richesse de l'Europe) et le coup de fouet donné aux échanges par l'ouverture des marchés favoriseront aussi la croissance.

Cependant, la monnaie européenne garde mauvaise presse auprès de certains économistes et, ce qui est plus grave, auprès d'hommes politiques qui sont des relais d'opinion influents. Il est vrai que la facilité a souvent été pour eux d'attribuer à « Maastricht » la responsabilité d'efforts d'assainissement, notamment budgétaire, qui auraient de toute façon été nécessaires...

Il serait très préoccupant que l'amalgame euro = chômage se fasse durablement dans l'opinion. Beaucoup dépendra en fait de la conjoncture. La reprise en cours permet un certain optimisme. Si, pour une raison ou une autre — crise politique, krach financier... —, elle se brisait, faisant rebondir la courbe du chômage, la monnaie européenne risquerait d'être un bouc émissaire commode.

Au total, s'il reste perçu comme une construction technocratique « plaquée » de l'extérieur ou comme un facteur de chômage plutôt que de croissance, l'euro est en grand risque d'échouer — même après son lancement aujourd'hui quasi certain en 1999. Ce serait alors un grave recul pour toute l'entreprise européenne. La voie à suivre pour que cette entreprise commune réussisse est maintenant tracée : il faut permettre à l'opinion de comprendre la réelle portée de l'enjeu, c'est-à-dire la croissance et la paix. Après le temps de la technique, le temps de l'explication et du débat démocratique est venu.

Notre avenir en dépend : tournons-nous tous vers l'euro !

Adresses utiles

L e lecteur trouvera ci-après une liste de correspondants qui peuvent lui être utiles pour compléter son information ou répondre à des questions. (NB : les numéros de téléphone internationaux sont indiqués sans le préfixe 00.)

On se référera à l'annexe bibliographique pour les publications.

Organismes officiels européens

COMMISSION EUROPÉENNE : 200, rue de la Loi, B-1049 Bruxelles. Tél. : 322 296 0433 ou 322 299 35 30 ou 322 299 11 11 (standard) ; Fax : 322 299 3505.

S'adresser au cabinet du commissaire européen Yves-Thibault de Silguy (Xavier Larnaudie-Eiffel, chef de cabinet, ou Jacques Laffitte) ou aux services de la DGII : Hervé Carré, directeur des affaires monétaires, Peter Bekx ou Lars Boman.

La Commission, qui a publié ses recommandations aux entreprises sous forme d'une brochure, a également mis au point une base de données de 200 000 pages accessible sur Internet à l'« adresse » électronique suivante : http://europa.eu.int

Elle prépare le regroupement sur un site Internet (EU Law Service) de toutes les règles juridiques de l'UE et de leur interprétation, soit... 800 000 documents.

ANTENNES DE LA COMMISSION EUROPÉENNE EN FRANCE

Représentation en France de l'Union européenne : 288, boulevard Saint-Germain, 75007 Paris.

Centre d'information « Sources d'Europe » : Socle de la Grande Arche, 92044 Paris-La Défense cedex 61. Tél. : 01 41 25 12 12 ; Fax : 01 41 25 12 13.

Représentation de l'Union européenne à Marseille : à la Chambre marseillaise de commerce et d'industrie, 2, rue Henri-Barbusse, 13241 Marseille cedex 01. Tél. : 04 91 91 46 00.

Office statistique de la Commission européenne EUROSTAT (dont le rôle est crucial notamment pour l'appréciation des critères de Maastricht, mais qui rassemble bien d'autres données chiffrées) : « Data shop » à Luxembourg : Tél. : 352 43 35 22 51. Fax : 352 43 35 22 221 ; E-mail : agnesn@eurostat.datashop.lu. Internet : http ://europa.eu.int/eu/comm/eurostat/servfr/home.htm

Bureau à Paris : Tél. : 01 53 17 88 44 ; Fax : 01 53 17 88 22 ; à Bruxelles : E-mail : piera.calcinaghi@eurostat.cec.be

Organismes officiels français

MISSION INTERMINISTÉRIELLE DE PRÉPARATION DES ADMINISTRATIONS PUBLIQUES À L'EURO (dirigée par Philippe Marchat) : ministère des Finances, Télédoc 136 ; 139, rue de Bercy, 75572 Paris cedex 12. Tél. : 01 40 24 79 80. Un numéro vert d'appel gratuit est disponible toute la durée de la transition : 0 800 01 2002. Fax : 01 53 18 97 55.

On peut consulter également les 700 pages de la rubrique euro du serveur Internet du ministère : http://www.finances.gouv.fr.euro ou le service Minitel dédié 3615 Euro 99 (0,37 F la minute).

Un annuaire des « correspondants euro » de chaque ministère est diffusé quotidiennement sur le réseau Intranet de la mission euro.

GROUPE PERMANENT EURO DU MINISTÈRE DE L'INDUSTRIE (rattaché aux Finances) : 85, boulevard du Montparnasse, 75006 Paris. Tél. : 01 43 19 30 81 ; Fax : 01 43 19 31 98 (responsables : MM. Amouyel et Mouton).

MINISTÈRE DES PME (rattaché aux Finances). Adresse Internet : http://www.pme-commerce-artisanat.gouv.fr. (notamment pour tout ce qui concerne le commerce).

POINTS DE CONTACT LOCAUX :

– le secrétariat du comité de pilotage euro (Préfecture) ;
– le centre local d'information, chargé de relayer les actions de communication nationales sur l'euro et de susciter des projets locaux complémentaires (à la Trésorerie générale) ;
– le correspondant euro dans les directions techniques (DDE, DDA, etc.) ;
– le centre d'information et de communication (CICOM) du ministère de l'Économie et des Finances (au chef-lieu de région).

Secteur bancaire

Institut monétaire européen : 29, Kaiserstrasse, 60020 ou Postfach 10 20 31, 60311 Frankfurt (Allemagne). Tél. : 49 69 27 22 70 ; Fax : 49 69 27 22 7 227.

Banque de France (Direction de la Communication) : 31, rue Croix-des-Petits-Champs, 75001 Paris. Tél. : 01 42 92 39 08 ou 97 44 ; Fax : 01 42 92 39 40 ou 44 67. Internet : http://www.banque-france.fr.

Fédération bancaire de l'Union européenne : 10, rue Montoyer, 1000 Bruxelles (Belgique). Tél. : 322 508 3711 ; Fax : 322 502 7966.

Association française des établissements de crédit et des entreprises d'investissement (AFECEI) : 36, rue Taitbout, 75009 Paris. Tél. : 01 48 01 88 88 ; Fax : 01 48 24 13 31, et 01 48 15 59 89 pour la cellule Euro Infos Marchés.

M. Simon, directeur général de l'AFECEI, est aussi le président du comité de pilotage « monnaie unique » de la place bancaire et le coauteur, avec M. Creyssel, du rapport de mars 1997 sur les conditions du passage à l'euro pour les entreprises.

Association française des banques : 18, rue Lafayette, 75440 Paris cedex 09. Tél. : 01 48 00 52 52 ; Fax : 01 42 46 76 40 ; E-mail : afbdif@iplus.fr ; Internet : http://www.afb.fr
On peut consulter par Minitel, sur le 3617 AFB1 (3,48 F la minute), une banque de données donnant les textes de référence, l'état des travaux techniques, l'actualité de l'euro et des questions/réponses pour les interrogations pratiques du public.

Groupement cartes bancaires : Washington Plaza, 75408 Paris cedex 08 ; Tél. : 01 53 89 39 39 ou 34 43 ; Fax : 01 53 89 36 00. E-mail : cb-mail@gie-cartes bancaires.fr.

Marchés financiers

Commission des opérations de Bourse :
39-43, quai André-Citroën, 75739 Paris cedex 15. Tél. : 01 40 58 65 65 ; Fax : 01 40 58 65 00 ; Internet : http://www.cob.fr

Société des Bourses françaises :
39, rue Cambon, 75001 Paris. Tél. : 01 49 27 10 00 ; numéro vert gratuit : 08 00 04 01 99 ; Fax : 01 49 27 14 33 ; Internet : http://www.boursedeparis.fr

MATIF SA : 115, rue Réaumur, 75083 Paris cedex 02. Tél. : 01 40 28 82 82 ; Fax : 01 40 28 80 01 ; Internet : http://www.matif.fr

MONEP SA : Place de la Bourse, 75002 Paris. Tél. : 01 49 27 18 00 ; Fax : 01 49 27 18 23 ; Internet : http://www.monep.fr

Fédération française des sociétés d'assurances : 26, boulevard Haussmann, 75311 Paris cedex 09. Tél. : 01 42 47 90 00 ; Fax : 01 42 47 93 11 ; Internet : http://www.ffsa.fr
Le directeur des affaires européennes à la Fédération est M. Patrick Lefas. Tél. : 01 42 47 93 14 ; Fax : 01 42 47 93 65

Organisations professionnelles

Centre national du patronat français (CNPF) : 31, avenue Pierre-Ier-de-Serbie, 75116 Paris. Tél. : 01 40 69 43 00 ou 45 57 ; numéro vert « alloeuro » (en projet) ; Fax : 01 47 23 47 32 ; E-mail : cgrison@cnpf.asso.fr
Le « guide de l'euro » avec 110 questions-réponses pratiques paru en novembre 1997 est accessible sur Internet : http://www.cnpf.asso.fr. Les responsables euro sont J. Creyssel, directeur général, et Agnès Lepinay, directeur des affaires financières.

Confédération générale des petites et moyennes entreprises (CGPME) : 10, Terrasse Bellini, 92806 Puteaux cedex. Tél. : 01 47 62 73 73 ; Fax : 01 47 73 08 86. La responsable des affaires européennes à la CGPME est Béatrice Brisson et le groupe de réflexion de la CGPME sur la monnaie unique est conduit par M. Gérard Dumontant, vice-président.

Union européenne de l'artisanat et des petites et moyennes entreprises : 4, rue Jacques-de-Lalaing, B-1049 Bruxelles. Tél. : 322 230 7599 ; Fax : 322 230 7861 ; E-mail : UEAPME@euronet.be

Fédération des entreprises du commerce et de la distribution : 8, place d'Iéna, 75783 Paris cedex 16. Tél. : 01 44 34 69 50 ; Fax : 01 47 55 17 14 ; numéro Internet http://www.fcd.asso.fr

Fédération nationale des syndicats d'exploitants agricoles : 11, rue de la Baume, 75008 Paris. Tél. : 01 53 83 47 47 ; Fax : 01 53 83 48 48.

Chambres consulaires

Faute de pouvoir les citer toutes (il y a par exemple 183 CCI en France, dont 170 ont désigné un correspondant euro), nous ne donnerons ici que quelques adresses.

Assemblée des chambres françaises de commerce et d'industrie (Laurence Buge, responsable euro) : 45, avenue d'Iéna, BP 448-16, 75769 Paris cedex 16. Tél. : 01 40 69 37 95 ou 37 98 ; Fax : 01 40 69 38 08 ou 38 34 ; E-mail : Lbuge@acfci. cci.fr ; Internet : http://www.acfci.fr/euro

Assemblée permanente des chambres de métiers : 12, avenue Marceau, 75008 Paris. Tél. : 01 44 43 10 00 ; Fax : 01 47 20 34 48.

Assemblée permanente des chambres d'agriculture : 9, avenue George-V, 75008 Paris. Tél. : 01 53 57 10 10 ; Fax : 01 53 57 10 05.

Euro info Centre-Rhône-Alpes, à la chambre de commerce et d'industrie de Lyon : 20, rue de la Bourse, 69002 Lyon. Tél. : 04 72 40 57 39 ; 04 78 37 94 00 ; E-mail : FR1251-lyon@vans.infonet.com

Professions spécialisées : avocats, experts-comptables, notaires

Ordre des avocats à la Cour de Paris : 11, place Dauphine, 75001 Paris. Tél. : 01 44 32 48 48 ; Fax : 01 46 34 77 65 ; E-mail : info@ordre.paris.barreau.fr
Service de la communication : code postal 75053 ; Tél. : 01 44 32 47 37 ; Fax : 01 44 32 47 36.

Fédération des experts-comptables européens (FEE) : 83, rue de la Loi ; B-1040 Bruxelles. Tél. : 322 285 4085 ; Fax : 322 231 1112. E-mail : secretariat@FEE.be.
La FEE, représentée dans les quinze pays de l'Union, a mis au point, avec le soutien de la Commission de Bruxelles, une base de données sur les questions qui se posent aux entreprises et les réponses apportées dans les différents pays. La base couvre : la comptabilité, l'audit, la gestion, les politiques de prix, les logiciels financiers, la gestion des liquidités et des transactions sur les marchés financiers. Cette source est ouverte à tous sur Internet, à l'« adresse » suivante : http://www.euro.fee.be

Ordre des experts-comptables : 153, rue de Courcelles, 75017 Paris. Tél. : 01 44 15 60 00 ; Fax : 01 44 15 90 05 ; E-mail : conseil-sup%ordec@cal.fr ; Internet : http://www.experts-comptables.com

L'Ordre a constitué un groupe de travail sur la monnaie unique, présidé par Régis de Brébisson.

Conseil supérieur du notariat : 31, rue du Général-Foy, 75008 Paris. Tél. : 01 44 90 30 00 ; Fax : 01 44 90 30 30 (adresse électronique disponible début 1998).

Organismes privés

Citoyens d'Europe (pour le grand public) : Internet : http ://citizens.eu.int

Association bancaire pour l'écu : 4, rue Galliéra, 75116 Paris. Tél. : 01 53 67 07 00 ; Fax : 01 53 67 07 07 ; E-mail : 100 757 15602 compuserve.com.

Association pour l'Union monétaire de l'Europe (AUME) : 26, rue de la Pépinière, 75008 Paris. Tél. : 01 44 40 60 30 ; Fax : 01 45 22 33 77 ; E-mail : aume@iplus.fr ; Internet : http://amue.lf.net

L'AUME réunit des groupes de travail spécialisés et met à jour régulièrement des rapports détaillant notamment le calendrier et les modalités pratiques du passage à l'euro pour les entreprises.

Institut de l'euro : 8, rue du Président-Carnot, 69002 Lyon. Tél. : 04 72 56 42 32 ; Fax : 04 72 41 84 91 ; E-mail : euroinstitut@asi.fr ; Internet : http://www.euro.institut.org

L'Institut, dont l'activité est analogue à celle de l'AUME, publie tous les deux mois une revue intitulée *L'Euro*. Il a édité un guide sur CD rom sous le titre *En avant vers l'euro*, qui peut être commandé par fax au 04 78 58 71 20.

Bibliographie

A) LIVRES

Jean Boissonnat, *La Révolution de 1999*, Paris, Éditions Sand (France-Loisirs), 1997, 148 pages.

J. Bourget, *Monnaies et systèmes monétaires dans le monde au XXe siècle*, Paris, Bréal, 1987, 145 pages.

Andrew Brociner, *L'Europe monétaire*, Paris, Seuil, « Mémo », 1997, 63 pages.

Didier Cahen, *L'Euro, 1997-1999. L'Heure des préparatifs*, préface de Paul Coulbois, Paris, Les Éditions d'Organisation, 1997, 319 pages.

François Chesnais, *La Mondialisation du capital*, Paris, Syros, 1997, 288 pages.

Bertrand Commelin, *L'Europe économique : UEM, marché unique, politiques communes*, Paris, Seuil, « Mémo Économie », 1997, 63 pages.

Michel Dévoluy, *L'Europe monétaire, du SME à la monnaie unique*, Paris, Hachette Éducation, 1996, 160 pages.

A. van Dormael, *La Guerre des monnaies*, Bruxelles, Racine, 1995, 229 pages.

Barry Eichengreen, David Jestaz, *L'Expansion du capital : une histoire du système monétaire international*, Paris, L'Harmattan, « Études d'économie politique », 1997, 276 pages.

J.-P. Fitoussi, *Le Débat interdit*, Paris, Arlea, 1995, 320 pages.

Jean-Michel Floc'hlay, *La Monnaie unique. Pourquoi ? Quand ? Comment ?*, Lagny-sur-Marne, Eudyssée Éditions, « Vers l'Europe », 1996, 77 pages.

Jean-Michel Floc'hlay, *Les Quatre Libertés du marché unique*, Lagny-sur-Marne, Eudyssée Éditions, 1996, 84 pages.

Annie Fouquet, Frédéric Lemaître (dir.), *Démystifier la mondialisation de l'économie*, Paris, Les Éditions d'Organisation, 194 pages.

G. Galand et A. Grandjean, *La Monnaie dévoilée*, L'Harmattan, 1997, 310 pages.

Guillaume Gasztowtt, Philippe de Nouel, Jean-Michel Rocchi, Jacques Terray, *Comprendre l'euro*, Paris, Éditions Séfi, 225 pages.

Michèle Giacobi, Anne-Marie Gronier, *Monnaie, Monnaies*, Paris, Marabout-Le Monde Éditions, « Le Monde Poche », 1994, 211 pages.

F. Giavazzi, J. von Hagen, C. Wyplosz, *EMU : getting the end-game right*, Londres, CEPR, 1997, 75 pages.

Alain Jean, *L'Écu, le SME et les marchés financiers*, Paris, Les Éditions d'Organisation, 1990, 211 pages.

Philippe Jurgensen, *Écu, naissance d'une monnaie*, Paris, Lattès, 1991, 340 pages.

Anne Lavigne, Jean-Paul Pollin, *Les Théories de la monnaie*, Paris, La Découverte, « Repères », n° 226, 128 pages.

Jean-Victor Louis, *L'Union européenne et l'avenir de ses institutions*, Bruxelles, Presses interuniversitaires européennes, « La cité européenne », n° 9, 1996, 192 pages.

Norbert Olszak, *L'Histoire des Unions monétaires*, Paris, PUF, « Que sais-je ? », 1996, 127 pages.

Christa Ranzio-Plath (dir.), *Der Euro — mehr als ein Symbol*, participation de Helmut Schmidt, Jacques Delors, etc., Baden-Baden, Nomos Verlagsgesellschaft, 1996.

Robert Raymond, *L'Unification monétaire de l'Europe*, Paris, PUF, « Que sais-je ? », 1993, 126 pages.

Joël Rideau (dir.), *Les États membres de l'Union européenne : adaptations, mutations, résistances*, Paris, LGDJ, 1997, 540 pages.

Hans Roeper, Wolfram Weimer, *Die D-mark : eine deutsche Wirtschaftsgeschichte*, Frankfurt am Main, Societäts-Verlag, 1996, 418 pages.

Frédéric Sachwald, *L'Europe et la Mondialisation*, Paris, Flammarion, « Dominos », 128 pages.

Yves Salignac, *Banques et monnaie unique*, Paris, IMESTRA Éditions, 1996.

Thilo Sarrazin, Bonn, Dietz, *Der EURO : Chance oder Abenteuer ?*, « Politik im Taschenbuch », Bd 18, 1997, 288 pages.

Philippe Sassier, *L'Euro*, Paris, Flammarion, « Dominos », 1997, 128 pages.

Armand-Denis Schor, *La Monnaie unique*, Paris, PUF, « Que sais-je ? », 1995, 126 pages.

R. Sédillot, *Histoire du franc*, Paris, Sirey, 1979, 230 pages (épuisé).

Philippe de Schoutheete, *Une Europe pour tous* (préface de J. Delors), Paris, Odile Jacob, 1997, 173 pages.

Jérôme Sgard, *Europe de l'Est, la transition économique*, Paris, Flammarion, « Dominos », 128 pages.

Yves-Thibault de Silguy, *Le Syndrome du Diplodocus*, Paris, Albin Michel, 1996, 256 pages.

Jérôme Trotignon, *Économie européenne : intégration et politiques communautaires*, Paris, Hachette, 1997, 303 pages.

B) GUIDES

Association française des trésoriers d'entreprise (AFTE), *L'Euroguide de l'entreprise*, Paris, mai 1997 (transparents couleurs).

Karl-Heinz Bilitza, *Wenn der Euro Kommt...*, Munich, Wilhelm Heyne Verlag, 1997, 238 pages.

A. Britton, D. Hayes, *Achieving monetary union in Europe*, parrainé par le NIESR et l'AUEME, London, Sage, 1992, 142 pages.

Check-list on the european currency : preparing your company for the European Monetary Union, Francfort, Deutsche Bank, 1996.

F. Delclaux, X. de Bergeyck, *L'Euro, la monnaie du 3ᵉ millénaire*, Paris, Gualino, 1997, 125 pages.

François Descheemaekere, *L'Euro : mieux connaître notre future monnaie européenne*, Paris, Les Éditions d'Organisation, 1997, 47 pages.

El euro y las empresas españolas, Camera oficial de comercio e industria, Madrid, 1997, 218 pages.

En avant vers l'euro : comment préparer votre entreprise au passage à la monnaie unique européenne, Institut de l'euro (voir « Adresses utiles »), 21 pages, 35 francs.

Euro : guide de préparation des entreprises, Paris, Association pour l'union monétaire de l'Europe (AUME), 1996 — 43 pages. Existe en plusieurs langues. Consultable sur Internet http ://aume.if.net

L'Euro et moi, ministère de l'Économie et des Finances, novembre 1997, 16 pages. Internet : http ://www.finances.gouv.fr./euro. E.mail : euro@cupf.fr. Tél. pour les commandes : 01 40 69 43 29.

Format Europe, Paris, Prodige's SA, Euro, pour savoir si vous êtes pour ou contre, n° 26, mai 1997, 22 pages (tout en cartes).

Le Guide de l'euro-110 questions, 110 réponses, Paris, CNPF-ETP (Éditions techniques professionnelles), 1997, 250 pages.

Philippe Janody, Denis Neveux, *L'Euro et l'Entreprise : mode d'emploi*, Paris, Nouvelles Éditions Fiduciaires, 1997, 191 pages.

Michael Jungblut, *Wenn der EURO rollt...*, Vienne, Ueberreuter, 1996, 156 pages.

Gérard Lafay, *L'Euro contre l'Europe ? Guide du citoyen face à la monnaie unique*, Arlea, 1997, 167 pages.

S. Marti et V. Rogot, *L'Euro en poche*, Documentation française, 1997, 96 pages.

Emilio Ontiveros ; Francisco Valero, *La Guia del Euro : todas las respuestas sobre la moneda unica*, Madrid, Escuela de Finanzas aplicadas, 1997, 252 pages.

Fabien Perucca, Gérard Pourradier, *Ne m'appelez plus jamais franc : ce que l'euro va changer dans votre vie*, Paris, Michel Lafon, 1997, 236 pages.

Quand aurons-nous des euros dans la poche ? Luxembourg, Office des publications officielles des Communautés européennes, 1996, 15 pages (gratuit).

Guy Raimbaut, *Le Dictionnaire de l'euro*, Paris, Éditions JV & DS, 272 pages.

Holger Stelzner ; Wolfram Weimer, *Was kommt, wenn die D-Mark geht ? : Das Handbuch zur Währungsunion*, Francfort-sur-le-Main, Blickbuch Wirtschaft, 1997, 256 pages.

Vade-mecum euro : les modalités de passage à la monnaie unique des sociétés d'assurance et de réassurance, Paris, Fédération française des sociétés d'assurances (FFSA), 1997, 153 pages (gratuit).

C) PUBLICATIONS

AGEFI, « Places financières européennes : vers une redistribution des cartes », Paris, novembre-décembre 1996 ; « Monnaie unique : la technologie au service des stratégies », Paris, mars-avril 1997, 52 pages.

Alternatives économiques, Paris, Syros, « L'Euro entre excès d'honneur et excès d'indignité » et « Pas d'euro sans politique de change », Claude Demma, janvier 1977 ; « Europe : l'incertitude allemande », dossier de Guillaume Duval, septembre 1997 ; « Budget 98 : taxer le capital pour l'euro et l'emploi », octobre 1997 ; « La monnaie unique en débat », numéro spécial, 1996.

Banque, « Sous-traitance bancaire et euro », décembre 1996 ; « Chèque et euro, mode d'emploi », « Un nouveau contexte financier pour les entreprises », novembre 1996 ; « Le passage à l'euro », numéro spécial, mai 1997, 68 pages (18, rue La-Fayette, 75009 Paris).

De Pecunia, revue quadrimestrielle du CEPIME, boulevard Brand-Whitlok, 2B-1150 Bruxelles. Tiré à part sur les PME, le risque de change et l'écu, 1990, 98 pages.

Équinoxe, « Devant l'euro : les entreprises françaises face à une défaillance politique » (groupe Agefi, 28, rue Vignon, 75009 Paris).

EUROMAG, *La lettre d'information bimensuelle sur l'euro*, dirigée par Christine Ockrent et Jean-Pierre Sereni, 16 pages par numéro, vendu sur abonnement annuel.

EUROSCOPE, Lettre d'information, périodique de la CEGOS, 204, Rond-Point du Pont-de-Sèvres, 92516 Boulogne-Billancourt cedex. Tél. : 01 46 20 88 88 ; Fax : 01 46 20 62 87 ; Internet : http://www.cegos.fr.

Infeuro, Lettre d'information de la Commission européenne sur la future monnaie unique, publiée six fois par an en français, anglais et allemand.

Institutions européennes et finance, Lettre d'informations mensuelle, dirigée par Max-Paul Sebag, Paris, MPS Publications (20, rue du Commandant-Mouchotte, 75014 Paris), 16 pages par numéro, sur abonnement annuel ou on line : http://ief.area-mundi.com.

Intérêts, Revue semestrielle du groupe CPR, « De l'écu à l'euro — le traité de Maastricht et son application », n° 12, 1er semestre 1997, gratuit (30, rue Saint-Georges, 75312 Paris cedex 09).

La Lettre du CEPII, « L'Euro et le Dollar », n° 156, avril 1997 (Centre d'études prospectives et d'informations internationales, rue Georges-Pitard, 75015 Paris, tél. : 01 53 68 55 14).

La Tribune Desfossés, numéros hors série : « Euro mode d'emploi », mars 1997 et « Monnaie unique, mode d'emploi », novembre 1997 ; 32 pages doubles. 46, rue Notre-Dame-des-Victoires, 75080 Paris cedex 02, Fax abonnement : 01 44 82 17 92.

Lettre hebdomadaire de la représentation en France de la Commission européenne (228, boulevard Saint-Germain, 75007 Paris).

Le Revenu français, « L'euro sera là dans 560 jours », n° 441, juin 1997.

L'Euro, La revue de la monnaie unique, bimestriel édité par l'Institut de l'euro (voir « Adresses utiles »).

Practical issues arising from the introduction of the euro. Publication trimestrielle de la Banque d'Angleterre (Public Enquiries Group, Bank of England ; Threadneedle Street, London EC2R 8 AH. Fax : 00 44 1 71 601 54 60).

Revue d'économie financière, Paris, Éditions Montchrestien ; numéros spéciaux hors série : « Le traité de Maastricht », septembre 1992 ; « La tarification des services bancaires », 1995 ; « L'Union monétaire européenne », printemps 1996 ; « Finance et Europe : questions de confiance ? », automne 1996.

Revue du Trésor, juin 1996 et janvier 1997 (26, rue de Lille, 75007 Paris).

Revue française de comptabilité, « Passage à l'euro : propositions de la profession comptable », n° 285, janvier 1997.

D) RAPPORTS

Au-delà de Maastricht, les enjeux de la CIG de 1996, Actes de la conférence du 31 janvier 1995, Paris-Bruxelles, PMI, 1996, 43 pages.

Avis du Comité d'urgence n° 97-01 relatif au traitement comptable des coûts liés au passage à la monnaie unique, Conseil national de la comptabilité, 24 janvier 1997.

Conditions dans lesquelles les établissements de crédit peuvent prester leurs services dans le marché unique, communication de la Commission européenne du 30 juin 1997 (Même adresse que ci-dessus ; le texte se trouve aussi sur Internet).

La révision des traités européens après Amsterdam, rapport d'information de l'Assemblée nationale présenté par Maurice Ligot, n° 39, juillet 1997, 77 pages.

Le Pacte de stabilité et de croissance : une inflexion en faveur de l'emploi, rapport d'information de l'Assemblée nationale, présenté par Jean-Louis-Bianco, n° 40, juillet 1997, 51 pages.

Mission exploratoire sur les modalités de passage à la monnaie unique, comité consultatif du Conseil national du crédit, rapport d'étape, mai 1995 ; 2ᵉ rapport, juillet 1996.

Monnaie européenne et stabilité budgétaire, rapport d'information de l'Assemblée nationale présenté par Maurice Ligot, n° 3 153, novembre 1996, 119 pages.

Orientations pour la préparation à l'euro des services comptables dans les entreprises et les administrations, Commission européenne, 20 juin 1997 (DG XV/D.3, C

100 03/133, rue de la Loi 200, B-1049 Bruxelles ; fax : 322 299 47 45 ; courrier électronique : d3@.be).

Passage à l'euro : modalités pratiques bancaires et financières, Association française des établissements de crédit et des entreprises d'investissement (AFECEI), février 1997, 1 000 pages. À demander auprès de la SDTB (Tél. : 01 48 00 51 37).

Plan national de passage à l'euro, Documentation française, novembre 1997, 56 pages.

Rapport annuel 1996, Commission bancaire, 1997, 161 pages (avec une étude « L'euro et les métiers bancaires »).

Rapport annuel 1996, Institut monétaire européen, Francfort-sur-le-Main, avril 1997, 139 pages.

Rapport annuel : 1er avril 1996-31 mars 1997, Banque des règlements internationaux, Bâle, juin 1997, 219 pages.

Rapport d'activité 1996, groupement européen des Caisses d'Épargne, Bruxelles, 1997.

Rapport d'étape sur l'euro, Conseil supérieur de l'Ordre des experts-comptables (153, rue de Courcelles, 75017 Paris), décembre 1996, 100 pages.

Rapport du groupe de travail CNPF/Banques (Simon-Creyssel) sur les conséquences de la monnaie unique pour les entreprises, mars 1997, 180 pages. À demander au CNPF, à l'AFECEI ou à l'AFB (voir « Adresses utiles »).

Rapport sur la convergence dans l'Union européenne en 1997, com (96) 560 final, Commission européenne (DG II, 200, rue de la Loi, B-1049 Bruxelles), novembre 1997 (gratuit).

Scénario du passage à la monnaie unique, rapport des groupes de travail de la profession bancaire (Groupe plénier Hervé Hannoun), bulletin de la Banque de France, août 1996.

Traité sur l'Union européenne, Luxembourg, Office des publications officielles des Communautés européennes (L-2985 Luxembourg), 1992, 250 pages.

E) DOSSIERS ET DOCUMENTS

Jean-Louis Bellando ; Hervé Bouchaert ; Armand-Denis Schor, *L'Assurance dans le marché unique*, Paris, Documentation française, 1994, 212 pages.

Charte banques — entreprises — pour un partenariat, Paris, AFB (voir « Adresses utiles »), juin 1997, 15 pages (gratuit).

Comment assurer la continuité des contrats, séminaire Euroforum, Paris, septembre 1996.

Details and Schedule for the transition to the single currency, séminaire Euromoney, Londres, octobre 1996.

Eurobaromètre, semestriel. Sondage approfondi (75 pages + annexes) sur l'opinion européenne publié par la Commission européenne, DGX. Nos spéciaux E.mail :

Eurobarometer@dg10.cec.be. Internet : http://europa.eu/int/eu/comm/d-g10/infcom/epo/eb.html.

European monetary integration (ouvrage collectif dirigé par E. Steinherr), Londres, Longman, 1994, 316 pages.

European Monetary Union : AMUE 1996 Annual Conference, AUME, juin 1996.

L'Agriculture et la Monnaie unique, rapport et analyse annuels Déméter 97-98, économie et stratégies agricoles, Paris, Armand Colin.

La Monnaie unique (sous la direction de J.-Y. Capul), Documentation française, « Cahiers français », 1997, 85 pages.

Le Marché unique : une réussite ?, Bruxelles, PMI, novembre 1996, 115 pages.

Le Passage à l'euro, Paris, Les Notes bleues de Bercy, 16 janvier 1997.

L'UEM et l'économie belge, sous la direction de P. P. van den Bempt, Bruxelles, De Boeck Université, 1997, 148 pages.

Making EMU happen, problems and proposals : a symposium, Peter B. Kenen (editor), Essays in International Finance, n° 199, Londres, août 1996.

Monnaie unique européenne, système monétaire international, Actes d'un colloque du plan, sous la direction de D. Lebègue et C. de Boissieu, Paris, PUF, 1991, 123 pages.

Monnaie unique : la technologie au service des stratégies, Paris, AGEFI, mars-avril 1997, 52 pages.

Morgan Stanley Central Bank Directory, Londres, Central Banking Publications LTD, 1996.

Ordnungspolitische Aspekte der europäischen Integration (Les aspects politiques de l'intégration européenne), Freiburger Wirtschafts symposium, Baden-Baden, Nomos Verlagsgesellschaft, 1996, 208 pages.

The Ostrich and the EMU : Policy choices facing the UK, sous la direction de R. Pennant-Rea, Londres, CEPR, 1997, 51 pages.

UEM, progrès institutionnels et croissance, Bruxelles, De Pecunia, t. III, n° 1, mars 1997, 173 pages.

Glossaire

A

Acceptabilité : degré de confiance faite par un créditeur à une monnaie. Une véritable monnaie est acceptée à 100 % pour éteindre toutes dettes. Sur le plan international, seul le dollar jouit actuellement d'une acceptabilité quasi universelle ; d'autres monnaies sont acceptées dans une zone plus restreinte.

Acte unique : traité en vigueur depuis le 1er juillet 1987, qui amendait la « constitution » du Marché commun. Il élargissait les objectifs de la CEE (en y incluant l'UEM), renforçait le Parlement européen et étendait la liste des décisions prises à la majorité. Il fournissait le cadre juridique nécessaire à la création du « marché unique », pleinement en vigueur à partir de 1993. L'Acte unique a été refondu en 1992 par le traité de Maastricht.

Adjudication à taux fixe : adjudication par la Banque centrale de concours assortis d'un taux d'intérêt annoncé à l'avance (par opposition à l'adjudication à taux variable).

AFB : Association française des banques.

AFECEI : Association française des établissements de crédit et des entreprises d'investissement.

Affaires générales (Conseil) : formation du Conseil des ministres de l'UE réunissant les ministres des Affaires étrangères des pays membres.

AFNOR : Agence française de normalisation.

Agrément bancaire unique : régime applicable depuis 1993 dans le cadre du « marché unique » européen, selon lequel l'homologation d'une banque par les autorités d'un seul État membre lui permet d'exercer ses activités dans toute la Communauté.

Agrimonétaires (mécanismes) : taxes ou subventions permettant, dans le cadre de la politique agricole commune, de compenser les écarts entre les « taux verts » et les taux officiels.

Avis de prélèvement : notification par un grand facturier (EDF, compagnies des eaux, etc.) à un client du règlement d'une facture par débit de son compte en fonction d'une autorisation permanente de prélèvement.

B

BAFI : base des agents financiers. Série de données statistiques et comptables adressée périodiquement par les établissements de crédit à la Commission bancaire.

Balance des paiements courants : solde des échanges commerciaux (balance commerciale) et des échanges de services (tourisme, revenus du travail et du capital, transferts, etc.).

BALO : bulletin des annonces légales obligatoires.

BCE (Banque centrale européenne) : nouvelle Banque centrale communautaire qui définira notamment la politique monétaire et l'émission de billets en euros. Elle sera créée en mai ou juin 1998, au lendemain du choix des pays participant au lancement de la monnaie unique. Indépendante des gouvernements et de la Commission européenne, elle comportera un président et un directoire et sera l'organe de tête du SEBC (voir ce mot).

BEI (Banque européenne d'investissements) : banque communautaire chargée de financer sur une grande échelle (environ 15 milliards d'écus par an) les infrastructures, les entreprises européennes et, en partie, l'aide aux pays tiers.

Benelux : les trois pays — Belgique, Pays-Bas, Luxembourg — liés depuis 1947 par une union douanière qui persiste au sein de l'UE.

Big bang (« grand boum ») : façon imagée d'appeler le passage en une seule fois à une nouvelle étape de l'UEM.

Bilatérales (parités) : rapports de change des monnaies nationales entre elles. Les cours de change du franc en marks, du florin en lires, de la couronne en pesetas, etc., forment la grille des parités bilatérales du SME.

Bornes d'intervention : écart instantané de 15 % entre le cours de change de deux monnaies sur le marché. Les deux monnaies qui se trouvent aux bornes d'intervention (l'une au « plancher », l'autre au « plafond ») au sein du SME doivent agir toutes les deux pour réduire cet écart.

C

CEE : Communauté économique européenne (voir ce mot).

Cent : centième partie de l'euro. Le nom de cette subdivision monétaire a été choisi par le Conseil Éco/Fin informel de Vérone en avril 1996.

CFA (franc) : monnaie de la Communauté financière africaine, circulant dans les pays africains de la zone franc (1 F = 100 FCFA).

CFMT (Concours financier à moyen terme) : prêt financé par les budgets nationaux et consenti sur une durée maximale de cinq ans à un État membre par décision du Conseil, moyennant l'acceptation de certaines conditions de politique économique et monétaire. Le système, prévu au sein du SME, n'a en fait jamais été activé.

CFONB Comité français d'organisation et de normalisation bancaire ; c'est notamment lui qui définit les nouvelles formules de règlement en euros (chèques, TIP, virements, etc.).

Chaînage (ou chaining) : méthode utilisée dans certains systèmes de transfert (le plus souvent de valeurs mobilières) pour définir l'ordre optimal dans lequel les ordres de transfert doivent être traités.

Chambre de compensation informatisée : système de compensation électronique dans lequel les informations relatives aux ordres de paiement sont échangées sur support magnétique ou par l'intermédiaire d'un réseau de télécommunications.

CIG (Conférence intergouvernementale) : conférence réunissant des représentants des gouvernements pour préparer des propositions à soumettre au Conseil européen. Les travaux de la dernière CIG en date (1996-1997) sur les institutions et la politique extérieure et de sécurité commune ont conduit au traité d'Amsterdam de juin 1997.

Clearing (compensation) : mise en regard des dettes et des créances des opérateurs (par exemple les chèques bancaires), seul le solde net débiteur ou créditeur étant réglé.

CNC : sigle représentant, selon le contexte, le Conseil national du crédit et des titres ou le Conseil national de la comptabilité.

COB : Commission des opérations de Bourse. Organisme public chargé de la surveillance et du bon fonctionnement des marchés financiers, notamment de la protection des épargnants.

Comité des gouverneurs de Banques centrales : organisme consultatif réunissant chaque mois à Bâle les gouverneurs des Instituts d'émission des États membres de l'Union européenne.

Comité monétaire : comité institué par le traité de Rome (article 105) pour coordonner les politiques monétaires. Composé des directeurs du Trésor et sous-gouverneurs des Banques centrales, il se réunit mensuellement à Bruxelles pour préparer notamment les travaux du Conseil Éco/Fin sur l'UEM. Il doit être remplacé à partir de 1999 par un Comité économique et financier.

Commission bancaire : organisme public autonome appuyé sur la Banque de France et chargé du contrôle des établissements de crédit.

Commission Européenne (ou Commission de Bruxelles) : exécutif européen composé de vingt-deux commissaires, dont un président et deux vice-présidents, désignés par les gouvernements des quinze États membres de l'UE. La Commission est aux frontières du politique et de l'administratif, puisqu'elle supervise les Directions générales et les quinze mille fonctionnaires de l'administration communautaire. Elle a un rôle d'initiative en matière de législation communautaire. Elle fait rapport au Conseil sur l'état de l'UEM et notamment sur le degré de convergence de ses membres et initie la procédure sur les « déficits excessifs ». Elle proposera la liste des pays participant à la monnaie unique.

Communauté économique européenne (aussi appelée « Marché commun ») : organisation fondée par le traité de Rome du 25 mars 1957 pour rapprocher les pays membres (six à l'origine, douze au moment du traité de Maastricht en 1992, quinze actuellement).

Communauté (européenne) : synonyme de CEE, puis d'UE. Le traité de Maastricht utilise systématiquement le terme de « Communauté » pour désigner l'Union européenne. On dit souvent aussi « les Communautés » pour désigner, dans un sens plus étroit, les organes institutionnels de l'Europe (Commission de Bruxelles, Parlement de Strasbourg, Cour de justice de Luxembourg, etc.).

Compensation : voir Clearing.

Conseil (ou Sommet) européen : réunion des responsables de l'Europe des Quinze au niveau des chefs d'État et de gouvernement (et du président de la Commission européenne). Cette instance politique suprême de l'Union, non prévue par le traité de Rome, a été créée en 1974 sous un aspect d'abord informel qui s'est institutionnalisé depuis. Le Sommet se réunit en principe trois fois par an, parfois plus souvent, en présence des ministres des Affaires étrangères et de la Commission (une fois à Bruxelles, et successivement dans chacun des pays exerçant par rotation la présidence semestrielle du Conseil des ministres).

Conseil des gouverneurs de la BCE : instance suprême de la Banque centrale européenne, composée des membres de son directoire et des gouverneurs des Banques centrales membres de la zone euro. C'est l'organe dirigeant du SEBC (voir ce mot).

Conseil des ministres (ou Conseil) : réunion des responsables de l'Union européenne au niveau des ministres. C'est l'instance politique décisionnelle courante. Il exerce à la fois une part du pouvoir législatif et du pouvoir exécutif de la Communauté, par des décisions prises tantôt à la majorité, tantôt à l'unanimité, selon les règles prévues par les traités. Le Conseil a plusieurs formations différentes selon les spécialités : Affaires générales (ministres des Affaires étrangères), Éco/Fin, Agriculture, Recherche, etc.

Convergence : rapprochement des politiques ou des situations économiques des États membres de la CEE.

Convertibilité : possibilité pour un détenteur d'une monnaie d'obtenir en contrepartie d'autres avoirs de réserve.

Convertibilité externe : réglementation des changes autorisant la libre conversion de toutes les opérations sur biens et services (paiements courants), par opposition aux mouvements de capitaux.

Correspondant bancaire : banque assurant des paiements et autres services pour une autre banque en accord avec celle-ci. Les services de correspondants sont essentiellement transfrontaliers.

Couronne : nom de la monnaie nationale danoise.

Cours légal : une monnaie a cours légal si le débiteur peut imposer à son créancier de l'accepter en paiement. En France, seuls les pièces et les billets en francs ont actuellement cours légal.

Cours-pivots (ou cours centraux) : taux de change de référence déclarés par les autorités monétaires par rapport aux autres monnaies du SME. Ces cours-pivots sont fixes, sauf réalignement, mais les cours de marché réels peuvent fluctuer autour du cours central dans la limite des marges de fluctuation autorisées. Dans le SME actuel, les taux centraux en écus sont publiés lors de chaque réalignement, mais c'est par rapport aux cours centraux bilatéraux que doit être respectée la marge maximale de fluctuation de 15 %.

Critères de convergence : il s'agit des cinq critères économiques (inflation, taux d'intérêt, déficits publics, dette publique, stabilité des changes) définis par le traité de Maastricht, et qui doivent être remplis par les pays désirant adhérer à l'Union économique et monétaire (UEM). Le choix des pays satisfaisant aux critères sur la base des chiffres de 1997 et prévisions 1998 sera arrêté par le Conseil européen du 2 mai 1998.

Croisées (parités) : cours de chaque monnaie exprimée en termes des autres devises. Si par exemple le yen baisse contre le dollar à Tokyo, les parités croisées du yen et du sterling à Londres, ou du mark et du dollar à Francfort, s'en trouvent modifiées.

D

Déficit excessif : déficit des finances publiques (au sens large, y compris Sécurité sociale et collectivités locales) dépassant le plafond de 3 % du PIB fixé par le traité de Maastricht et donnant lieu à remontrances, voire à sanctions en cas de persistance.

Dématérialisation : remplacement des supports papier par des écritures magnétiques pour suivre les valeurs mobilières détenues en compte.

Dette publique : ensemble des sommes dues par un État du fait de ses emprunts ; le traité de Maastricht l'entend au sens large, en y incluant la dette de la Sécurité sociale et des collectivités locales.

Dévaluation (contraire : réévaluation) : réajustement en baisse de la parité officielle d'une monnaie par rapport à une autre monnaie (ou un ensemble de monnaies).

DG II (Direction générale des affaires économiques et monétaires) : nom du service de la Commission de Bruxelles chargé notamment de l'UEM.

Directive : texte adopté par le Conseil des ministres de la CEE et imposant aux États membres d'atteindre certains résultats, en adaptant leurs lois et règlements nationaux de la façon qui leur paraîtra la plus appropriée (il s'agit, juridiquement, d'une obligation de résultat et non de moyens).

Directoire de la BCE : organe exécutif chargé de diriger l'institution et de conduire la politique monétaire arrêtée par le Conseil des gouverneurs. Il est composé d'un président, d'un vice-président et de deux à quatre membres, nommés d'un commun accord par le Conseil européen.

Drachme : nom de la monnaie nationale grecque.

E

Éco/Fin (Conseil) : Conseil des ministres de l'Économie et des Finances des pays membres de l'UE. Il se réunit chaque mois en session régulière. Il y a, en outre, deux ou trois fois par an des Conseils Éco/Fin informels.

Écu : monnaie commune des pays participant au Système monétaire européen, depuis le 13 mars 1979. Il s'agit d'un « panier de monnaies » composé de l'addition pondérée des devises de ses membres. L'écu sert aux règlements entre banques centrales (écu officiel) et sur les marchés (écu privé). Les devises participant au SME ont un taux-pivot en écus. Initialement désigné par le traité de Maastricht pour devenir la monnaie unique de l'UE, l'écu cédera la place à l'euro le 1er janvier 1999 (1 euro vaudra 1 écu).

E10 ou E11 : nom qui sera sans doute donné au Conseil informel, aussi appelé « Conseil de l'Euro », pour opérer les concertations entre pays de la zone euro dans le cadre du pacte de stabilité et de croissance.

EONIA (Euro Overnight Index Average) : indice synthétique du marché monétaire en euros (moyenne pondérée de taux de marché au jour le jour) envisagé pour succéder au TMP (voir ce mot).

EURIBOR (European Interbank Offered Rate) : indice synthétique du marché monétaire en euros (moyenne pondérée des taux, sur des durées de un à douze mois) appelé à succéder au PIBOR (voir ce mot).

Euro : dénomination retenue au Conseil européen de Madrid (décembre 1995) pour devenir la monnaie unique de l'Union européenne, au lieu et place de l'écu.

Eurocrédit : prêt direct (par opposition aux euro-émissions placées sur les marchés) fait par une banque à un emprunteur étranger.

Eurodevise : créance à court terme libellée en monnaie nationale, qui appartient à des non-résidents et est déposée dans une banque d'un pays étranger.

Europe des Quinze : voir Union européenne.

F

FBE (Fédération bancaire européenne) : regroupement des organisations professionnelles des banques (comme l'AFB en France) à l'échelle européenne.

FEE : Fédération européenne des experts-comptables.

Fiduciaire : voir Monnaie fiduciaire.

Fluctuations erratiques : variations de parités imprévisibles et changeant rapidement de sens, qui se produisent sur les marchés des changes sans être expliquées par des causes économiques ou monétaires identifiables.

FMI (Fonds monétaire international) : organe régulateur central créé par les accords de Bretton-Woods en 1944. Il est, en somme, la Banque centrale du système monétaire international.

FNSEA : Fédération nationale des syndicats d'exploitants agricoles.

Fongibilité : fait pour un instrument monétaire de pouvoir être admis en paiement en stricte équivalence avec un autre — comme par exemple les billets en francs CFA circulant dans toute l'Union monétaire ouest-africaine, malgré leurs identifications nationales.

FTCT (Financement à très court terme) : il s'agit des concours de courte durée (soixante-quinze jours à partir de la fin du mois des interventions, prolongeables deux fois trois mois) et de montant illimité consentis entre Banques centrales au sein du SME.

Futures : nom anglais des contrats à terme.

G

Gisement : emprunt-souche, de montant important et à conditions standard, auquel peuvent se rattacher des emprunts ultérieurs émis au même taux d'intérêt nominal et pour la même échéance finale.

Grille de parités : liste des cours-pivots (cours croisés bilatéraux officiels) qui doivent être respectés pour les rapports de change des monnaies européennes au sein du SME, sous réserve de l'écart maximal autorisé de 15 % en plus ou en moins.

G7 (ou Groupe des Sept) : les sept pays dont les chefs d'État ou de gouvernement se réunissent chaque année pour tenir le sommet des pays industrialisés : États-Unis, Japon, France, Grande-Bretagne, Allemagne, Italie, Canada. La Commission de Bruxelles participe à leurs réunions. Le G7 s'est depuis 1997 élargi à la Russie, devenant un G8.

I

IME Institut monétaire européen : précurseur de la future Banque centrale européenne, installé à Francfort. L'IME est chargé depuis 1994 de la phase préparatoire du passage à l'euro. Il cédera la place à la BCE en mai/juin 1998.

In et out : les pays participant à la monnaie unique sont les « in », les autres les « out » ou « pré-in » se préparant à adhérer, dans le vocabulaire officieux de Bruxelles.

Institut d'émission : synonyme de Banque centrale.

Interventions : achat ou vente de devises sur les marchés des changes pour soutenir une monnaie en difficulté ou freiner la hausse d'une devise. Au sein du SME actuel, si deux monnaies sont en opposition bilatérale, l'une « au plancher », l'autre « au plafond », les Banques centrales des deux pays concernés ont l'obligation d'intervenir (en achetant la monnaie qui baisse et en vendant la monnaie qui monte, soit contre dollar, soit contre écus, soit par échange direct de l'une contre l'autre).

Interventions intramarginales : interventions facultatives sur des monnaies qui n'ont pas encore atteint leurs cours-limite au sein du mécanisme de change du SME.

J

JOCE : Journal officiel des Communautés européennes.

L

LIBOR (London Interbank Offered Rate) : taux constaté sur le marché monétaire à Londres, servant de référence pour la rémunération des prêts interbancaires internationaux à court terme.

Limites de fluctuation : ces limites sont le plancher et le plafond (15 % en plus ou en moins du cours-pivot bilatéral) qui doivent impérativement être respectées au sein du mécanisme de change du SME. Pour éviter de les franchir, les participants doivent faire des interventions illimitées sur les marchés des changes et/ou modifier leur politique économique.

LPS (Libre prestation de services) : droit accordé à une banque ou à une compagnie d'assurances de vendre ses services ou placer ses produits financiers dans d'autres pays de l'UE, depuis son siège, sans avoir à y créer de filiale ou de succursale.

M

Maastricht (traité de) : traité sur l'Union européenne signé le 7 février 1992 à Maastricht (Pays-Bas) et ratifié par tous les États membres, alors au nombre de douze (avec des protocoles de réserve de tel ou tel d'entre eux sur certains points). Il a complété et modifié le traité de Rome, constitution de l'Europe, sur de nombreux points et a créé le concept d'Union européenne. Il prévoit les principes, le calendrier et l'organisation de la monnaie unique.

Majorité qualifiée : majorité de 62 voix sur 87 (soit 71 % des voix) nécessaire pour les décisions du Conseil des ministres sur la plupart des questions relevant du traité de l'UE. Le nombre de suffrages dont dispose chaque pays est de : 10 pour la France, l'Allemagne, le Royaume-Uni et l'Italie, 8 pour l'Espagne, 5 pour les Pays-Bas, la Belgique, le Portugal et la Grèce, 4 pour l'Autriche et la Suède, 3 pour l'Irlande, le Danemark et la Finlande, et 2 pour le Luxembourg.

Marge de fluctuation : écart maximal entre les cours de change de deux monnaies du SME. La marge de fluctuation est l'espace qui sépare les bornes d'intervention.

Market maker : voir Teneur de marché.

Markka : nom de la monnaie finlandaise.

MATIF (marché à terme des instruments financiers) : bourse où se traitent des contrats à terme sur taux d'intérêt ou de change.

MCE (mécanisme de change européen) : mécanisme de change et d'intervention au sein du SME, qui limite les marges de fluctuation à 15 % (marge élargie depuis le 2 août 1993) de part et d'autre du cours-pivot bilatéral de chaque monnaie. Il s'appuie sur les mécanismes de soutien gérés par l'IME et les Banques centrales, notamment le financement illimité à très court terme (FTCT). Tous les pays de l'Union européenne y participent, sauf la Suède, la Grèce et la Grande-Bretagne.

MCM (montants compensatoires monétaires) : ancien système de taxes ou de subventions différentielles permettant de conserver des prix agricoles nationaux différents malgré l'existence d'un prix communautaire unique en écus pour les produits agricoles. Ce système a été supprimé en 1992 mais les « taux verts » ont subsisté.

Monnaie commune : numéraire européen géré et utilisé en commun mais circulant concurremment avec les monnaies nationales. C'est le cas de l'écu sur les marchés financiers.

Monnaie fiduciaire : terme désignant les pièces et les billets de banque. Le mot fiduciaire est d'origine latine : « fiducia », qui signifie la confiance accordée à l'organisme qui les émet.

Monnaie scripturale : monnaie non matérialisée qui circule par un simple jeu d'écritures, par exemple les chèques, les virements, les sommes déposées sur un compte bancaire en général.

Monnaies tierces : monnaies extérieures au SME, telles que le dollar ou le yen.

Monnaie unique : numéraire exclusif de l'Europe future, impliquant la disparition des monnaies nationales, remplacées par l'euro ; cette notion s'oppose à celle d'une monnaie commune coexistant avec les devises nationales.

O

OAT (obligation assimilable du Trésor) : modalité habituelle d'appel par l'État au marché financier en France. Ces titres à long terme sont rattachés à des gisements qui permettent de regrouper plusieurs émissions successives.

OCDE (Organisation de coopération et de développement économique) : institution internationale d'expertise et de coopération macro-économique siégeant à Paris.

OPCVM (Organisme de placement collectif en valeurs mobilières) : les OPCVM comprennent notamment les SICAV et les Fonds communs de placement. Ils placent sur les marchés financiers les économies de leurs souscripteurs, avec l'appui de spécialistes et en mutualisant leurs risques.

Open market : intervention de la Banque centrale sur le marché monétaire pour lui retirer ou lui fournir des liquidités par cession ou prise en pension de titres.

Opting out (« Option de sortie ») : le Danemark et la Grande-Bretagne bénéficient d'une telle clause, qui leur permet de ne pas participer à la troisième phase de l'UEM, s'ils le souhaitent.

Option (de change ou de taux d'intérêt) : contrat par lequel un agent économique achète ou cède le droit d'acheter ou de vendre, à une date et à un cours convenus à l'avance, un titre ou une devise. L'option peut ne pas être « levée », son exercice étant facultatif.

P

Pacte de stabilité et de croissance : pacte de discipline budgétaire proposé lors du Conseil Éco/Fin de Vérone en avril 1996 aux pays participant à l'euro pour assurer le maintien durable des déficits publics en dessous de 3 % du PIB. Ce pacte a été complété et rééquilibré par un volet « croissance » lors des Sommets européens de Dublin (décembre 1996), d'Amsterdam (juin 1997) et de Luxembourg (novembre 1997).

Panier de monnaies : assemblage de monnaies européennes définissant l'écu. Celui-ci est composé de quantités fixes de chacune des monnaies européennes, dont l'addition détermine sa valeur. Cette dernière fluctue quotidiennement sur les marchés en fonction de la variation des cours des monnaies composantes.

Parité : la parité de deux monnaies est le cours (officiel ou de marché) auquel elles s'échangent. Par exemple, la parité officielle du mark (cours-pivot bilatéral) est de 3,3538 francs. Une dévaluation ou une réévaluation est un changement de parité.

Parlement européen : il s'agit de la chambre, précédemment nommée Assemblée parlementaire européenne, qui réunit à Strasbourg (et parfois à Bruxelles) les 626 députés européens, élus pour cinq ans au suffrage universel direct dans tous les pays de la CEE. Les attributions du Parlement européen sont encore surtout consultatives ; mais il a certains pouvoirs d'amendement en matière de budget et de préparation du marché unique européen. Le traité d'Amsterdam élargit quelque peu ces pouvoirs.

PIB (produit intérieur brut) : mesure statistique de la production annuelle, et donc de la richesse d'une nation.

PIBOR (Paris Interbank Offered Rate) : taux de référence pour la rémunération de prêts interbancaires à court terme sur le marché de Paris.

Pivot : voir Cours-pivot.

Plancher/plafond : cours-limites qu'une monnaie appartenant au mécanisme de change du SME ne doit pas franchir. Voir Bornes d'intervention.

PME : Petites et moyennes entreprises.

Porosité : tendance au glissement anticipé des particuliers vers l'euro au cours de la période de transition 1999-2001, malgré les efforts des banques et parfois des administrations pour les en dissuader.

Postmarquage : transcription sur un document (un chèque, par exemple) de sa valeur en écriture magnétique.

Pouvoir libératoire : le pouvoir libératoire d'une monnaie se définit comme sa capacité d'éteindre une dette.

Pré-in : pays se préparant à être « in », c'est-à-dire à entrer dans la zone euro.

Punt : nom de la monnaie nationale irlandaise.

R

Réalignement : changement organisé et négocié de la grille des parités existantes au sein du SME, c'est-à-dire dévaluation ou réévaluation de certaines devises par rapport aux autres.

Réel : le taux d'intérêt ou le taux de change réel sont les taux courants corrigés de l'écart d'inflation. Par exemple, si une obligation rapporte 6 % (taux nominal) mais que sa valeur est érodée par une hausse des prix de 2 % par an, son taux d'intérêt réel n'est que de 4 %. De même, si la lire baissait contre franc de 3 % tandis que les prix italiens montaient de 3 % de plus que chez nous sur la même période, le taux de change réel de la lire en francs serait constant.

Réévaluation : réajustement en hausse de la parité officielle d'une monnaie par rapport à une autre monnaie (ou un ensemble de monnaies).

Règlement communautaire : texte du niveau le plus élevé de la hiérarchie législative européenne, ayant préséance sur les règles internes des États membres. Selon l'article 189 du traité de l'UE, « le règlement a une portée générale. Il est obligatoire dans tous ses éléments et il est directement applicable dans tout État membre ». Deux règlements du Conseil définiront le cadre juridique de l'utilisation de la monnaie unique : celui du 17 juin 1997 et celui dont le projet a été publié au JO le 2 août 1997.

RELIT : système rapide et automatisé de règlement et livraison (c'est-à-dire le transfert des titres et leur paiement) des valeurs négociées en Bourse.

RGV : système « Relit à grande vitesse » pour le règlement accéléré des opérations de gros montants.

S

Scannerisation : lecture automatique d'un document par un dispositif électronique.

Schéma de place bancaire et financier : rapport publié en février 1997 exposant les résultats des travaux des institutions de la place de Paris sur les modalités d'introduction de l'euro.

Schilling : nom de la monnaie autrichienne.

Scripturale : voir Monnaie scripturale.

SEBC Système européen de Banques centrales : organisation de type fédéral avec partage des activités entre la BCE au centre et les Banques centrales des pays de la zone euro à ses côtés. Le SEBC a été prévu par le traité de Maastricht pour mettre en œuvre la politique monétaire définie par la BCE et la politique de change définie par la BCE et les gouvernements. Les gouverneurs des Instituts d'émission membres du SEBC siègent au Conseil des gouverneurs de la BCE.

Serpent : réseau de parités croisées des monnaies SME, dont les écarts se trouvent limités par les marges de fluctuation. « L'épaisseur » maximale du serpent est de 30 % (lorsqu'une monnaie se trouve successivement au plus haut puis au plus bas par rapport à une autre monnaie). Le serpent « se tortille », c'est-à-dire que la valeur de l'écu fluctue par rapport à celle des monnaies extérieures au SME.

SICAV Société d'investissement à capital variable : fonds de placement en valeurs mobilières, ouvert à tout moment à de nouvelles souscriptions (moyennant paiement d'un droit d'entrée).

SICOVAM Société interprofessionnelle pour la compensation des valeurs mobilières : service de gestion dématérialisée des titres boursiers (actions, obligations), gestionnaire des systèmes de règlement/livraison Relit et RGV.

SIT Système interbancaire de télécompensation : accord privé des banques pour régler entre elles les opérations de petit et moyen montant, avant de passer le solde en fin de journée sur TBF (voir ce mot).

SMCT Soutien monétaire à court terme : mécanisme de crédit de courte durée (trois mois renouvelables deux fois) géré par les Banques centrales au sein du SME. Ces crédits peuvent être consentis sans conditionnalité, en relais des concours (illimités) à très court terme que se consentent les Banques centrales.

SME Système monétaire européen : créé en 1978 et lancé le 13 mars 1979, le SME est l'ensemble des règles qui engagent les États à coopérer en matière de monnaie et de changes dans la perspective de l'UEM. Il inclut : l'écu ; une grille de parités fondant le « mécanisme de change » qui limitait les fluctuations entre devises participantes à 2,25 % (marge passée à 15 % en 1993) ; et des facilités de crédit pour défendre les monnaies.

SME-bis : système qui régulera les relations entre les pays « in » et « pré-in » à partir de 1999. L'adhésion au SME-bis ne sera pas obligatoire. Le système sera centré sur l'euro, par rapport auquel les pays concernés devront respecter des marges de fluctuation ; la BCE soutiendra leurs devises tant que la stabilité des prix ne sera pas affectée.

SMI (Système monétaire international) : terme désignant les règles qui régissent les rapports des grandes monnaies mondiales.

Spread (terme anglais) : écart entre le taux d'intérêt payé par un emprunteur et celui de la meilleure référence du marché.

Swap (« crédit croisé ») : opération d'échange (d'une devise, d'un taux d'intérêt, par exemple) se dénouant à terme.

T

TARGET (Système de transfert express automatisé transeuropéen à règlement brut en temps réel) : ce système de paiement sera composé des systèmes de règlement brut en temps réel de chacun des pays de la zone euro. Il concerne les règlements de gros volume des banques et ceux des Banques centrales. Ses opérations débuteront le 31 décembre 1998. Le système TARGET effectuera les paiements transfrontières dans les mêmes conditions d'efficacité que les paiements nationaux.

Taux centraux (au sein du SME) : voir Cours-pivots.

Taux-pivot ou taux central : synonyme de cours-pivot (voir *supra*). Les ajustements de taux-pivots au sein du SME sont décidés par accord mutuel.

Taux verts : taux de change particuliers, différents des cours-pivots officiels, utilisés pour les besoins de la politique agricole commune.

TBF (Transferts Banque de France) : système organisant en temps réel les transferts de gros montant entre banques et Banque centrale.

TCN (Titre de créance négociable) : certificat de dette à court ou moyen terme, émis par une banque (certificat de dépôt), une entreprise (billets de trésorerie) ou l'État (bons du Trésor), servant d'instrument de placement à des investisseurs et négociable sur un marché réglementé.

Teneur de marché : courtier ou banquier chargé d'être une référence pour les autres participants en offrant constamment des cotations à l'achat et à la vente pour les différentes opérations possibles et/ou en se portant contrepartie.

Terme : date future à laquelle se dénouera un contrat d'achat ou de vente. Le cours de change à terme est (en principe) égal au cours au comptant corrigé de l'écart de taux d'intérêt entre les deux devises échangées sur la période considérée.

Tiers (pays) : pays extérieurs à l'Union européenne ou à la zone euro.

TIOP (taux interbancaire offert à Paris) : traduction de PIBOR, taux de référence des prêts à court terme.

TIP (titre interbancaire de paiement) : document appuyé sur une autorisation permanente de prélèvement permettant de régler une facture par simple signature.

TMM : moyenne des TMP du mois (voir ce terme). C'est la référence utilisée en France pour indexer des emprunts.

TMP (taux moyen pondéré du marché monétaire à Paris) : indice synthétique du marché monétaire français ; il représente la moyenne pondérée des taux au jour le jour sur ce marché.

TPV (terminal point de vente) : appareil utilisé dans le commerce pour traiter les paiements par carte de crédit.

Traité : texte constitutionnel de la Communauté ou Union européenne.

– *d'Amsterdam* : texte qui complète les traités de Rome et de Maastricht sur les questions institutionnelles ainsi que sur la politique extérieure et la sécurité commune. Conclu le 17 juin et signé le 2 octobre 1997, il est en cours de ratification.

– *de Maastricht* : texte qui a profondément modifié le traité de Rome (voir *infra*). Signé le 7 février 1992, il est entré en vigueur après ratifications le 1er novembre 1993. Son dispositif inclut entre autres la monnaie unique et son calendrier, les critères de convergence et la BCE.

– *de Rome* : acte fondateur du Marché commun (devenu Communauté économique européenne, puis Union européenne) conclu le 25 mars 1957.

TVA (taxe à la valeur ajoutée) : principal impôt indirect qu'il s'agit d'harmoniser en Europe.

U

UCE (Unité de compte européenne) : panier de monnaies, précurseur de l'écu, utilisé comme instrument de référence au sein du système de stabilisation des changes en Europe dans les années 1970.

UE (Union européenne) : nouveau nom officieux de la Communauté économique européenne depuis le traité de Maastricht (voir ce mot). L'UE rassemble quinze pays depuis son dernier élargissement. Selon l'ordre utilisé dans les Conseils : Autriche, Belgique, Danemark, Allemagne, Grèce, Espagne, Finlande, France, Irlande, Italie, Luxembourg, Pays-Bas, Portugal, Suède, Royaume-Uni.

UEBL : Union économique et monétaire en vigueur entre la Belgique et le Luxembourg depuis 1922.

UEM (Union économique et monétaire) : processus d'unification européenne dans ces deux domaines, lancé dès 1970, et toujours en cours aujourd'hui. Le SME en est une pièce essentielle ; la convergence des politiques économiques en est aussi un des moyens. Depuis le traité de Maastricht, les projets liés à la monnaie unique ont pris le pas sur les autres au sein de l'UEM.

Union monétaire (ou Union monétaire européenne) : terme non officiel désignant le processus de rapprochement des États par la monnaie unique, ou l'ensemble des pays de la zone euro. L'Union monétaire se distingue de l'UEM par le fait que certains des quinze États membres de l'UE, et donc en principe concernés par l'UEM, ne participeront pas au lancement de la monnaie unique.

V

Valeurs mobilières (ou titres) : actions et obligations.

Z

Zone euro : terme non officiel désignant la zone des États membres où l'euro remplacera la monnaie nationale et où une politique monétaire commune sera mise en œuvre par les organes de décision (directoire et Conseil des gouverneurs) de la BCE.

Table

L'EURO ET LE COMMERCE

L'EURO ET LES PME

Cet ouvrage a été imprimé par la
SOCIÉTÉ NOUVELLE FIRMIN-DIDOT
Mesnil-sur-l'Estrée
pour le compte des Éditions Odile Jacob
en avril 1998

Imprimé en France
Dépôt légal : février 1998
N° d'édition : 7381-0556-1 - N° d'impression : 42713